臺灣歷史與文化^{研究輯刊}

臺灣歷史與文化 研究輯刊

四 編

第 7 冊

想像大眾讀者：
《風月報》、《南方》中的白話小說與大眾文化建構

蔡 佩 均 著

花木蘭文化出版社

國家圖書館出版品預行編目資料

想像大眾讀者：《風月報》、《南方》中的白話小說與大眾文
化建構／蔡佩均 著 — 初版 — 新北市：花木蘭文化出版社，
2013〔民 102〕
目 4+212 面；19×26 公分
（臺灣歷史與文化研究輯刊 四編：第 7 冊）
ISBN：978-986-322-489-1（精裝）
1. 白話小說　2. 通俗文學　3. 文學評論
733.08　　　　　　　　　　　　　　　　102017373

ISBN-978-986-322-489-1

9 789863 224891

台灣歷史與文化研究輯刊
四 編 第 七 冊　　　　　　　　ISBN：978-986-322-489-1

想像大眾讀者：
《風月報》、《南方》中的白話小說與大眾文化建構

作　　者　蔡佩均
總 編 輯　杜潔祥
出　　版　花木蘭文化出版社
發 行 所　花木蘭文化出版社
發 行 人　高小娟
聯絡地址　235 新北市中和區中安街七二號十三樓
　　　　　電話：02-2923-1455 ／傳真：02-2923-1452
網　　址　http://www.huamulan.tw 信箱 sut81518@gmail.com
印　　刷　普羅文化出版廣告事業
初　　版　2013 年 9 月
定　　價　四編 22 冊（精裝）新臺幣 50,000 元

想像大眾讀者：
《風月報》、《南方》中的白話小說與大眾文化建構

蔡佩均　著

作者簡介

蔡佩均，臺灣鹿港人。目前就讀國立成功大學臺灣文學所博士班，靜宜大學通識教育中心兼任講師。研究領域為日據時期臺灣文學、殖民地比較文學，論文曾獲全國臺灣文學研究生研討會優等獎。

提　　要

　　《風月》、《風月報》、《南方》、《南方詩集》，一系列文藝雜誌在 1935 ～ 1945 年的發刊期間，體裁、形式多元紛繁；不同的編輯風格、文化態度、政治認同與意識型態激盪交錯其間，形成舊學與新學、文言與白話、傳統與現代、保守與激進、休閒與報國、親日與抵殖，多音交響，眾聲喧嘩的文學氛圍與文化語境。

　　對「讀者大眾」的想像、開發與迎合成為報刊主要編輯決定刊物內容、走向時衡量的關鍵之一，同時更是作家在執筆小說時的重要創作元素。通俗作家站在菁英知識份子言說的邊緣，以「大眾化」的言說方式展開敘述，以「大眾化」取向拓展了敘事的空間，更貼近市民的生存現實，以及與這種現實相關聯的情感、趣味等問題。同時，「大眾想像」也成為通俗作家對大眾的、市民的、都會的書寫方式，作家藉此述說當時都會的各種姿態及風采，讀者則通過作品與都會、流行文化接軌。

　　通俗文人一方面繼續關注都市的世風人情，另一方面由於反映時代要求，以指導者的姿態教化、訓誡讀者大眾，也力行發皇漢文斯道、提升藝術質量的文學實踐，並試圖於讀者品味與內在審美標準間尋求切入點。他們用都會市民的婚戀故事引領讀者走過交錯在市集與風景名勝間的電影院、咖啡館、公園、神社、明治橋……等流行空間，見識在休閒消費文化中生產的風韻。

　　綜而言之，根據本論文的考察，在殖民、家國等宏大敘述之外，通俗文學亦有其內在的文化關懷與社會使命，它們時而反映出通俗文學特有的生產和消費模式，並對漢文文藝的興衰維繫提出一些深刻的辯證；時而以文本體現國策色彩，在一定程度上折射出不同意識型態之間的潛在衝突。漢文文藝雜誌《風月報》、《南方》消閒性、通俗性的定位，以及貼近市民的價值觀，大眾化的藝術思路，在在蘊積了多元豐富的市民文化能量，構成日治時期臺灣文學史與文化史中的獨特群落，從而在臺灣近代大眾文化興起的過程中有著別具一格的意義。

目

次

表　次

圖　次

第一章 緒 論

一、研究動機與目的

　　在皇國論述成為話語中心的時代，知識份子該如何言說？在文學環境劇變的社會，傳統文學者該何以自處？在這一嚴肅文學與通俗文學由無所交集到雅俗互動的文學場域中，台灣的通俗作家該如何與新文學作家進行對話？在消費主義萌芽的氛圍下，漢文通俗文藝創作者有何不同於其他作家的審美思想和社會責任？通俗文藝作品又呈現出怎樣的精神與風貌？對於身處二十一世紀各方學說眾聲喧嘩的筆者而言，這些問題開啟了我探問日治時期台灣漢文通俗文學之文化意義的興趣。

　　本論文中，筆者著重日治時期漢文文藝刊物《風月報》與《南方》的白話通俗小說之研究，過去研究者雖曾將日治時期的台灣小說視為一個板塊來進行研究，但卻往往單向強調新文學小說，而忽視了通俗作品。通俗文藝以往之所以被有意無意地忽視或輕視，一方面是因為與台灣新文學小說相較之下，它缺乏像賴和那樣深具啟蒙與反封建、反殖民精神的文學導師，對其後的台灣新文學作家也未產生深遠的影響；缺少如張我軍般高舉五四新文學的理論和創作模式，向台灣文壇倡言改革的新文學理論開拓者；也未能如呂赫若、張文環般寫下成熟而富含人道主義關懷的作品；當然也沒有如楊逵般犀利且多產的左翼知識份子。但是換一個角度來看，沒有新文學的微言大義，《風月報》與《南方》中的白話通俗小說關照人性的欲望，複現凡俗人生的喜怒哀樂，用通俗的形式表現戰時生活景象，以風情萬種的筆調向讀者傾訴美麗而傷感的羅曼史。這些作品在台灣新文學啟蒙批判的目的之外，為娛樂消閑、

情欲書寫、滑稽諧擬、瑣碎雜談開拓了新的書寫閱讀場域，並且與市民文化及大眾流行結合，當可視爲通俗文藝審美特性之呈現。

當小說創作不再爲了文以載道，而與大眾閱讀市場結合起來，以大眾的旨趣爲依歸時，台灣的文藝讀書市場上便因而有〈可愛的仇人〉、〈新孟母〉那樣獲得讀者廣泛迴響的現代言情小說，〔註1〕也有各類有別於從前，爲適應新興文化市場而生的新型白話文體小說。

筆者之所以選擇《風月報》、《南方》作爲研究主題的理由，正在於它們具有觀察台灣現代大眾文藝市場萌芽初期文化狀況的潛力。《風月報》與《南方》多面向的文化態度與豐富的書寫議題、新舊兼容的文類，曾多次被研究者指出。其中楊永彬〈從《風月》到《南方》——論析一份戰爭期的中文文藝雜誌〉〔註2〕一文，可以說是一個很好的概括。此文初次系統性的介紹《風月報》到《南方》的沿革，將這份漢文文藝刊物的發行狀況、編輯群、讀者的遞變、作家作品予以整理介紹。並首度指出《風月報》、《南方》上存在爲數不少的通俗小說文本，這些題材多元、書寫形式多樣的作品也是筆者於拙論中試圖考察的課題。因此筆者認爲，對此刊物整理分析將有助於本論文進行通俗雜誌與大眾文化生產問題之關係的探討。

日籍學者小森陽一在〈“文學”和民族主義〉〔註3〕一文，提出以讀者的角度來探討刊物走向之重要性。2004 年 6 月，陳培豐〈大眾的爭奪——《送報伕》、「國王」、《水滸傳》〉〔註4〕則指出，楊逵於 1935 年創刊《台灣新文學》時發現，讀者大眾的爭取乃是刊物能夠在文藝市場與讀書市場致勝的關鍵。由此可見，讀者觀點在文學史研究及文學現象的文化分析上之重要。這兩篇論文啓發筆者注意到以下現象，亦即台灣文藝界的發展進入 1930 年代中期以後，菁英份子式同人刊物取向的雜誌經營策略，已經面臨了重新評估的必要，所以本論文將從讀者的角度來探索白話通俗小說出現的文化意義。

〔註1〕 《風月報》61 期中，有一南投讀者投書，詢問連載小說〈新孟母〉的出版計劃。參見，流石〈來信〉，《風月報》61，1938.4.1，頁 23。

〔註2〕 參見，楊永彬〈從《風月》到《南方》——論析一份戰爭期的中文文藝雜誌〉，《風月・風月報・南方・南方詩集總目錄專論著者索引》，台北：南天書局，2001 年 6 月，頁 68～150。

〔註3〕 小森陽一〈“文學”和民族主義〉，《東亞現代性的曲折與展開》，長春：吉林人民出版社，2002 年 1 月，頁 327～341。

〔註4〕 陳培豐〈大眾的爭奪——《送報伕》、「國王」、《水滸傳》〉，「楊逵文學國際學術研討會」，國家台灣文學館主辦，靜宜大學台灣文學系承辦，2004 年 6 月。

以《風月報》與《南方》而言，刊物編輯和作者在通俗敘事中完成的「大眾讀者」的開發與爭取，既是作者創作的目標，也是文本主題被書寫、被設計的基礎。讀者並非被動地接受文本、在閱讀中被啟蒙，當作者想像讀者的閱讀喜好，讀者以自己的興趣選擇報刊、文本時，讀者實際上參與了這個「大眾」的構造過程，並且以自己的理解參與建構或修改著這個「大眾想像」。

本文的研究目的有下列幾點，第一，筆者主要以「大眾」想像為《風月報》與《南方》之編輯策略，並以發表於這份文藝刊物上為數眾多的白話短篇小說為例，透過對這些作品類型的梳理與作品內容的分析，探察漢文通俗雜誌編輯及創作者對「讀者大眾」進行了何種想像，而這些「讀者大眾」想像又如何影響通俗雜誌生產消費的機制及結果。第二，探討小說中多元的都市體驗在作品中呈現的差異風貌。第三，在廢止雜誌漢文欄時期，殖民者的文藝政策與本土漢文雜誌之間產生的互動關係及衝突矛盾，而《風月報》、《南方》又如何以漢文文藝、通俗言情的刊物走向，負載維繫斯文的傳承或開拓大眾文藝的場域。基於上述關懷，筆者試圖勾勒出本土通俗文化的審美傾向與特性，及其對於文化、市民大眾的責任。

二、研究課題與研究現況

（一）日治時期台灣通俗文學相關研究

1998 年前衛出版社出版「台灣大眾文學系列」〔註 5〕，這套作品由黃英

〔註 5〕 參見黃英哲、下村作次郎主編「台灣大眾文學系列」①日治篇，十卷作品羅列如下：

　　吳漫沙《大地之春》，台北：南方雜誌社，1942 年；重新排印：台北：前衛出版社，1998 年。

　　吳漫沙《黎明之歌》，台北：南方雜誌社，1942 年；重新排印：台北：前衛出版社，1998 年。

　　吳漫沙《韮菜花》，台北：台灣新民報社，1939 年；重新排印：台北：前衛出版社，1998 年。

　　建勳、林萬生《京夜・命運》，台北：前衛出版社，1998 年。

　　林輝焜著、邱振瑞譯《命運難違》，台北：前衛出版社，1998 年。

　　阿 Q 之弟（徐坤泉）《可愛的仇人》，台北：台灣新民報社，1936 年；重新排印：阿 Q 之弟《可愛的仇人》（上）（下），台北：前衛出版社，1998 年。

　　阿 Q 之弟（著）、張文環（譯）《可愛的仇人》，台北：台灣新民報社，1938 年。

　　阿 Q 之弟（徐坤泉）《靈肉之道》，台北：台灣新民報社，1937 年；重新排印：阿 Q 之弟《靈肉之道》（上）（下），台北：前衛出版社，1998 年。此外，尚有許多白話通俗小說未收錄於此系列，其中，已出版者有：

哲、下村作次郎主編，共計十卷，收錄徐坤泉、吳漫沙、林輝焜、建勳、林萬生等人的通俗長篇暢銷代表作。此後，多位研究者進行此一領域的梳理，日治時期的通俗文學日漸成爲一個獨立的研究議題。

柯喬文〈《三六九小報》古典小說研究〉〔註6〕，以布迪厄（Pierre Bourdiu）的「場域」理論探索《三六九小報》文學場域的成立與變動情形，同時檢視古典小說的類型、內容、作者以及讀者的關係，最後標誌出古典小說在台灣通俗文學場域裡的位置。

柳書琴〈通俗作爲一種位置：《三六九小報》與 1930 年代台灣的讀書市場〉〔註7〕，關注傳統文學者如何透由通俗文藝雜誌《三六九小報》的發行，據於一種「俗」（通俗）而不「同」（同化）的位置，將「漢文」與「大衆」嫁接，最後開創了台灣通俗文藝的閱讀／書寫空間，對於台灣傳統文化資本的轉化維繫以及台灣文化主體的整備有著不容小覷的影響。

陳培豐〈大衆的爭奪——《送報伕》、「國王」、《水滸傳》〉〔註8〕，揭示台灣文學場域的大衆爭奪戰中，楊逵對媒體生態變化敏銳觀察，適時移動其對於大衆的思辨位置，將左翼文學團體所欲掌控的大衆，擴及一般讀者階層，繼而翻譯《三國志》，宣揚《水滸傳》，由此顯現，1930 年代中期，「大衆」的爭奪已經成爲主導讀書市場影響力不可忽視的重要因素。

黃美娥《重層現代性鏡像——日治時代臺灣傳統文人的文化視域與文學想像》〔註9〕，此書解構過去傳統文學研究新／舊、抗日／御用二元對立的文學史觀，關照新舊之間的流動性、混雜性，將傳統文人在時代中的各種考量一一展示，賦予傳統文人積極、能動、豐富的文化形象。

阿 Q 之弟（徐坤泉）《暗礁》，土城：文帥出版社，1988 年 2 月。

林荊南著、施懿琳編《林荊南作品選集——小說卷（一）》，彰化：彰化縣立文化中心，1998 年 12 月。

韋顏碧霞著、邱振瑞譯《流》，台北：草根出版社，1999 年 4 月。

陳垂映《暖流寒流》，豐原：中縣文化，1999 年。

〔註6〕 柯喬文《三六九小報》古典小說研究〉，南華大學文學所碩士論文，2003 年。

〔註7〕 柳書琴〈通俗作爲一種位置：《三六九小報》與 1930 年代台灣的讀書市場〉，《中外文學》，第 33 卷，第 7 期，2004 年 12 月。

〔註8〕 陳培豐〈大衆的爭奪——《送報伕》、「國王」、《水滸傳》〉，「楊逵文學國際學術研討會」，國家台灣文學館主辦，靜宜大學台灣文學系承辦，2004 年 6 月。

〔註9〕 黃美娥《重層現代性鏡像——日治時代臺灣傳統文人的文化視域與文學想像》，台北：麥田，2004 年 12 月。

　　以上諸論著雖未直接探討《風月報》、《南方》，但與本論題相關，通過這些前行研究資料筆者得以進一步開展論述。

（二）《風月報》、《南方》相關研究

　　除了上述以日治時期台灣通俗文學進行文化分析的外緣研究之外，諸多直接以《風月報》與《南方》內容進行分析，或以重要通俗作家作為研究課題之論述，亦為拙論重要的研究基礎。《風月報》與《南方》的文獻出土、雜誌復刻，已於 2001 年由河原功監修完成。在作家論及文本研究方面，亦有學位論文及單篇論文陸續問世。如吳舜鈞〈徐坤泉研究〉〔註10〕是較早以台灣通俗文藝作家為研究對象的學位論文，文中介紹徐坤泉的生平與文學活動，但徐氏呈現於小說中的國族觀、性別觀，以及大亞細亞主義等的主張對他文學生涯的影響，則是吳舜鈞的論文未遑論及的部分。

　　吳瑩真〈吳漫沙生平及其日治時期大眾小說研究〉〔註11〕為一採取歷時性分析的作家研究，其主要的觀點可與陳建忠〈大東亞黎明前的羅曼史──吳漫沙小說中的愛情與戰爭修辭〉作一對照。前者透過對吳漫沙文學創作類型與文壇活動經歷的耙梳，肯定他創作、編輯兼具的文學貢獻，試圖重新肯定吳漫沙在文學史的地位。後者則從吳漫沙小說在台灣文學史上的兩重邊緣性，企圖檢討其筆下通俗愛情物語中「反封建但不反父權」的曖昧現代性，及其戰爭時期小說的「皇民化取向」。

　　郭怡君〈《風月報》與《南方》通俗性之研究〉〔註12〕，此文藉由《風月報》與《南方》釐析殖民地的現代化、都市發展與文化消費的關聯性，但對於刊物本身通俗性內容的具體展現之闡釋，則稍顯不足。此外，以「帝國文化資源開發的一部分」作為《南方》在文學史上的定位，並以「為帝國作宣傳、鞏固殖民政權」全面概括解釋《南方》多元而歧義的論述空間，仍有值得商榷之處。

　　施懿琳〈決戰時期台灣漢詩壇的國策宣傳與異聲──以《南方雜誌》（1941～1944）為觀察對象〉〔註13〕說明戰爭期漢詩人與執政者的共生但不「同聲」

〔註10〕吳舜鈞〈徐坤泉研究〉，東海大學歷史學系碩士論文，1994 年 7 月。
〔註11〕吳瑩真〈吳漫沙生平及其日治時期大眾小說研究〉，南華大學文學所碩士論文，2002 年。
〔註12〕郭怡君〈《風月報》與《南方》通俗性之研究〉，靜宜大學中國文學系碩士論文，2000 年。
〔註13〕施懿琳〈決戰時期台灣漢詩壇的國策宣傳與異聲──以《南方雜誌》（1941～

的關係,其背後的動機與因素,及他們如何以漢詩曖昧模糊的隱喻手法,對抗官方的單一論述,成爲官方論述縫隙中的異聲。

台灣的研究者之外,就筆者目前所知以《風月報》、《南方》作爲研究議題的論文,僅有大陸學者朱雙一〔註14〕的〈日據末期《風月報》新舊文學論爭述評——關於"台灣詩人七大毛病"的論戰〉。〔註15〕透過對論爭過程及議題焦點的描述,朱教授將這場爆發於《風月報》的「台灣詩人七大毛病」論戰,視爲1920年代台灣「新舊文學論爭」的延續,更指出在新/舊兩派支持者壁壘分明的戰場中,魯迅、胡適的言論被新文學者奉若圭臬,以此闡明台灣新文學與五四新文學的密切淵源及承接關係。此文較著重民族主義的詮釋,並未兼及參與論爭的文人內部之間的對立與協商關係,以及由此衍生出的對於《風月報》預設讀者階層的討論。

本文將以先行研究的成果爲基礎,將《風月》、《風月報》、《南方》視爲日治末期較具代表性的大眾傳播媒介,發掘隱而不彰的「大眾」及文化形成的線索。並從「大眾」想像的角度,試圖將《風月報》、《南方》中的白話通俗文本置於當時社會、文學脈絡下作細部的觀察,釐清小眾媒體與通俗文化的內在聯繫,觀察「大眾」想像的敘事如何交織地演繹當時流行文化與議題的方方面面,從而提點出通俗文藝群體的審美準則及其對於社會文化之責任。

三、研究方法

本文在論述中主要借助下列幾種方法:

其一,文獻分析。筆者將以《風月報》系列雜誌爲主,旁及其他相關文獻刊物,採取實際翻查文獻的方法,經由文本的搜集、閱讀、整理、分析、歸納,釐清當時通俗文藝的生產狀況,並針對《風月》、《風月報》、《南方》的出刊異常情形作一整理(參見附錄一),再將刊載於《風月報》與《南方》的白話通俗小說作品,其中包括100多篇短篇小說,及40餘部連載作品的刊行狀況製表分析(參見附錄二、三),貫穿創作、出版、閱讀、行銷等環節,

1944)爲觀察對象〉,「張文環及其同時代作家學術研討會」論文集,國家台灣文學館、國立文化資產保存研究中心籌備處主辦,靜宜大學中文系、台文系協辦,2003年10月18~19日。

〔註14〕朱雙一目前任職於廈門大學台灣研究中心。

〔註15〕朱雙一〈日據末期《風月報》新舊文學論爭述評——關於"台灣詩人七大毛病"的論戰〉,《台灣研究集刊》,84期,2004年第2期,頁89~98。

描述白話小說的多元樣貌，力圖把握這份刊物各個時期的階段性特徵與變遷，進而通過分析這些作品，探索雜誌的編輯者與創作者爲了爭取讀者「大眾」，如何將迥異於純文學作品的文藝審美觀落實於創作，在《風月報》與《南方》上建立了通俗言情、休閒娛樂取向的漢文文藝。除此之外，筆者亦發現，當時流通網絡遍及日本、台灣、中國等地的大型綜合雜誌《華文大阪每日》，與《風月報》系列雜誌互動密切，曾揭載多位《風月報》編輯與撰稿者的作品（參見附錄四）。太平洋戰爭前夕，雜誌編輯同仁林荊南創刊《南國文藝》，承載其文學理念，筆者亦將此漢文刊物的作家作品整理製表（參見附錄五）。此外，雜誌上所刊載的廣告亦可作爲研究消費文化之參考指標，但限於篇幅與研究主題，在拙論中僅略舉一二，作爲論述之佐證。

其次，英國的馬克思主義文學批評家與文化理論家雷蒙·威廉斯（Raymond Williams）於《文化與社會：一七八〇年至一九五〇年英國文化觀念之發展》書中，如此建構「大眾」的觀念：

> 其實沒有群眾；有的只是把人看成群眾的看法。在一個都市性的工業社會裡，有很多機會使人作這種看法。……我們依照某個習套公式將他們集爲一群而加以詮釋。在它的條件之內，這公式成立。但我們眞正應該檢驗的正是這個公式，而不是群眾。〔註16〕

威廉斯認爲上述「大眾」觀念是社會上少數菁英用以維護自身利益與發言權的手段，並進一步指出「大眾」一辭隱含的意識型態和控制功能。本文基於威廉斯所提出的「大眾」觀念來進行研究，即以「大眾」作爲漢文綜合文藝刊物《風月》、《風月報》及《南方》的一種傳播策略，試圖描寫日治時期部分漢文媒體在 1930、1940 年代特殊的文化氛圍中，對於刊物性質、文化立場與誌面風格作了何種抉擇？其文藝策略是否有助於意見的傳播與讀者的爭取？以及雜誌的編輯取向與通俗文藝生產間的相互關係。

此外，安德森（Aderson）《想像的共同體：民族主義的起源與散布》提出如下見解：

> 字典編纂者、語言學家、文法學家、民俗學家、政治評論家，和作曲家並不是在眞空之中從事他們的革命活動的。終究，他們是印刷出版市場的生產者，而且，透過那個寂靜的市集，他們和消費大眾

〔註16〕引自，Raymond Williams（著）、彭淮棟（譯）《文化與社會：一七八〇年至一九五〇年英國文化觀念之發展》，北市：聯經，1985 年 12 月，頁 332。

被聯繫起來了。這些消費者是誰？以最一般性的意義而言，他們是：閱讀階級（reading classes），……，「閱讀階級」指的是擁有一些權力的人。……，包括平民出身的下級官吏，專業人士，以及商業和工業資產階級等新興的中間階級。……。權力與印刷語言在地圖上各自管轄著不同的領土。〔註17〕

　　《風月報》、《南方》大致上是固定的連續出版刊物，以郵遞方式寄送到讀者手中，郵寄的流通方式和定期連續出版的特點，並且在當時連載空間不甚盛行的環境中，為作家刊載短篇作品提供了穩定的條件，也為作品連載提供了便利的環境，由此構築系統的創作、出版、流通、閱讀、接受的網絡。在這個網絡結構中，漢文通俗文藝獲得了發展的可能性。

　　另外，安德森也在著作中特別提及報紙與小說是一個民族想像共同體的重要文化媒介，而《風月報》、《南方》無疑成為日治時期漢文文藝的想像共同體，透過編輯／書寫／出版／閱讀的機制，編者、作者與讀者一同參與、履行了具有都會特徵的早期大眾文化建構。筆者將以此為例說明，儘管日語為1930、1940年代台灣的國家語言，但1937年總督府廢止漢文欄之後，《風月報》、《南方》成為此一時期內唯一的漢文綜合文藝雜誌，使用漢文的知識份子成為刊物潛在的消費者，兩誌因而得以巧妙地將漢文作為其書寫、印刷出版，以及文學的語言，創造了爭取非主流語言文學讀者的新條件。

　　上述方法皆給予拙論相當多靈感與滋養，啟發筆者對於通俗文學與大眾文化之思索，這些研究方法得以展開不同面向的研究和觀察，但本文主要仍採用文本分析的方法進行討論。

四、概念界定

　　至於本文研究主題——「大眾」，其內涵與意義所指為何？關於此一詞語，依據雷蒙·威廉斯在西方的文化語境下所提出的定義，「大眾」只是一種看待人民群體的方式。而根據黃英哲與下村作次郎在〈台灣大眾文學緒論〉一文中的考證，日本文壇使用「大眾文學」一詞，始於1927年平凡社發行的《現代大眾文學全集》，這套全集的出版，參與了當時日本出版界「円本風潮」

〔註17〕班納迪克·安德森（著）、吳叡人（譯）《想像的共同體：民族主義的起源與散布》，台北：時報，1999年4月，頁85～87。

〔註18〕的戰爭。日本的「大眾文學」，一般是指稱具有大眾性的通俗文學，包含有推理小說、武俠小說、家庭小說、幽默小說等，是一種與純文學作品對立的大眾文藝。基於以上觀點，黃英哲與下村作次郎將 1930～1940 年代台灣生產的具有通俗性的文學作品，名之爲「台灣大眾文學」。

從前述對於「大眾」、「大眾文學」語源的探索，得知「大眾」一詞在西方及日本文化脈絡下生成的背景及其代表的意義。那麼，在日治時期台灣的歷史文化語境中的「大眾」，又具備著何種內涵的分化與裂變呢？「大眾」的概念又是如何進入當時的文化市場呢？

1928 年 5 月《台灣大眾時報》發刊，可視爲「大眾」此一詞語在台灣被廣泛使用的指標。然而，台灣 1920～30 年代「大眾」語詞的使用多是指涉社會主義或新文化運動中，接受知識份子啓蒙改造、教育的對象，但當時的「大眾」並非具體實存的的固定群體，乃是新知識份子定義下的一種文化策略。〔註19〕而拙論所欲探討的「大眾」，則是聚焦於 1930 年代後期，殖民地台灣初期資本主義物質文明基礎下發展出來的，以台北都會爲主的市民中產階級。此一中產市民大眾群體，除接受過識字教育外，部分更擁有一定程度的漢文／日語雙語教養，且具備消費雜誌書刊的經濟能力，使得他們能夠在基本教育體系之外，藉由消費雜誌刊物增進其閱讀書寫、文化生產的能力。另外，透過 1935 年 5 月創刊的漢文通俗文藝雜誌《風月》（及其後身《風月報》、《南方》），登載其上的商業廣告，如販售進口羅紗、絹布、化妝品等各式和洋雜貨的洋行、商店；標榜「現代」、「大眾」的溫泉旅館；放映流行影片的電影院；代客繪製人像、攝影的美術館、寫眞館；以及微帶情色暗示的咖啡館……，皆是設定具有經濟消費能力的中產階級大眾作爲商品行銷對象，中產市民大眾成爲都會流行文化主要消費群體的景象，由此可略見一斑。而「大眾」一詞也因此被視爲一種流行的文化概念或行銷策略，日益進入文化市場領域。

〔註18〕1923 年關東大地震後，日本的出版社改造社爲提振圖書出版界景氣，而有日幣一円即可預約三十七卷本「現代日本文學全集」的書籍促銷計畫，此舉獲得廣大迴響，引爆日本「円本」出版風氣，多家出版社爭相出版「円本」全集。參見，黃英哲、下村作次郎〈台灣大眾文學緒論〉，收錄於阿Q之弟《可愛的仇人》，台北：前衛，1998 年 8 月，頁 1～3。

〔註19〕參見，柳書琴〈通俗作爲一種位置：《三六九小報》與 1930 年代台灣的讀書市場〉，《中外文學》，第 33 卷第 7 期，2004 年 12 月，頁 24～25。

　　職是之故，本文所討論的「大眾」文化，其「大眾」的指涉對象並不等同於階級文學論述中的普羅「大眾」，亦非新文化運動者所欲啓蒙的一般台灣「大眾」，而是以台北都會市民中產階級爲主的「小眾」群體。此一群體以「大眾」作爲開展己身文藝理念、吸引共鳴者的文化消費策略，並以之凝聚群體文學意識。通過漢文文藝雜誌《風月》、《風月報》、《南方》的刊行，企圖帶動流行消費文化風潮，在文化消費的過程中，雜誌編輯、撰稿者創作各種形式的作品文類，想像、建構、再現了台灣初期「大眾」流行消費文化的氛圍。這一以「大眾」自居的「小眾」群體，以集體的聲音，召喚、想像著當時的都會流行文化，藉由「大眾」的手法來生產商業利益與文化利益，他們固然有其內在的文學主張或美學信仰，但主要仍是以通俗性及消費性的文本寫作，試圖引導「大眾」輿論及流行風尚。

　　2002 年 11 月，中島利郎發表〈日本統治期台灣の大眾文學〉一文，認爲日治時期台灣文學場域中並未出現讀者大眾，而「大眾」的概念既無法成立，「大眾文學」也就無由存在。〔註20〕中島利郎對於「大眾」的界定，除了說明其通俗作品選集的命名緣由，也詳述「大眾文學」的構成要素，明確指出日治時期台灣文壇並未能出現日本式意義的「大眾文學」。因此，他以《台灣通俗文學集》之名，爲其輯錄的日治時期以日文創作的通俗文藝作品集定名。

　　關於通俗文學之定義，中國大陸學者范伯群曾有如下闡釋：

中國近現代通俗文學是指以清末民初大都市工商經濟發展爲基礎得以滋長繁榮的，在內容上以傳統心理機制爲核心的，在形式上繼承中國古代小說傳統爲模式的文人創作或經文人加工在創造的作品，在功能上側重於趣味性、娛樂性、知識性和可讀性，但也顧及"寓教於樂"的懲惡勸善效應；基於符合民族欣賞習慣的優勢，形成了以廣大市民層爲主的讀者群，是一種被它（按：他）們視爲精神消費品的，也必然會反映他們的社會價值觀的商品性文學。〔註21〕

〔註20〕參見，中島利郎〈日本統治期台灣の大眾文學〉，中島利郎編《台灣通俗文學集》（一），東京：綠蔭書房，2002 年 11 月。

〔註21〕范伯群〈中國近現代通俗作家評傳叢書——總序〉，轉引自，孔慶東《超越雅俗——抗戰時期的通俗小說》，北京：北京大學出版社，1998 年，頁 20。

孔慶東則據此更進一步標舉出通俗小說的三項判準：一是「與世俗溝通」，二是「淺顯易懂」，三是「娛樂消遣功能」。〔註 22〕上述研究者對於中國通俗文學觀念的表述，皆有助於拙論考掘台灣本土的歷史文化語境時，相關通俗議題思維向度的拓展與啓發。

倘針對台灣的文學脈絡加以察考，可知台灣通俗文學順時遞進，各個時期皆有其階段性的演化。1930 年代中期之前的通俗文學作品，多採半文半白的語體形式書寫，直至 1930 年 9 月 9 日，漢文雜誌《三六九小報》發刊，大體上仍維持此基調。1935 年 9 月 6 日，刊物面臨財務危機，雜誌因告終刊，然而，卻也帶動了橫跨 1935～1944 年的漢文通俗文藝雜誌《風月》、《風月報》、《南方》的發行。該刊雖題名有所異動，但號數連續，其上揭載若干通俗創作。《風月》時期仍以簡易文言、兼雜半文半白的書寫爲主，縈繞著傳統言情氛圍，及至《風月報》及《南方》時期，則以白話文體書寫的作品居多，內容切近都會流行文化，由雜誌的編輯取向，可以了解《風月報》的雜誌性質逐漸從中國傳統通俗文學的書寫傳承上遞變，傾向以「大眾」的、現代的、都會的、流行的、通俗的走向爲依歸，而非 1935 年之前以史遺謎鵠、隨筆雜俎、煙花小傳、文言詩詞等傳統形式、文類爲主的傳統通俗文藝，期間或有古典／現代、文言／白話、嚴肅／通俗……相互參雜、疊合的情形，但大體而言，仍以現代白話通俗作品佔多數。

總而論之，在日治時期台灣文學場域中，通俗與嚴肅的界線是較爲模糊而流動的，難以明確區隔、切割，因此，拙論對於通俗文本的界定取決於，《風月報》系列雜誌的編輯與作家，從復刊初始，其編輯策略便採取趨向讀書市場實態之作法，企圖生產一種通俗的、具有大眾影響力的漢文文藝，《風月報》文人對於刊物本身「大眾」性、消費性、通俗性的自我定位，皆有著如是認知與認同。

基於上述對「大眾」、通俗概念的探索，拙論是以《風月報》、《南方》的白話作品爲主，將之視爲通俗文本，並觀察此份漢文文藝刊物如何以「大眾」作爲策略，用想像的方式，將中產市民階級作爲預設讀者群，進行其對於「大眾」文化的建構。

〔註22〕參見，孔慶東《超越雅俗——抗戰時期的通俗小說》，前揭書，頁 20。

五、論文架構

　　拙論將漢文通俗文藝雜誌《風月報》、《南方》視爲日治末期較具代表性的大眾傳播媒介,旨在探討雜誌上的白話小說及其大眾文化建構。共計五章,論文架構與章節安排如下:

想像大眾讀者:《風月報》、《南方》中的白話小說與大眾文化建構

第一章　緒　論

一、研究動機與目的

二、研究課題與研究現況

三、研究方法與章節安排

四、概念界定

五、論文架構

本章主要說明研究動機、問題意識、相關研究回顧、概念界定、論文架構與章節安排。

第二章　漢文小眾媒體的「大眾」想像

第一節　殖民地漢文文化生產與《風月報》、《南方》的發行背景

　一、近代傳媒在台灣的登場與參與

　二、殖民統治與台灣通俗文學生產

　三、《風月》、《風月報》、《南方》的刊行

　　（一）言情‧懷舊‧《風月》——仲介通俗與風流

　　（二）革新‧多元‧《風月報》——通俗化的媒體策略之試驗

　　（三）「雄飛」‧報國‧《南方》——向國家意識型態傾斜的刊物走向

第二節　從「復興漢文」到「研究華文華語」

　　　　　——《風月報》的編輯取向

　一、《風月報》的復刊與方針再轉化

　二、《華文大阪每日》創刊及對台灣文藝界的影響:從「維繫漢文」到「研究華語」的替換

　三、東亞無國境?文學有界線!

　四、迷途於東亞:失落的文學實體與方向

第三節　作爲策略的「大眾」

　一、徐坤泉主編時期:從風月狎邪脫胎換骨

二、吳漫沙主編時期：向女性、家庭、海外開發處女地

三、書寫「大眾」：白話通俗小說中的「大眾」論述

　　本章嘗試析論，日治時期報刊雜誌、書籍出版、書刊進口、廣播、學校教育……等現代傳播媒介在台灣的登場，如何形塑知識份子的文化、文學素養及一般市民大眾的閱讀習慣，進而構築台灣近代以來初次形成的大眾閱讀空間？1930年代以後，台灣文化場域所產生的重要變異，如何影響日後漢文通俗文藝的發展？在此外緣條件具足下應運而生的《風月》、《風月報》、《南方》、《南方詩集》，於將近十年的發刊期間（1935～1945），如何通過雜誌的出刊、編輯策略的制定、內容的革新、方向的調整，實踐其文學主張？刊物主筆徐坤泉與吳漫沙如何以雜誌為媒介，維繫漢文通俗文藝的生產，開發並創造新世代的漢文讀者？這些都是本章欲逐步深入探討的。

第三章　通俗現代性與群眾動員

第一節　通俗文本中的都市空間與市民生活

　　一、公園

　　二、圓山、明治橋

　　三、珈琲店、百貨店、電影院

第二節　通俗文化與流行議題

　　一、跳舞時代——通俗文本中的（反）摩登論述

　　二、城市臉譜——婚戀小說中的摩登女性與知識份子形象

　　　（一）「道德批判式」的婚戀文本

　　　（二）「救贖女性式」的婚戀文本

　　三、愛情至上？婦德至上！——通俗文本中的婚戀論述

第三節　從婚戀敘事到戰爭敘事：《風月報》、《南方》大眾想像的轉變

　　一、「文學戰士」上戰場

　　二、賢妻良母與「花木蘭」：「新女性」的再度登場

第四節　《南方》白話通俗小說的日常性與國策性

　　一、通俗文藝中的貧窮書寫

　　二、國策文學的雙重想像

　　本章主要由《風月報》、《南方》中的論述與小說作品，探討通俗作家以何種視角來觀察和分析城市文化？這些都市景觀以何種風貌或姿態進入作家的「視眼」？以及作家對台北城市風景凝視的聚焦點何在？而這些帶有都會

市民取向的通俗文本中又再現或鼓吹了何種都會生活的樣態，通俗小說如何示現當時的都市空間與市民生活？小說具代表性的主要敘事主題為何？通俗文本如何形構流行風尚與集體現代想像？其次，筆者將觀察通俗文本與評論中的（反）摩登論述，釐析作家如何對以「摩登女性」為中心的新興風尚與流行議題作出回應或反擊。在文本中，通俗作家呈現出何種文化視野與性別觀點？希望藉由文本分析進一步掌握其所透露的批評立場或文化意涵。最後，在戰爭的非常狀態下，編輯如何操縱有關大眾的想像或論述，引導刊物轉換方向，以達成戰爭動員的宣傳目標；讀者如何在刊物的宣導及勸誘下生產戰爭題材的作品，半自主地附和日本的侵略政策，甚而身體力行志願從軍。這些問題筆者將一一進行梳理，藉此希望能掌握東亞戰爭、太平洋戰爭期間游移於戰場與家庭的部份市民的生活情狀和精神風貌，以及刊物的通俗性與戰爭動員之關係。

第四章　《風月報》、《南方》通俗文藝群體的文化圖景與美學傾向

第一節　通俗文學與新文學場域的對話

　　一、不同文學場域的參照與借鑑

　　　　（一）龍瑛宗——雅俗邂逅，貴雅賤俗

　　　　（二）張文環——譯介通俗，修改通俗

　　　　（三）呂赫若——通俗敘事的借鑑與改良

　　二、如何不嚴肅？怎樣新文學？——通俗文學的思辯

　　　　（一）徐坤泉——相同的取材，異樣的視線

　　　　（二）吳漫沙——同樣的鄉土，不同的敘事

　　　　（三）詹聰義——類似的敘事，失焦的前進

第二節　漢文復興、藝術向上：《風月報》、《南方》文化關懷與社會責任之展現

　　一、指導被指導者：《風月報》、《南方》的文化關懷

　　二、通俗文藝策略之修正與《南國文藝》的刊行

　　三、未竟的文學志業

　　日治時期的台灣文學史上，通俗文學應如何被定位？通俗文學與新文學之間呈現出何種參照關係？新文學作家如何評價通俗作品？通俗作家對新文學又有何思辯與傚作？面對讀者大眾與戰爭國策的變異，《風月報》、《南方》上的通俗文藝工作者，其美學傾向與文化責任何由展現？當外在環境與作家

自身的文學理念出現分歧時，他們有何種相應態度？當日本結束在台灣的殖民統治，台灣光復後，這些嫻熟漢文書寫習作的文人是否持續其文學實踐的理念？上述問題將於本章中加以闡釋。

第五章　結　論

本章總結全文，藉由對《風月報》、《南方》通俗文本與大眾文化建構的相關討論與資料呈現，指出《風月報》、《南方》休閒性、通俗性的定位，肯定其以「大眾」為策略、以「通俗」為方法，達到承載維繫漢文傳統、敘寫市民生活、提升台灣文藝創作質量的目的。

附　錄

附錄一　《風月》、《風月報》、《南方》出刊異常表
附錄二　《風月報》白話小說總表
附錄三　《南方》白話小說總表
附錄四　《華文大阪每日》中台灣文壇及《風月報》、《南方》相關記事
附錄五　《南國文藝》創刊號目次

第二章　漢文小眾媒體的「大眾」想像

第一節　殖民地漢文文化生產與《風月報》、《南方》的發行背景

一、近代傳媒在台灣的登場與參與

　　「近現代化的一個基本特徵或標準是：有一個延展和滲透的大眾傳播系統，文化知識廣泛普及。」〔註1〕現代傳媒不但是文學傳播的媒介和載體，它也改變了傳統文學的生產、傳播模式。自17世紀報紙發明以來，媒體產業日益與近代社會的發展密切接合，以台灣近代媒體的發展爲例，《臺灣新報》於1896年6月17日創刊，是台灣史上「最早具有 journalism（新聞事業）意義的媒體」。〔註2〕《臺灣新報》的發行成爲台灣近代大眾媒體誕生的指標，其中翻譯台灣總督府重要政策的漢文欄更是台灣媒體史上漢文的首次使用。其

〔註1〕　西里爾・布萊克《比較現代化》，轉引自，鄭翔貴《晚清傳媒視野中的日本》，上海：上海古籍，2003年8月，頁1。
〔註2〕　李承機〈殖民地臺灣媒體使用語言的重層構造：「民族主義」與「近代性」的分裂〉，《跨界的臺灣史研究——與東亞史的交錯》，台北：播種者，2004年4月，頁202。雖然清領時期已有部分島外發行的報刊輸入台灣，但1896年《臺灣新報》創刊始可代表第一份島內發行的報紙，此後台灣才開始擁有以資本主義型態發展的近代活版印刷。參見，李承機〈從清治到日治時期的〈紙虎〉變遷史——將緊張關係訴諸「輿論大眾」的社會文化史〉，收錄於柳書琴、邱貴芬主編《後殖民的東亞在地化思考：臺灣文學場域》，台南：國家臺灣文學館，2006年4月，頁24。

後的報紙，在出版、編輯、行銷方式，乃至於讀者群與輿論力量的形成方面，皆與《臺灣新報》相似或相關。〔註3〕1898 年《臺灣新報》與《臺灣日報》合併為《臺灣日日新報》，與《台南新報》〔註4〕、《臺灣新聞》並稱日治時期臺灣三大官報，經營者為在台日人，接受台灣總督府的資助。這三大以日文為主的新聞紙皆設有漢文欄，加上 1905 年 7 月至 1911 年 11 月獨立發刊的《漢文臺灣日日新報》，透過和漢文並列的二元構造，這些由官方主導的媒體以台灣上層社會識字階層及保正作為其義務購讀者，儘管存在著評論、資訊報導上的重層構造，但對台灣人社會而言，已具備初步的「大眾傳播」（mass communication）機能〔註5〕，以往作為書寫語言的漢文，也因而成為傳播媒介。

　　以《漢文臺灣日日新報》為例，設有專欄「電報」揭載國際間動態；「雜報」報導日本軍事戰況、台灣各地天候、米穀行情、社會新聞、奇風異俗；「府報抄譯」翻譯台灣總督府的府令公告；「告白」登載船運消息；「群芳」介紹花柳藝妓生平事蹟；「藝苑」、「詩話」為發表漢文詩詞之常設專欄；「小說」則為通俗文藝作品之發表園地；「投書」、「募稿」刊登讀者作品、來函……，透過《漢文臺灣日日新報》傳播殖民政府律令、報導各地社會實態，甚至是培養民眾文藝閱讀的習慣與興味。署名「三屋恕」的讀者，曾於報上發表其對於台灣當時和漢文媒體並置的觀感：

> 啟發臺民。導於文明之域。其要有二。一、國文記事。以教訓兒童。
> 一、漢文記事。以曉悟夙學。夫用國文之書。而教訓兒童。其法正。
> 而最合教育。用漢文。而曉悟夙學。其法權。而最適時宜。何則。
> 國文之書。雖便於學國語者。而不利於不習國語者。漢文之書。雖
> 不便於不知漢文之兒童。而甚利於熟漢文之夙學。〔註6〕

由此可見，殖民政府企圖以漢文報刊媒體對通曉漢文的傳統士紳、宿儒宣揚政令，並建構日本統治下的漢文文藝在全體文化位階中的隸屬性位置，在基於現實與權便的考量之下，這些鄉紳階層也因此成為報刊的重要訴求者而被

〔註3〕　呂淳鈺〈日治時期台灣偵探敘事的發生與形成：一個通俗文類的考察〉，政治大學中文系碩士論文，2004 年 7 月，頁 16。

〔註4〕　1899 年 6 月由日人富地近思創設，原名《臺澎日報》。1903 年擴充資金後，始改名為《臺南新報》，參見，許雪姬編《臺灣歷史辭典》，

〔註5〕　關於日治時期媒體語言的雙重構造問題，參見，李承機〈殖民地臺灣媒體使用語言的重層構造：「民族主義」與「近代性」的分裂〉，前揭文，頁 203。

〔註6〕　引自，三屋恕〈喜漢文臺灣日日新報獨立〉，《漢文臺灣日日新報》第 2612 號，1905 年 7 月 18 日，頁 3。

納入基本閱讀者中。上述引文或可看出此報刊成為台灣人接觸新知、政策的仲介之一，但也難掩其御用媒體、統御教化的性質。柳書琴曾指出日本殖民主義對台灣的語言控制同時具有「漢文同文主義」與「日語同化主義」的雙面性，以此協助殖民主義語言控制的政治實用與完整和諧〔註7〕，《漢文臺灣日日新報》的創刊一方面體現了台灣資訊、文化傳播的近代性，但另一方面也表達了殖民政府與傳媒在政治控制與殖民教化上的密切關係。

　　1920年代由台灣人所創辦的《臺灣青年》、《臺灣》、《臺灣民報》系列，亦採和漢文並列的方式出刊，讀寫者與刊物內容皆呈現多元化的面向。誌面上討論如何以文學救亡圖存，倡議文化大眾化，批判傳統禮教等。各式各樣關於社會文化改革的見解。《臺灣民報》更以「台灣人唯一的言論機關」自許，由慈舟撰寫的〈臺灣民報創刊詞〉中曾提及「創設民眾的言論機關，以助社會教育，並喚醒民心」、「新刊本報，專用平易的漢文，滿載民眾的智識，宗旨不外欲啟發我島的文化」〔註8〕，這也從側面顯示當時的知識份子已意識到以傳播媒體推動其政治、社會、文化主張，期望將新文化運動訴諸實踐，而台灣近代大眾傳媒被本土民間知識份子運用於興論、教化方面之功能亦已逐漸彰顯。

　　此一趨勢及至張梗刊登於《新民會文存》的〈關於臺灣報紙之創設〉，對報刊新聞紙的功能已有更為明確具體的掌握，對於新聞事業的經營也自有獨到見解。他於文中提出：一、「企業化」經營。「新聞是個一面賣情報一面以紙面賣給廣告主一種的商品。」〔註9〕除了以報紙言論來指導民眾外，還需「觀察讀者的要求或是趣味在那裡。」，並用心於情報的獲取。二、「吸收廣告的揭載」。張梗已意識到廣告費用是報社最大的收入來源，但在盡力開拓此財源之餘，報刊尚須注意勿為資本家牽制，保有新聞媒體的節操。三、「吸收固定的讀者，而設『想定的讀者階級』對此方進行開拓。」、「報社首先須要定以那階級的人士為自己的購讀者，己（按：已）決定后才從此階級為目標決定社的編輯方針。」〔註10〕亦即先預設報刊閱讀者的階級，而後投其所好收集

〔註7〕　參見，柳書琴〈從官製到民製：自我同文主義與興亞文學（Taiwan, 1937～1945）〉，《想像的本邦：現代文學十五論》，台北：麥田，2005年5月，頁63～90。

〔註8〕　慈舟〈臺灣民報創刊詞〉，《臺灣民報》創刊號，1923年4月15日，頁1。

〔註9〕　張梗〈關於臺灣報紙之創設〉，《新民會文存》第二輯，1929年3月1日，頁17。引文中標記為原作者所加。

〔註10〕　張梗〈關於臺灣報紙之創設〉，《新民會文存》第二輯，1929年3月1日，頁

材料與情報。此外，張梗也關切台人該如何防禦報刊經營所面臨的困境，如當時來自於日本內地關西新聞紙《大阪朝日新聞》、《大阪每日新聞》對台人報刊造成壓倒性的威脅便是他關切的要點之一。

由發行《臺灣青年》的東京「新民會」所出版的《新民會文存》，在 1929 年時，便已揭載了台灣報紙經營的相關論述，而張梗對於經營新聞事業方針的倡導，顯然已帶有近代傳媒的部分觀點。譬如，他強調讀者、廣告收入與情報的重要性，對於消費者導向的考量也在在突顯出，他亟欲透過報刊「釀成我們的輿論」之近代傳媒形塑民間公共論述的目標。

《臺灣民報》系列報刊發行期間，對於民眾的啟蒙起了某種程度的作用。除上述已討論過的現代新式雜誌報刊將文化理念訴諸報刊傳媒以形成議題及輿論之外；在傳統文學的部分，若干文人也善用印刷媒體作為輿論中介的現象，則較少被提及。譬如：台北瀛社之於《臺灣日日新報》、台北星社之於《台灣詩報》、台中櫟社之於《臺灣文藝叢誌》、彰化崇文社之於《崇文社文集》、台南南社之於《臺南新報》及《三六九小報》，以及紀錄台灣各地詩作與詩社動態為主的《詩報》……等等〔註11〕。這些具有傳統漢學背景的社群團體透過雜誌書刊的編纂達到維繫漢文的目的，並刊載各地詩社集會活動、聯吟大會訊息、傳統漢詩文創作及儒學思辨，藉此串聯並培養更多擁護漢學的力量，甚至企圖透由刊物的流通完成某些社會問題的討論與改善。特別是在 1937 年之後，多數漢文報刊被廢止的年代，如《南方》、《詩報》、《崇聖道德報》及《孔教報》〔註12〕等刊物在戰爭期仍持續以中文刊行，在此層面上也說明了部分傳統文人欲透過編纂刊物，持續生產漢文公共論述之旨意。

16～24。

〔註11〕 相關討論參見，黃美娥〈實踐與轉化——日治時代臺灣傳統詩社的現代性體驗〉，《重層現代性鏡像——日治時代臺灣傳統文人的文化視域與文學想像》，台北：麥田，2004 年 12 月，頁 143～181。

〔註12〕 《孔教報》為月刊形式，創立於 1936 年 10 月，且至少延續到 1938 年 12 月，由彰化孔教報事務所創辦，施梅樵發行，每號頁數約為三十頁左右。翁聖峰曾對此報刊的發行背景、成立宗旨、刊物內容作過詳實的析論，參見，翁聖峰〈日據末期的台灣儒學——以「孔教報」為論述中心〉，《第 1 屆台灣儒學研究國際學術研討會論文集》，台南：成大中文系，1997 年 4 月 11 日，頁 27～50；〈國教宗教辨——以《孔教報》為論述中心〉，台灣大學東亞文明研究中心，《「台灣儒學文獻研討會」會議論文集》，2005 年 5 月 28 日，頁 1～12。

表2-1　1897～1926 年台灣漢書房及生徒人數統計表〔註13〕

年　次	書房數	生徒數	年　次	書房數	生徒數
1897	1707	29941	1912	541	16302
1898	1496	27568	1913	576	17284
1899	1421	25215	1914	638	19257
1900	1473	26186	1915	599	18000
1901	1554	28064	1916	584	19320
1902	1623	29742	1917	533	17641
1903	1365	25710	1918	385	13314
1904	1080	21661	1919	301	10936
1905	1055	19255	1920	225	7639
1906	914	19915	1921	197	6962
1907	873	18612	1922	92	3664
1908	630	14782	1923	122	5283
1909	655	17101	1924	126	5165
1910	567	15811	1925	124	5143
1911	548	15759	1926	128	5275

　　此外，根據明治 31 年（1897）至大正 15 年（1926）間，「台灣漢書房及生徒人數的統計表」顯示，雖然漢書房的就讀人數呈現逐年遞減的趨勢，但並未全然消失，足見日治時期台灣仍存在一定數量的漢文識字與就學人口（參見【表2-1】）。而由許俊雅的「日據時期台灣詩社統計表」得以了解，1921～1937 年間為全台漢詩社數目增加最多的時期，共有 159 所詩社於此期間成立，佔全台社址、年代可考者的 255 所詩社的三分之二強，形成日治時期台灣詩社林立之高峰期。〔註 14〕凡此對於當時漢文的識字人口與讀寫情況，皆可略窺一班。

　　日治時期台灣傳媒的近代化對於推動殖民政策的普及化、文化改革的推

〔註13〕 本表為筆者參見《台灣教育史》一書所列明治 31 年至大正 15 年間，台灣漢書房數及生徒人數統計表製成，為求製表便利，筆者將原表之日本年代換算為西元紀年，並將男女生徒人數加總。參見，吉野秀公《台灣教育史》，台北：南天，1927 年 10 月，初版；1997 年 12 月，二刷，頁 234～235、352～354、547。
〔註14〕 參見，許俊雅《台灣寫實詩作之抗日精神研究》，台北：國立編譯館，1997 年 4 月；黃美娥〈日治時代台灣詩社林立的社會考察〉，《台灣風物》47：3，1997 年 9 月，頁 51～52。

動、文學的市場化，具有一定的作用；而對當時台灣文化傳播產生重要影響
的除了現代報刊的發行以外，尚有出版與圖書事業的現代變革，亦即出版業
的技術更新、知識份子的文化自覺對於文化傳播造成的新影響等等。伴隨著
印刷業的逐漸普及，私人出版商和民營出版業成了書籍生產的承擔者之一，
它們與官辦印書機構一起承擔著文化傳播的作用。如由官方資本挹注的《臺
灣日日新報》，以及擁有自營廠房或印刷機的《臺灣民報》、《台南新報》、委
託民間印刷廠印行的《三六九小報》〔註15〕等刊務與印刷結合的例子，可
約略看出台灣現代出版技術的突破連帶刺激了出版意識與閱讀需求的活絡。

　　出版業的勃興帶動大眾閱讀風尚的形成，據 1933 年 9 月 4 日《臺灣新民
報》所載當年 8 月份〈臺中圖書館閱讀狀況〉的統計，僅就一日平均閱覽人
數來看，當時已達 248 人，1933 年 8 月份的閱覽總冊數更多達 8986 冊，包含
文學、社會學、數理醫學、教育各類圖書。下表隱約呈顯出，台灣在日治中
期已逐漸形成閱讀風氣，這種情況甚至普及於年幼的兒童閱覽者。

表 2-2　臺中州立臺中圖書館 1933 年 8 月圖書閱覽狀況表〔註16〕

類　別	普通閱讀者		特別閱覽者		兒童閱覽者		館外借閱者	
	男	女	男	女	男	女	男	女
內地人	1615	265	75	—	1425	1086	107	18
本島人	1506	163	—	—	717	326	146	12
總計	7561（人）〔註17〕							

　　作家王詩琅（1908～1984）在談自己的讀書經驗時表示，小學六年級「就
經常向日本、上海的出版社索取圖書目錄，除了在台北買新書外，還寄些小
款到那裡去買書，……。」〔註18〕龍瑛宗（1911～1999）就讀商工學校一年
級時，便已開始翻閱《改造》與《中央公論》等日本綜合雜誌。〔註19〕葉石

〔註15〕《三六九小報》係委託台南鴻文活版社印刷，相關論述參見，柯喬文《〈三六
　　　　九小報〉古典小說研究》，南華大學文學所碩士論文，2003 年 6 月，頁 61～
　　　　63。

〔註16〕本表為筆者參照〈臺中圖書館閱讀狀況〉製成，原文參見，光碟《臺灣新民
　　　　報》第 913 號，1933.9.4，頁 5。

〔註17〕此數目為筆者依照各類別的閱覽人數加總所得，與《臺灣新民報》上所列 7652
　　　　人，略有出入。

〔註18〕王詩琅〈我的苦讀〉，《民眾日報》，1980 年 12 月 20 日。

〔註19〕參見，王惠珍〈殖民地作家的文化素養問題——以龍瑛宗為例〉，《後殖民的

濤（1925～2011）曾回憶自己在公學校高年級以後，便購讀《講談俱樂部》之類的大眾讀物；〔註 20〕中學二年級以前，已讀畢包括白樺派、新感覺派、勞農派等作品；中學五年級時的閱讀書籍更廣泛涉及中國新、舊小說，及世界各國重要作家作品。

　　另外，根據《臺灣新民報》第 797、829、836、843、920、954、961、979號的〈總督府圖書館普通圖書〉目錄，書目囊括文學類：《明治大正文學の諸傾向》、《現代作家の人及作風》、《眞心直說白話註解》、《英米文學の背景》、谷崎潤一郎《青春物語》、牧逸馬《蒼穹の門》、直木三十五《源九郎義經》等；哲學類：《現代哲學史》、《西洋哲學史》、《美學概說》等；宗教類：《佛教要典》、《佛教と何ぞや》、《臺灣社寺宗教要覽》等；教育類：《臺中州教育年鑑》、《移殖民と教育問題》、《學校給食の研究》等；農業園藝類：《花卉栽培要覽》、《農村副業と共同販賣》、《植物水分生理》等；地理類：《大陸遊記》、《交通地理學原理》、《臺灣街庄制逐條解釋》等；生活類：《結婚論》、《昆蟲標本整理法》、《最新流行犬百種》等；以及眾多政治、歷史、經濟、法學、醫學讀本，類別繁多，不勝枚舉。〔註 21〕

　　由是可知，現代出版傳播圖書媒介——報刊、書籍、圖書館陸續出現後，形塑了日治時期知識份子的文學素養及一般市民大眾的閱讀習慣，這些閱讀者的讀書品味，呈現著兼容東洋／西方、傳統／現代、純粹／通俗、專業／科普、學理／應用等多元繁雜、新舊紛陳的現象；閱讀對象涵括兒童／成人、日本／台灣、普通市民／特定人士等等不同年齡、族裔、性別、階層的各式讀者。現代印刷傳媒對於台灣文化生產與傳播影響之廣，由此可見一斑。綜合言之，傳媒的近現代化發展將文學納入一個公眾參與閱讀、創作、消費的空間，文藝資源的開發與擷取，不再只是統治階級或特權階層的專利品，而是一般識字大眾、知識階層也能逐漸參與創造並共享的資源，大眾讀者也因

　　　　在地化思想：臺灣文學場域》，柳書琴、邱貴芬主編，台南：國家文學館，2006
　　　　年 4 月，頁 52。

〔註20〕葉石濤〈日據時代新文學作家的文學教育〉，《中外文學》23：8，1995 年 1
　　　　月，頁 40。

〔註21〕參見，〈總督府圖書館普通圖書〉，光碟《臺灣新民報》第 797（1933.5.11，頁
　　　　8）、829（1933.6.12，頁 7）、836（1933.6.19，頁 7）、843（1933.6.26，頁 7）、
　　　　920（1933.9.11，頁 7）、954（1933.10.16，頁 6）、961（1933.10.23，頁 10）、
　　　　979（1933.11.10，頁 8）號。

此得以形成。故而，現代傳媒不僅承擔著文化傳播的功能，並且構築了影響文化發展的大眾閱讀空間。

二、殖民統治與台灣通俗文學生產

在明治中期《教育敕語》頒布後逐漸形成的學歷社會裡，文化消費及知識產業快速提升，殖民支配下的台灣到 1930 年代以後，整個文化場域也產生了重要的變異：一是台灣由農業社會過渡到工業社會，二是印刷資本主義的日益興盛，三是漢文台灣文學場域的分化情況，在漢文欄廢止的影響下，通俗文藝日漸取代新文學，風靡當時的讀書市場。以下分項簡述之。

第一，農業社會過渡到工業社會。殖民資本的導入，大幅度地改換台灣的城鄉結構，都會誕生，城鄉差距逐漸出現；在殖民進步主義的操作下，「現代」漸漸成為主流社會共同期待的價值，「摩登」儘管爭議不斷，卻成為部份崇尚時尚的上流社會人士必備的行頭。世界新知透過教育系統、報刊雜誌、進口讀物、留學生等媒介輸入台灣。都會文化興起，文化傳播市場初具規模，文化消費之閱讀人口浮現，為現代通俗文學的興起提供了基本條件，商品經濟的大潮和正在轉型的社會型態，也改變了社會大眾的生活價值和文化心理。生活節奏的日益加快，刺激了群眾審美心理的時尚化與通俗化。那些直觀的、輕鬆或消遣的現代通俗娛樂形式大受青睞；含意深沉的、寄寓悠遠的純文學文本不再是現代品味的唯一選擇。也因此，閱讀市場在這一股潮流影響下出現了通俗文本與純文學文本共榮的景觀。

第二，印刷資本主義的日益興起，使台灣步入機械複製時代，大量生產報刊書籍。除當時的《台灣日日新報》、日刊《台灣民報》已有自己的印刷工廠〔註22〕之外，台灣的零售書店在 1928 年已達 65 家，1938 年更增為 106 家。〔註 23〕在印刷資本主義的累積，以及日益活絡的印刷出版事業中，相對穩定的大眾閱讀人口（特別是都會讀書人口），也隨著教育的普及與擴張出現。

當新思潮、新事物以文藝刊物為媒介，大量被移入的同時，也使得許多現代性詞彙融匯到現代日語、漢語，以及文化生產，乃至日常思惟之中。針

〔註22〕 參見，柯喬文〈《三六九小報》古典小說研究〉，南華大學文學所碩士論文，
　　　　 2003 年 6 月，頁 28～31。
〔註23〕 參見，河原功〈三省堂與台灣──戰前台灣日本書籍流通〉，《台灣新文學運
　　　　 動的展開》，台北：全華，2004 年 3 月。

對這一類現象，1933 年出版的通俗小說《命運難違》有如下描寫：

> 最近在報紙上出現了許多新詞，真是麻煩。我們公司訂了兩三分日
> 本內地的報紙，但有些報紙使用了許多新的辭語，讓人看不懂它的
> 意思。起初，還以為只有我這種沒有受過正規學校教育的人不懂，
> 後來問其他同事也搖頭，連大學畢業的職員也答得支吾其詞，使我
> 大吃一驚。〔註24〕

信息的快速交換，致使知識爆炸的時代來臨。而透過譯介與傳播，許多現代
性詞彙成為大眾通俗小說裡無可或缺的元素，中產之家、女給、藝妓、自動
車、電影院、咖啡館、百貨公司、留學生、自由戀愛、婚姻不幸、批判封建
等話語，衝擊著讀者對於現代性的參與、認知與感受。現代性的概念因而也
透過符號，快速被傳播開來。

　　大眾讀物於是成功地利用這個良機，以休閒讀物的易讀性吸引讀者，並
且日益具備都會現代文化、中產階級文化商品風格的要素。在都會中，文學
商品化、消費化時代的條件已經逐漸成熟。當時通俗文學單行本相繼問世，
並構成一股閱讀熱潮。在日治後期發行的通俗小說單行本包括中文作品：建
勳《京夜》（1927）、阿 Q 之弟《可愛的仇人》（1936）、《暗礁》（1937）、《靈
肉之道》（1937）、吳漫沙《韮菜花》（1939）、《黎明之歌》（1942）、《大地之
春》（1942）、《莎秧的鐘——愛國小說》〔註25〕（1943）、林萬生《純愛姻緣》
（1941）、《運命》（1941）、丁寅生《孔子演義》（1942）、鄭坤五《鯤島逸史》
（1944）、茵茵《柳鶯》（1944）、簡進發《愛國花》（1944）等；及日文小說：
林輝焜《命運難違》（1933）、辜顏碧霞《流》（1942）、林熊生（金關丈夫）《船
中的殺人》（1943）、鶴丸詩光《台灣樂しや》（1943）等。通過閱讀行為，通
俗讀物的意義和信息不斷被傳遞、生產。而在大眾媒體所形構的通俗文學場
域下，偵探敘事這個新興的通俗文類也在報紙與雜誌上形成、讀寫，成為一
股不可忽視的風潮。〔註26〕

　　第三，漢文台灣文學場域的分化。在以傳統文藝為中心的台灣文學場域

〔註24〕引自，林輝焜（著）、邱振瑞（譯）《命運難違》（上），台北：前衛，1998 年
　　　　8 月，頁 84。
〔註25〕吳漫沙《莎秧的鐘——愛國小說》一書於 1943 年 5 月發行中文單行本，由南
　　　　方雜誌社出版。1943 年 7 月，日文版《サヨンの鐘》由春光淵翻譯、東亞出
　　　　版社出版。
〔註26〕參見，呂淳鈺〈日治時期台灣偵探敘事的發生與形成：一個通俗文類的考察〉，
　　　　前揭文。

還未分化之前，通俗小說、漢詩、漢文為傳統文壇的三大文類。根據黃美娥的研究，日治時期出現兩個台人撰寫漢文通俗小說的高峰期：第一階段的創作高潮為《漢文臺灣日日新報》獨立發刊期間，即 1905 年 7 月到 1911 年 11 月。此時活躍的通俗小說創作者，主要是擅長古典文學的舊文人群，包括謝雪漁、李逸濤、李漢如、霞鑑生、佩雁……等。此後，由於《漢文臺灣日日新報》廢刊，再度併回《臺灣日日新報》漢文欄，在漢文版面銳減又必須與日文作品相互競爭的狀況下，漢文通俗作品發表的機會因而隨之減少，作品數量不如從前，直到漢文雜誌陸續出現，發表園地漸由新聞紙擴充至文藝雜誌，情況才得以改善。〔註 27〕而 1920～1930 年代間，台灣文學場域逐漸從以傳統文藝為中心的一元場域，分化為性質多樣的傳統文學、純文學、通俗文學等多元場域。〔註 28〕這段期間通俗小說出現了第二個創作高潮，即 1930 年代以娛樂性質為重的《三六九小報》、《風月》、《風月報》、《南方》發行之後。〔註 29〕

日本殖民主義以同化政策及語言控制，約制了殖民地知識份子政治抗爭、文化生產與文學創作的可能性及能力。1937 年，報紙雜誌漢文欄在總督府與軍部聯手策劃的政治運作下遭到廢止後，漢文新文學〔註 30〕失去了生產的場域，整體表現下降。相反地，漢文通俗文藝誌《風月報》，卻以籠絡漢文知識階層、促進大東亞文化生產的功用，受到統治者意識型態的容認。儘管《風月報》亦在某種程度上遭受文化檢閱的壓制，但是該誌出刊相對穩定，以戰爭期「唯一的漢文（通俗）雜誌」受漢文知識階層的支持，成為漢詩創作及漢文通俗文藝的重要舞台，支撐漢語通俗文學的發展。

綜合上述三個不同層面，社會經濟條件的改變、都會的出現、文化市場的蓬勃、文學場域的分化、文藝政策的介入，這些元素相互交織，共同構築

〔註 27〕參見，黃美娥〈舊文學新女人——漢文臺灣日日新報中李逸濤通俗小說的女性形象〉，《重層現代性鏡像：日治時代臺灣傳統文人的文化視域與文學想像》，頁 242。

〔註 28〕參見，柳書琴〈通俗作為一種位置：《三六九小報》與 1930 年代的台灣讀書市場〉，《中外文學》33：7，2004 年 12 月，頁 21。

〔註 29〕同註 26。

〔註 30〕本文中筆者所謂的「新文學」是指在 1920 年代興起的台灣新文學脈絡下的現代文學，筆者參考中國文學史中「五四新文學」的用法，將 1920 年代到 1945 年為止，台灣作家以中文或日文書寫，以純文學、嚴肅文學為基調的台灣新文學作家作品，扼要稱呼為「新文學」，作為與 1920 年代後期出現的在此一脈絡之外的台灣現代通俗文學之區隔。

日治時期台灣通俗文藝發展的社會背景。

三、《風月》、《風月報》、《南方》的發行背景

　　從《風月》（1935.5.9～1936.2.8）、《風月報》（1937.7.20～1941.6.15）到《南方》（1941.7.1～1944.1.1）、《南方詩集》（1944.2.25～1944.3.25），在將近十年的發刊期間，雜誌名稱歷經四次變革圖新，除了國策介入造成的影響外，展演於其上的不求花俏、多聲複義、新舊雜陳的思想文化衝突，構成了日治後期特殊的一隅文藝景觀。舊學與新學、文言與白話、傳統與現代、保守與激進、休閒與報國、親日與抵殖等不同文化態度、政治認同與意識型態的激盪交錯其間，形成多元話語。當時，言說者們多以社會菁英自居，自信漢文復興、東洋文藝復興之夢將在他們各自主張的文學策略中得以實現，這樣的信念與狂熱一直燃燒至《南方詩集》終刊。

　　在這十年內，刊登於《風月》、《風月報》、《南方》上的作品體裁、形式，無所不包，從漢詩到民俗歌謠，從花狐奇譚到科學新知，從娼妓小傳到戰場紀實，從俠義章回到白話短篇，可謂多音交響，眾聲喧嘩。以下筆者將分三部分介紹雜誌的成立背景與發行概況：

（一）言情・懷舊・《風月》——仲介通俗與風流

　　1935 年 5 月 9 日，由台北大稻埕地區的舊文人組織「風月俱樂部」，發行雜誌《風月》，逢每月三、六、九日發刊，俱樂部成員包括主幹兼主筆的謝雪漁，及林述三、王少濤、卓夢庵、林其美、歐劍窗、林夢梅、黃水沛、王了庵、蔡子昭、林清月、謝尊五等三十人。這幾位編輯主要由《臺灣日日新報》漢詩欄、《臺灣詩報》與《藻香文藝》的成員所組成，多屬傳統文人系統。臺灣新文學自 1930 年代起日漸蓬勃，相對地，傳統知識分子文化則步向邊緣化。當他們被排斥於新文學主潮之外，於通俗文藝雜誌上的發聲吶喊，成為他們所選擇的文化位置〔註31〕，以此獻身方式證明他們的存在，在相對市井、通俗的文學語境中獲得自我確證。這些傳統士紳們多是雜學家，他們不只浸淫舊文人情調的文化，且精於通俗文化。

　　這群文人為何以辦報為職志？又如何在新文學刊物林立的報業中生產

〔註31〕參見，柳書琴〈傳統文人及其衍生世代：台灣漢文通俗文藝的發展與延異（1930～1941），《台灣史研究》14 卷 2 期，2007 年 6 月，頁 41～88。

文藝呢？《風月》的〈發刊辭〉曾表明該刊旨趣為「笑談只可。世事疏備」、「雅俗同流。是非不管。任老子以婆娑。思美人之態度。樂其樂而利其利。」〔註32〕接著又在同一期的創刊〈啟事〉中明言創刊緣由：

> 組織風月俱樂部。吟風弄月。江上山間。或近或遠。予取予攜。意有所適。情無所鍾。及時行樂。不負好春籌刊小報。命名風月。純毫一管。描寫千般。惟避是非。不謀工拙。〔註33〕

從這篇不飾真情的自供中，不難看出《風月》是以言情、休閒作為嚆矢。論及這份刊物的內容，既以「風月」名刊，溺情和消遣性質的作品份量也因而最為可觀。根據《風月》上刊載的各種文章比例，屬於風花雪月、鴛鴦蝴蝶等入世耽情的文章及仕女寫真，一直佔有全刊一半左右的頁數，其餘篇幅則為每號 5～12 則商業廣告，及零星出現的學詩要訣、事蹟考據、花狐列傳、笑談謎鵠、科普智識、奇風異俗等等。前一部分，表現為介紹中國歷代名妓傳奇的「秦淮名妓軼事」、鋪述各地名人風流韻事的「新情史」與「中華名人愛妾艷史」；以及林華執筆連載的苦情小說〈斷腸聲〉〔註34〕，此故事主要描寫一對青梅竹馬的戀人，因女方家長嫌貧貪富，致使戀情受阻。其中林華更直陳「我臺灣現在婚姻制度。最大之弊害者。莫過於聘金問題。」而聘金問題「是文明一大恥辱。我等若要與碧眼兒並駕齊驅。早將此惡俗打破。」小說開篇就講「茫茫苦海。渺渺情場。天地間之男女。為情而死者不少。」將「情」字廣及於世間男女，因而他所謂的「情」也就帶有普遍性。相同類型的作品，尚有標榜寄情小說的〈紫晶印〉，加上俠義風流的〈花俠〉、悲喜劇〈破鏡重圓〉、諷世小說〈有錢之婦〉等作，都未能脫離當時舊派通俗小說的媚世風氣。

與上述情愛故事相互呼應的是以各種專欄形式呈現的藝妓、女給小傳，如「尋紅拾翠」、「花事闌珊」、「花叢小記」、「拾翠錦紅」、「花訊」、「驚鴻艷影」、「花國艷影記」，這些專欄時而佐以中西時裝仕女寫真，她們或托腮凝望，或拈花微笑，或蹙眉深思。專欄「花事闌珊」則印上姿態阿娜的仕女圖，帶點引人遐思的韻味。專欄內容俱是羅列各地藝妓名冊，每個歡場女子芳名底下，多引述令人惻憐的身世或工詩善曲、精通「國語」、色藝雙全的才能，並註明她們的工作地點，供讀者按圖索驥。不難發現，藝妓小傳的撰寫者一方

〔註32〕引自，〈發刊辭〉，《風月》第 1 號，1935.5.9。
〔註33〕原文引自，〈啟事〉，《風月》第 1 號，1935.5.9。
〔註34〕參見，林華〈斷腸聲〉，《風月》第 19～23、25、27、33～38、40、41、44 期。

面同情她們的不幸遭遇，另一方面對她們的溫柔體貼和善解人意，又映現著多才多情的男性中心主義眼光。

除了這股瀰漫《風月》的風塵氛圍，五花八門的商業廣告構成了《風月》的另一特色。廣告欄目上的主打商品包括生活雜貨的綢緞、織物商，味素、醬油舖，米穀貿易商，虎標萬金油；也有主打女性用品的婦女洋服、女生制服公司，內衣、帽子、化妝品；以及以男性族群為主要消費對象的「精仙露」、溫泉旅館、咖啡館、和洋料理、喫茶店；還有仲介各種「摩登」流行商品，如參莊、茶行、寫眞館、美術館（主要的服務項目為描摹古今名人書畫招牌看板）、和洋雜貨、貨物自動車、台北運輸公司、藥房、菊元百貨、電影院、洋傘店、牛豚特效藥、洋裝子供服、西洋家具……等多種。這類依附於資本主義色彩下所生產的消費行為，於《風月》上和其他通俗文本並置，儼然形成一個文學消費的國度。

綜上所述，《風月》在古典、現代思潮交融，通俗哀情和商業取向互滲，以及西洋和東洋文化撞擊中，形成了休閒、娛樂的風格。在一定程度上，《風月》是由傳統文士擔任類同仲介的角色，其內容與傳播效果都停留在軟性消遣的層次，對政治言論則呈現出明顯的拒斥姿態，因而，《風月》較無法形成明確的輿論方向，也尚難以形成擁有固定閱讀習慣的讀者群，以致於雖藉由主辦「臺北美人人氣投票」活動創造出高達三萬份銷售量的佳績〔註35〕，卻因花選活動帶來的人事糾紛，花柳群讀者大量退縮，使得雜誌驟然停刊。〔註36〕

（二）革新・多元・《風月報》——通俗化的媒體策略之試驗

1937 年 4 月，總督府為徹底普及日語，企圖使臺人國民化，報刊漢文欄遭廢，漢文文藝已被控制在最小限度，漢文誌《風月報》竟弔詭地於 1937 年 7 月 20 日復刊。初期的編輯走向大致上仍與《風月》相仿，內容不外乎舊學翰墨、騷壇消息、流行歌謠、俗語笑談、俠義愛情傳奇、藝妲花訊、藝妲

〔註35〕此花選活動，總計開票兩次，首回前十二名得票數達 11050 票，第二回的前十三名得票數為 30332，而《風月》每期卷末的截角印有選票一枚，以利讀者投票，故以得票數可約略估計當時刊物的銷售量。

〔註36〕參見，楊永彬〈從『風月』到『南方』——論析一份戰爭期的中文文藝雜誌〉，《風月・風月報・南方・南方詩集總目錄・專論・著者索引》台北：南天，2001 年 6 月。

寫眞與數量眾多的廣告，郭怡君便曾以雜誌中的消遣性雜文論述其通俗性的
特徵。〔註 37〕不同的是與日本相關的書寫增加了，比方鶴見祐輔編著、松髯
中譯的〈伯爵後藤新平傳記〉、加藤彌六物語，夢庵所著〈日本詩吟〉；每期
並穿插數篇諸如〈國語讀詩法〉、〈詩吟法〉或〈國文成語彙纂〉等以日文假
名標註讀音的作品；卷末則是十頁左右的漢詩欄〈詩壇〉；另外，小說主角由
本土人物變爲日華英雄〔註 38〕，人物命名有時採西式譯音，故事場景由臺灣
移至異國，作者在描述主角的鬥智時，手法新奇，如以鬚髮、假面易容，過
程中更利用漢銃、化學藥劑、自動車……等〔註 39〕，它們雖被賦予「新的內
容」，卻仍替代了過去《風月》言情、武俠、偵探等通俗小說的娛性功能。正
是這一切不同於臺灣風俗景物的描寫，爲《風月報》的讀者輸入了西方現代
性圖像，以及對於殖民母國的想像。

綜上觀之，復刊之際《風月報》主要是以略具理解日文能力的日文讀者、
習作漢詩的傳統文人爲預期的讀者對象。觀諸第 45 期的《風月報》揭載一份
〈本報執事表〉，其中包括編輯主任：謝雪漁，編輯員：林子惠、卓夢菴、許
劍亭、林夢梅，營業主任：簡荷生，經理顧問：簡朗山、吳子瑜，編輯顧問：
林景仁、魏清德等十人，較《風月》時期的編輯陣容銳減，但可看出其編輯
與《風月》多有重疊，大致上仍是以舊學陣營爲主幹。

原本《風月報》內部就存在著不同的經營理念以及與時俱進、或抱殘守
闕的不同文化態度，在「風月俱樂部」的哀情步調中，尚能保持大體一致的
編輯方向。但是隨著《風月報》同人延攬新文學作家，刊物的蛻變和分化也
就勢在必然了。

1937 年 10 月 16 日，第 50 期的〈風月報同人啓事〉簡述編輯人事異動及
雜誌方向改變之緣由：

> 此號的風月，因時間關係，對於材料及編輯藝術皆不能盡善美之責
> 任，（是否與刊登多篇翻譯短文有關？）……這次正值徐君坤泉（阿
> Q 之弟）外遊歸來，風月同人再三與之接洽，始得附帶改革內容條

〔註37〕 參見，郭怡君《《風月報》與《南方》通俗性之研究》，靜宜大學中文系碩士
論文，2000 年 7 月。

〔註38〕 如謝雪漁的〈日華英雌傳〉，參見，《風月報》，第 45～48、50～53、55～66、
68～76 期。

〔註39〕 參見，劍亭〈雙花劫〉，《風月報》第 45、46、47 期。

件許諾願爲本報之顧問並執筆小說「新孟母」，……今後之風月，確

確實實可以達到面目一新之雅望……〔註40〕

自本期由徐坤泉接任《風月報》主編後，雜誌風格明顯不同以往。在作品安排上，除了繼續刊登謎學、文白交雜的小說，並保留先後由謝雪漁、蔣培中選編的漢詩欄「詩壇」，其餘篇幅多屬白話文作品，包括抒情散文、生活隨筆、新詩、歌詞、笑談、小說等文藝創作。〔註41〕自第 50 期起，卷首不再放藝妓寫眞，而是改爲具有國策色彩的插圖。第 50 期爲藤田嗣治所繪〈千人針〉，圖右題詩云：「街頭行過偶相逢，素手纖纖試一縫，壯士禹州方血戰，勝他防彈鐵衣重。」第 51 期是一幅日軍守城圖：「英風四拂銃橫持，守望城頭旭日旗，四野敵軍無隻影，壺簞士女迓皇師。」第 52 期則爲日軍入城寫眞：「雄關攻破鐵門開，一隊貔貅掃敵來，不殺無辜人道重，歡呼萬歲響如雷。」第 53 期的日軍宣撫賑災圖強調日華親善：「軍前糧食聚成堆，賑濟貧民遠近來，手執日章旗一桿，攜筐受米感恩回。」第 54 期休刊。第 55 期之後才改以風景圖畫。

圖 2-1　《風月報》第 50～53 期封面圖片

第 50 期　　　　　　　　　　　　　　第 51 期

〔註40〕引自，〈風月報同人啟事〉，《風月報》50 期，1937.10.16。

〔註41〕參見，吳舜鈞〈徐坤泉研究〉，東海大學歷史系碩士論文，1994 年 7 月，頁
60～61。

第 52 期 第 53 期

　　由封面插圖可感受到日本對華戰事之於這份作風保守的刊物的影響，以及刊物編輯半自主地附和侵華戰爭，合理化日本的侵略行徑，這些現象多少肇因於《風月報》在七七事變之後不久復刊，故而有時局與國策因子滲入，但戰爭的緊張情勢過後，便較大比例地揭載文藝作品。〔註42〕此外，新文學創作、各種西洋新知新學譯作數量的增加、日本名人野史逸事的譯介更是一大特色，只是，當一個西洋文本或和文文本被翻譯成漢語時，被翻譯者與翻譯者之間的權力關係高下立見，被譯介的語言無形中取代了漢語的權威性。在《風月報》大量登載翻譯文學的同時，「摩登」這一詞彙的運用也頻繁出現於各種專欄、評論、創作。在歐洲，所謂摩登，原本具有理性、進步、科學等意涵；然而，在殖民地，摩登的意義卻有了變化，它被轉換為「風尚」、「流行」、「時髦」等的同義詞。這種意義的轉變，正好印證歐洲中心論（Eurocentrism）在文化權力結構中的優越地位〔註43〕，以及「殖民現代性」的生成。

　　繼徐坤泉之後主編《風月報》的吳漫沙，大致延續上述編輯方針，但因為《風月報》採取會員制，亟需擴展其讀者的層面，以因應戰爭期物價暴騰，

〔註42〕參見，楊永彬〈從『風月』到『南方』——論析一份戰爭期的中文文藝雜誌〉，頁 150。

〔註43〕陳芳明〈摩登與後摩登台灣〉，《殖民地摩登：現代性與台灣史觀》，臺北：麥田，2004 年，頁 9。

紙價、印刷費驟增的情況，營業主任簡荷生為招募會員、收取贊助經費經常出差至中南部推銷刊物〔註44〕，並利用自己的人際網絡，向各地頗富名望的士紳、望族〔註45〕介紹《風月報》維繫斯文、發展漢文文藝之要旨；接著又將這些地方名士的鼓勵與正面評價刊載於誌面上。〔註46〕同時，雜誌也以刊登讀者來信、作品讀後感想等方式進行宣傳。而為了達成面面俱到的編輯策略，《風月報》幾度修正刊物內容。如1938年1月，創設「音樂研究部」，企圖攏絡雅好音樂的讀者。1938年8月至10月間，增設「日文欄」，由張文環就任日文編輯。第90期及第91、92合併號，更嘗試增闢『兒童故事』專欄，企圖使雜誌普及於各年齡層的讀者。

　　1937年起，由於日本對華戰事的擴大，「大陸進出」、「雄飛中國」蔚為潮流，雜誌上經常可見此類論述的揭載，並數度以中國名勝風景寫真置於卷首封面，以因應時局、順應國策。〔註47〕第104期登載一則來自南洋讀者的飛鴻，信中表示《風月報》的發刊，「確是大陸進出者的良好培養材料」〔註48〕，同時冀望雜誌能夠永續刊行，「為青年大陸進出的南針，為臺灣文藝界放出一

〔註44〕參見，簡荷生〈旅中隨筆〉，《風月報》89期，1939年7月7日，頁17。文中提及：「余此次代本報之使命，周遊全島，訪問本部諸會員」、「余此次之行中，臺中，臺南，嘉義，高雄，屏東，大屯……等處會員，均甚踴躍援助，並為余歡迎」旅途中拜訪了林獻堂、施雲釵、黃欣陳啓貞、藍漏秀……等知名學者、文人。

〔註45〕例如教育家吳賜斌、詩人張李德和、蕭永東、畫家林玉山、醫學博士黃文陶、興亞吟社社長林又春、實業家陳可亭、雜誌顧問陳啓貞、經理顧問廖學昆、廖重光、豐原望族林碧梧……等。參見，簡荷生〈中南部訪問記〉，《風月報》132期，1941年6月15日，頁3。

〔註46〕參見，簡荷生〈中南部訪問記〉，前揭文，頁3。簡荷生此次南下，途次數十處大小鄉鎮，其路線行經台中、南岡、埔里、諸羅、中埔、新巷、北港、朴子、布袋、鹽水、新營、林邊、東港、屏東、鳳山、高雄、西螺、虎尾、鹿港、田中、二林、大城、竹塘、北斗、小埔心、彰化、大雅、大甲、大安中庄、豐原等地，遍訪各地碩學鴻儒、教育家、實業家、地方望族、雜誌顧問、囑託、會員，訪問記中表示，大多數受訪者皆肯定《風月報》對於維繫漢學之價值，並熱心贊助刊物發行。

〔註47〕《風月報》第105期的卷頭語中曾明確指出雜誌內容與封面寫真之異動，乃是為追求時所好與順應國策：「今年來我們的內容，已有了刷新改變，質和量都很了充實可觀，就是封面上的寫真也是順應國策。（在這日華親善的高浪中）介紹中華江南的風光──西湖的名勝，這當然是諸位讀者所歡喜去鑑賞的吧。」參見，〈卷頭語：無論哪一種文藝都要去檢討聲援〉，《風月報》，第105期，1940.3.15。

〔註48〕施能賢〈海外飛鴻〉，《風月報》104期，1939.3.4。

個異彩！」〔註49〕這位署名「施能賢」的讀者，接著難掩興奮之情地自陳：「爲東亞新秩序的建設，從軍在海軍，做一個通譯，這是我多年的抱負，而今可說如願以償了。」這則訊息除了揭示臺灣青年前往南方的憧憬，另一重要的表徵便是此時（1939.3.4）《風月報》所網羅的讀者甚至包括從軍通譯。由《風月報》第 129 期〈編後隨筆〉的內容也顯示雜誌的傳播區域已廣及日本在華佔領區及南洋。〔註50〕隨著太平洋戰事升高，雜誌上的戰爭色彩益加深化，刊物發展更逐步傾向協力戰爭的國策。

　　承上所述，此一時期的《風月報》採取多角化、多元化的編輯方向與經營模式，嘗試拓展各領域的讀者層面、推廣刊物，這樣的媒體策略也使雜誌得以從《風月》時期的風月狎邪式的小報，成功轉型爲具有現代通俗讀物性格的漢文通俗文藝刊物。

（三）「雄飛」・報國・《南方》──向國家意識型態傾斜的刊物走向

　　1941 年 7 月 1 日起，爲順應國策，改版的《南方》將會員制改爲讀者制，以增加讀者的購讀率。《南方》零售每冊定價金貳拾錢，長期訂閱的定價則如下表所示〔註51〕：

表 2-3　《南方》雜誌第 133～152 期價目表

本　刊　價　目　表（送　料　在　內）		
半年	滿洲 中國 日本	貳圓二十錢
全年	滿洲 中國 日本	四圓

　　由刊登於《南方》133 期卷末的上表得知，日本、中國、滿洲三地已成爲

《南方》固定的配送地點,且第 135 期裡,日本大阪市「坪田博進堂藥房」
以及第 136 期林兼商店東京支店販賣的魚肝油廣告的刊登,也間接說明了《南
方》已網羅部分日本地區讀者,以及當地商家對雜誌傳播範圍廣泛與廣告效
益之認同。除此之外,筆者亦發現商家透過雜誌上作品的刊登與大眾接軌的
隱微線索。南鷗〈我們的第二家庭〉是一篇外宿某旅館的感想,作者巨細靡
遺的描寫該旅館的環境、料理、服務態度,最後更言明那裡「簡直是我的第
二家庭,不論有事沒事,我若有閒暇,還要常常來打擾你哩」、「回家依然做
了好幾次的夢,都是跑到中和館投宿的場面的。」〔註 52〕顯然作者並非將旅
館視爲文本佈景,而是作爲向閱讀者強力推銷的主打商品,且「中和館」於
《南方》所刊登的廣告多以「旅館第二家庭」爲促銷標語〔註 53〕,足見商家
／刊物／讀者之間存在著共生關係。

　　改版之初,戰爭期北京白話文的學習蔚然成風,此一現象反應於《南方》
上,出現多篇以中國白話文書寫的作品,並掀起一股白話短篇小說的書寫熱
潮。綜觀《南方》的白話短篇小說,題材多元,多數作者皆爲名不見經傳的
新秀作家或一作作家。其他文藝方面,採取的仍是古今兼容、雅俗共存的態
度,古典漢詩、民俗拾掇、科學新知、生活雜談、一二篇鼓吹中日提攜的時
論性文章……,大抵而言,初期的《南方》仍屬文藝性質濃厚的綜合雜誌,
仍有新詩、小品雜文、本土小說、翻譯作品、傳統漢詩文的文藝創作登載。
期間更掀起一場由傳統文人與現代通俗文藝作家交鋒的「新舊文學論戰」,《南
方》儼然成爲文藝觀念的決戰場。〔註 54〕

〔註 52〕引自,南鷗〈我們的第二家庭〉,《南方》133 期,1941.7.1,頁 27。

〔註 53〕參見,〈廣告:中和館〉,《南方》133 期,1941.7.1。

〔註 54〕關於此次論戰的過程及雙方陣營的理念訴求、論爭所代表之時代意義,先行研
　　　　究者翁聖峰、黃美娥、楊永彬、陳春美已有詳實的考察及論述,參見,翁聖峰
　　　　〈日據時期臺灣新舊文學論爭新探〉,輔仁大學中國文學研究所博士論文,2002
　　　　年 7 月;黃美娥〈對立與協力——新舊文學論戰中傳統文人的典律反省及文化
　　　　思維(1924～1942)〉,《重層現代性鏡像:日治時代臺灣傳統文人的文化視域
　　　　與文學想像》,台北:麥田,2004 年 12 月,頁 81～142;楊永彬〈從『風月』
　　　　到『南方』——論析一份戰爭期的中文文藝雜誌〉,前揭文,頁 98～100;陳春
　　　　美〈決戰《南方》:戰爭體制下的新舊文學論戰〉,國立台北師範學院台文所碩
　　　　士論文,2005 年 6 月。此外,大陸學者朱雙一的論文中亦將此論戰視爲 20 年
　　　　代新舊文學論爭的延續,參見,氏著〈日據末期《風月報》新舊文學論爭述評
　　　　關於"台灣詩人七大毛病"的論戰〉,《台灣研究集刊》84 期,2004 年,頁 89
　　　　～98。

　　1942 年 4 月 1 日，臺灣總督府修正出版法，《南方》依法令提出許可申請，原本預定於 3 月 15 日發行的第 149 期也因而延期，在獲准許可發行的同時，149 期的封面出現了歌詠「聖戰」的標語：「大東亞戰爭就是解放民族的聖戰 一億一心抱著必勝的信念向前奮鬥；強化隣組親善就是國防的基礎 美英是侵略東亞的巨獸」。緊接著第 150 期便明顯可見編輯方針的變化，該期於封面列出要目，依次為：

　　　　發揚東方道義精神：汪精衛

　　　　九軍神：中島道明

　　　　東亞共榮圈的資源：曉風

　　　　新嘉坡陷落以後：明達

　　　　印度反英運動的趨勢：天驥（原書檢閱未刊出）

　　　　水深火熱中的南洋土人：伯孚〔註55〕

以上要目中的〈發揚東方道義精神〉、〈九軍神〉、〈東亞共榮圈的資源〉、〈新嘉坡陷落以後〉、〈印度反英運動的趨勢〉、〈水深火熱中的南洋土人〉、〈對於時局認識善為指導民眾論〉都是為適應國策的戰爭宣傳文字，這些報導，既包含著戰場速寫和戰況分析的現實動因，也可當作是刊物本身的急於表態。戰雲密佈的時代生活向其發出迫切的召喚，加上一般群眾對戰爭的關注，報告文學、戰爭詩歌、作家的戰場通訊之類作品，在讀者中頗具市場需求，《南方》於是陸續開闢專門刊登戰爭報導和戰場特寫的欄目。自此而後，《南方》開始改革內容編排，嘗試邁出既深刻反映戰爭現實、又回歸文藝園地的步履，也因此古典演義、武俠小說、美術逸話及其他新文學作品成了附屬性的存在。

　　昭和 18 年 1 月 15 日，刊出兩整頁的「地方新聞」第 1 號，每則新聞消息皆以聳動的標題為「大東亞聖戰」搖旗吶喊，花蓮港的來訊即作了如下報導：

　　　　花蓮港初日之志願者六千餘名

　　　　光輝榮譽之陸軍特別志願兵第二次募集受付，十日全島一齊開始，

　　　　各地熱血愛國之青年，熱熱地奏著軍國譜，花蓮港廳下，一市三郡

　　　　之志願者，前日引續（按：陸續）怒濤般的殺到，在廳前好像洪水

　　　　般的志願者，呈出戰時的壯觀，……〔註56〕

〔註55〕參見，《南方》150 期，1942.4.16。

〔註56〕原文引自，《南方》167 期，1943.1.15，頁 17。

激情澎湃的文字，對戰爭狂熱的煽動，衝擊著讀者的閱讀感受，爾後尚有專欄「地方通訊」，以類同夾報的形式報導各地方消息，如：“建艦獻金頓大殺到”、“日婦支部幹部鍊成會開催——二十八日好成績修了”、“荒鷲二機獻納——鳳山郡民赤誠的計劃”、“對忠魂之感謝——六百萬島民銃後熱誠美舉 君人援護精神昂揚運動”、“勇為義俠之青年——自發的輸血與出征軍人妻息（按：棲息）療治”等，《南方》無異成了殖民政府和軍部的政策宣傳機關。

然而，這份文學性幾欲破產的雜誌，卻又弔詭的籠罩著濃郁的復古煙霧，非但提倡孔孟禮教的「王道主義」，認為「崇孔子。即是崇皇朝也。奉孔教。即奉皇道也」。〔註57〕由日本之道與孔子之教若干符合處，推論「日華兩國在精神上的提攜是很容易的。」〔註58〕反覆強調「孔子的學說，在日華兩國精神的提攜上很有偉大的力量。」〔註59〕甚至利用儒家的義、忠、武思想，作為侵略擴張的「大東亞主義」的出發點，藉孔孟之道進行文化同化，經過扭曲的「儒家思想」蛻化成順民哲學。更重要的，尊孔宗儒的敘事，可把一個被殖民者同化的國族空間投置在儒家經典中，重新建構其合法與合理性；並在「神體儒用」〔註60〕觀的操作下，召喚讀者演繹從軍報國的赤誠。

小　結

文學報刊是文學生產和傳播的主要媒介，傳媒的近代化連帶影響讀書市場秩序的重構，而當時文兼雅／俗、東／西、新／舊的書刊流通也日益形塑著知識份子的文化涵養與一般市民的讀書習慣，構築大眾閱讀的文藝空間。其次，日治時期台灣由農業社會過渡到工業社會，造成社會經濟狀況的轉變，印刷資本主義的蓬勃帶動文化發展，台灣文學場域的分化及總督府廢止漢文

〔註57〕引自，莊玉坡選〈名家文壇——孔子不斥周武辨〉，《南方》166 期，1943.1.1，頁 16。
〔註58〕引自，中山久四郎〈日本之道與孔子之教〉，《南方》174 期，1943.5.1，頁 1。
〔註59〕同上註。
〔註60〕「神體儒用」一詞參照大陸學者王健的說法，是指日本特有的傳統精神結構，在日本的現代化過程中，沒有發生中國現代化過程中那樣的文化認同和價值思想的危機；而是通過對神道和儒學這些傳統價值的重新闡釋，發掘出支撐日本現代化精神的本土資源，進而實現從傳統到現代的文化轉型。（參見，王健《『神體儒用』的辨析：儒學在日本歷史上的文化命運》，鄭州：大象出版社，2002 年 9 月。）

欄的措施則促成漢文通俗文藝的讀寫熱潮。《風月》、《風月報》、《南方》、《南方詩集》一系列文藝雜誌的生產與暢銷正是此背景下的產物,據筆者觀察,由初期《風月》的溺情消遣、不涉政治;到《風月報》取次繁複多元的文藝創作策略;再到《南方》時期為順應時局要求,以致逐漸產生質變的情形,在在顯示刊物的通俗取向與少量的文藝異化,使該誌得以通過總督府嚴密的書籍檢閱制度,持續承載著漢文文藝的維繫與更生。

第二節　從「復興漢文」到「研究華文華語」
　　　　——《風月報》的編輯取向

前　言

　　日本帝國主義在受其影響的東亞殖民地與淪陷區文學中,投下了各種同中有異、異中有同的發展。以 1937 年中日事變為始,廣大東亞地區進入了一個區域文化交流和文藝統制更為加速的戰爭期文學時期,台灣亦被涵納其中。有別於既有研究多從島內文藝雜誌出發而提出的文學壓制論述,本文擬由發行地廣佈日本在華佔領區及台灣的文藝雜誌《華文大阪每日》對島內文藝界激起的回應入手,嘗試從內外交流的面向進行思考。筆者關心的是,當時以落實「大東亞共榮圈」意識形態為目標的日本官方文藝政策,以何願景允諾華文圈之文藝工作者?在大東亞文藝口號的刺激與引發下,被統制於其中一環的台灣有何群體回應?《風月報》在協力政策的表相外,如何延續本土文藝的特殊發展?最終與大東亞文藝理念及其預期成果又存在何等程度的差距?

　　基於上述關懷,本節將針對《風月報》復刊後的經營方針調整、《華文大阪每日》發刊對台灣文藝界形成何等影響、漢文創作者如何探索及履踐文學的實體與方向等層面,針對殖民論述與文藝政治、文藝美學之間的回應或拉扯,進行考察。透過東亞共時性文藝現象的比對與台灣在地文化案例之分析,探討殖民地文藝在帝國的文學統制下產生之階段性策略。

一、《風月報》的復刊與方針再轉化

　　1937 年 7 月 20 日,停刊一年多的古典通俗小報《風月》更名為《風月報》

復刊，此後大致維持穩定發刊直至太平洋戰爭末期，雖然間或因經費、人事紛爭等因素出刊異常，刊物名稱也曾二度易名，卻始終是台灣總督府廢止報刊漢文欄之後，少數得以續存的綜合性漢文雜誌之一。〔註61〕曾有研究者指出《風月報》作爲戰爭期台灣文壇「選民式」優惠存在的特殊性，因此「後來很難違逆協力民製同文主義生產的期待」，並且半自主地「生產民製同文主義論述，參與帝國主義的統合建構」。〔註62〕根據筆者觀察，「選民式」的優惠確使《風月報》在某些面向上難以與日本殖民主義的文學統制脫鉤，然而，正因雜誌感受到自身存在之特殊性，雜誌同人對於刊物宗旨、編輯方針、內容主題、閱報者數量之拓展、違逆文藝政策與否等等思索與判斷也因此更爲敏銳謹慎。

　　復刊後的第 45 期，具名「編輯部同人」的〈風月報中興啓事〉一文，便以「斯文未喪。責在吾儒。」〔註63〕點出雜誌的使命，相同思維亦出現於 47 期高文淵的中興感言，此文重申各報「俱廢漢文欄者。爲順應當局之普及國語。欲我本島人之全部國民化也」，以配合當局普及國語之「國民化」時勢，《風月報》作爲發行穩定的「純粹文藝報」，而「與各詩社聲氣聯絡。爲斯文延一線之光明」〔註64〕，維繫漢文的論述儼然成爲刊物該時期的主調，其所欲延續之「斯文」乃是指與作爲「國語」的「日文」相對之「漢文」，此文也證實了《風月報》與各詩社合作中興文風的構想。

　　此外，45 期尚揭載了兩篇值得注意的文章，亦即分別由莊玉坡及吳蔭培撰寫的同名文章〈風月報中興頌詞〉。曾從《風月報》編輯主任謝雪漁學詩的莊玉坡，他認爲「風月報之大宗旨。原爲廣羅趣味。不限於詩之一端。今因隨時勢之推移。稍變宗旨。聞將注重於詩。吾人亦領略詩中三味。當此重整旗鼓。謹拭目以望其翩翩之影。洗耳以聞其淵淵之聲。」〔註65〕文中不掩他

〔註61〕1937 年 4 月，漢文欄遭廢止後，漢文文藝被控制在最小限度內，除了《風月報》（及其後身《南方》、《南方詩集》）之外，尚存有《孔教報》、《崇聖道德報》，但二刊內容以古典詩文爲主，故若由刊物取向、題材多元性、篇幅多寡、讀者影響層面、發行數量、與官方互動等面向觀之，仍以《風月報》系列雜誌爲最。

〔註62〕引自，柳書琴〈從官製到民製：自我同文主義與興亞文學（Taiwan, 1937-1945）〉，頁 63～90。

〔註63〕〈風月報中興啓事〉，《風月報》45 期，1937.7.20，頁 3。

〔註64〕高文淵〈風月報中興感言〉，《風月報》47 期，1937.9.2，頁 10。

〔註65〕引自，莊玉坡〈風月報中興頌詞〉，《風月報》45 期，1937.7.20，頁 3。

對雜誌將以詩作刊登爲主，針砭時事、勸懲善惡等社會教化功能之期許，隱然有將該誌推許爲當代「詩史」之喻。透過同期〈本報執事表〉所列編輯成員名單〔註66〕可發現，雜誌中興時的同人確以漢詩人爲主，莊玉坡雖非其中成員，然由他執筆的中興頌詞被置於該期刊首、同期「文壇」欄刊出其另一作品，以及往後誌面上與該誌詩人文友的密切互動等現象來看，莊玉坡與編輯成員彼此熟識，因此他對雜誌旨趣的觀察，應具有某種指標性意義；再者，該期佔全期三分之一篇幅的漢詩欄亦透顯高文淵及莊玉坡文中所言，《風月報》與詩社互通聲氣、「將注重於詩」此一傾向的可信度。

　　竹塹詩人吳蔭培則由「過渡時代」的載道文本之視角切入，比起時下多數有鑑於「當王者貴」而「僅載和文」、以求「文運」的新聞報社，他十分肯定漢文誌《風月報》中興：

> 一部老師宿儒。及不曾入校之農商等輩。生不及時。惟極力趨學。
>
> 終亦得其粗。不得其精。欲讀和文記事。有趣味之說部。想亦不能。
>
> 此亦風月報所以有中興之要也。〔註67〕

作爲清末生員，吳蔭培其言道出部分不解日文的傳統宿儒與農商階層之閱讀困境，乃至落後於時代行伍的焦灼感傷，《風月報》成爲這些仕紳文人在日語獨尊年代，用來了解時論、挖揚風雅、蘊藉文趣的精神寄託，而「維繫漢文」便是該誌衡量島內文壇狀況後所作出的「退守」策略。

　　然而，《風月報》並未滿足於延續傳統漢文與「純粹文藝」的單一面向，復刊初期同人尙無法就雜誌宗旨達成共識，第48期的〈啓事〉〔註68〕也透露了成員間持有不同文藝理念的些許端倪：編輯卓夢菴、林子惠、許寶亭、林夢梅四人因理念不合求去；此外，更延攬曾任《臺灣新民報》文藝欄主編的暢銷小說家徐坤泉擔任顧問及主編，「擴張紙面」、「兩翅齊飛」的新目標也在此時揭示。隔月發行的第50期以「是茶餘飯後的消遣品　是文人墨客的遊戲場」爲封面標語，徐坤泉自此正式執掌該誌新文學版面。此後風格明顯不同以往，在作品安排上，除保留漢詩欄、謎學、詩話、文白交雜的小說及短文

〔註66〕復刊初期的《風月報》人員執掌爲：編輯主任謝雪漁；編輯員林子惠、卓夢菴、許劍亭、林夢梅；營業主任簡荷生；經理顧問簡朗山、吳子瑜；編輯顧問林景仁、魏清德。參見，〈本報執事表〉，《風月報》45期，1937.7.20，頁1。

〔註67〕引自，吳蔭培〈風月報中興頌詞〉，《風月報》45期，1937.7.20，頁3。

〔註68〕〈啓事〉，《風月報》48期，1937.9.21，頁1。

外，其餘多屬白話作品，亦不乏海外文章轉引譯介。〔註 69〕徐坤泉主導下的雜誌，內容編排看似多元開放、新舊並蓄，但連續幾期頗具國策色彩的封面插畫及題詩，實則間接證實了在刊物新穎的編輯方針背後保守謹慎的務實考量。

上述刊物取向的轉換若與第 69 至 74 期間增加日文版面，聘請甫由日返台的張文環擔任日文主編的嘗試並置觀察，可發現雜誌對於如何在殖民主容認的範圍內，仲介多元性的大眾文化，同時開拓不同層面讀者的思索始終如一。日文版刊出前，第 68 期卷頭語提及因「許多和文讀者的要求，決定增加和文文藝的篇幅」〔註 70〕，但觀諸當時台灣的讀書市場，實不乏日文刊物，日文讀者主動建議純漢文雜誌增關日文欄的可能性並不高，故此舉或可視為編輯為了普及中、日文閱讀者、招募會員，以維持刊務順利運作而抉擇的經營策略。〔註 71〕從張文環的首次執筆發言，或可略窺增刊日文欄的緣起：

> 自己提筆，把日常生活原貌地移入紙面上，覺得是最實際的國文研究方法。因而在這一意義上，我要說，也是內台融合的最好手段。
>
> （中略）
>
> 不只是要裝飾和文版面，在提昇國文的研究熱度和台灣文壇的水準上，我切實期待會員諸兄的聲援和投稿。〔註 72〕

如上所述，「內台融合」、「提昇國文研究」、「提昇台灣文壇水準」成了《風月報》用來裝點自身、吸引讀者，且有助於迴避檢閱視線的修辭。

儘管《風月報》持守「維繫漢文」的策略，自復刊之初以漢詩為主的規劃轉而向大眾化靠攏，一度希望達到新舊兼容、和漢雙軌、雅俗多角化的目標，但這樣的榮景並未能持續太久。日文欄的嘗試，在張文環表達日文來稿

〔註 69〕吳舜鈞〈徐坤泉研究〉，頁 60～61。

〔註 70〕〈一週年紀念〉，《風月報》68 期，1938.7.15，卷頭。

〔註 71〕《風月報》當時採行會員制，刊物經營有賴資本家贊助及會員繳納會費，因此亟需拓展會員人數，以因應戰爭期物價暴騰，紙價及印刷費驟增的情況，為此營業主任簡荷生屢至中南部招募會員。《風月報》68 期的卷頭詞對於營運困難的窘境亦稍有提及，故增刊日文版除了開拓日文閱讀者的因素，亦不排除是為了招募更多會員以紓解雜誌經費不足的危機。

〔註 72〕張文環〈《風月報》前言——文章與生活〉，《張文環全集》卷 6（豐原：台中縣立文化中心，2002 年 3 月），頁 16～17；原載，〈文章と生活〉，《風月報》69 期，1938.8.1，頁 2。

良莠不一、多數須加以潤飾修改才能刊出，因而決意退出編務的遺憾後嘎然而止。〔註73〕其後，日文版面並未被保留，更不曾另覓人選接替日文主編的職務。一向樂於革新突破、不斷調整方向的《風月報》爲什麼會棄守已經逐漸起步的日文版圖？是因爲無法成功吸納日文讀者，或者此時雜誌內部存在另一種判斷與視野？依據張文環數度提到的：和文版頗受好評、投稿也多的後記文字，似乎並無讀者稀少、稿源不足的顧慮。那麼，倘若雜誌有意調整方針，其具體思維又是什麼呢？

二、《華文大阪每日》創刊及對台灣文藝界的影響：從「維繫漢文」到「研究華語」的替換

　　1938 年 11 月 1 日，一份由日本大阪每日新聞社編輯、東京日日新聞社發行，面向日本在華佔領區、「滿洲國」、殖民地台灣發刊的大型綜合雜誌《華文大阪每日》（以下簡稱《華每》）正式刊行。根據施淑的研究，發行量高達數十萬冊的《華每》，實爲日本對華文化思想戰線上鼓吹中日提攜、建設大東亞文化的龍頭雜誌〔註74〕，故而此誌創刊標示著日本對於廣大華文讀者市場之重視。創刊號中，時任北京「中華民國臨時政府」行政委員長的王克敏題〈華文大阪每日新聞發刊詞〉：「牖民大業，喉舌所司。東鳴西應，斯文在茲」〔註75〕，日本內閣總理近衛文麿也言明「新聞雜誌等文化溝通」是中日兩國相互理解之捷徑，這便是《華每》以「華文」發行半月刊的內在緣由。〔註76〕在此，雖看似與前述《風月報》同樣意在提倡「斯文」，但卻以更具廣域性指涉的「華文」代替了「漢文」一詞的使用。

　　再者，除〈創刊詞〉毫不諱言「親日之必要」，刊物主旨乃在於「將日本整個眞相，傳達於中國大眾」，冀望藉由「文化之聲氣相通」，俾使「中日五

〔註73〕張文環〈給和文讀者〉，《張文環全集》卷 7（豐原：台中縣立文化中心，2002 年 3 月），頁 86；原載，〈和文讀者に送る〉，《風月報》74 期，1938.10.17，頁 4。張文環表示投稿者「尚未習慣提筆，寫的文章都緊張而僵硬，或有些裝模作樣，使文章失去流暢，變成強硬不通。」

〔註74〕施淑〈大東亞文學共榮圈：《華文大阪每日》與日本在華占領區的文學統制〉，《新地文學》1，2007 年 9 月，頁 41～72。

〔註75〕王克敏〈華文大阪每日新聞發刊詞〉，《華文大阪每日》創刊號，1938.11.1，頁 2。

〔註76〕近衛文麿，《華文大阪每日》創刊號，1938.11.1，頁 2。原文無標題。

萬萬民眾果相協力」；〔註77〕文部省大臣荒木貞夫更明白指出日本立於指導被指導者的地位，而《華每》肩負著日華提攜、建設銃後文化施設之要務：

> 專爲登載關於我國之對華輿論動向，及政治、經濟、外交、學術、風俗、娛樂以及社會事情等，苟帝國之現勢有可觀之記事者儘量介紹於友邦中國，使其在將來國運之發展上予以強有力之啓示，一面更收載中國作家之創作、劇評等以振興彼邦之讀書界，而努力日華兩國民心情之交流，以資相互之理解以及親善之目的者，(中略)。茲盼望本誌得以永久成爲日華提攜之連繫，致力於堅實之發展。〔註78〕

除此之外，創刊至 1939 年 12 月間每期皆設置「對華輿論集」專欄，轉載翻譯日本重要報紙的對華社論，以及占有全刊一半以上篇幅的思想統戰、政治宣傳圖文，不難看出該刊立意對華文讀者傳遞日本軍國主義思想綱領和宣揚國策的企圖；〔註79〕同時，也可略窺當時文藝及言論尺度日益受制於政策的緊肅情勢。

與《華每》創刊時間相近，該月發行的第 75 期《風月報》啓事，向讀者布告將進行發刊改正，由每月二回改爲一回，並透露一則不甚尋常的訊息：「本報除被當局禁止以外絕對永遠存在」〔註80〕，盼望會員繼續給予支持。此則看似佈達刊務異動的單純呼籲，逆說的也許恰是意在言外的，雜誌存續與政策間無法全然迴避的依存關係。

次月，《華每》揭載了某台灣讀者感念該誌有益於中國及台灣的投書，其主要觀點爲：

> 自前年本島日刊新聞廢掉漢文來，好多我們的父老是像被控了眼睛一般，不消說是時事，就是什麼叫做是帝國的大方針，中國的新體制，也許是無從知道了！貴刊的出現，在他們必定也是喜出望外的呢！〔註81〕

作者於篇末自稱是長崎醫大的台灣留學生，他對台灣文藝環境的評判有二：其一，漢文欄遭廢止後，不具備日語讀解能力者遭遇了閱讀障礙，因此，

〔註77〕〈創刊詞〉，《華文大阪每日》創刊號，1938.11.1，頁 2。
〔註78〕荒木貞夫〈祝詞〉，《華文大阪每日》創刊號，1938.11.1，頁 2。
〔註79〕參見，施淑〈大東亞文學共榮圈：《華文大阪每日》與日本在華占領區的文學統制〉，頁 41～72。
〔註80〕風月報俱樂部〈本俱樂部啓事〉，《風月報》75 期，1938.11.5，封底頁。
〔註81〕引自，滸茂嘉晉〈讀者之聲〉，《華文大阪每日》1 卷 4 期，1938.12.5，頁 47。

雖未點明具體指涉的對象，實則間接對《風月報》刊行的合理性提出質疑，顯示若干漢文閱讀者並未將之視爲能從中理解時事或帝國重大方針的助緣；再者，《華每》發刊紓解了這些漢文讀者的精神困頓。雖然《華每》並未普遍傾銷台灣，但由此推測台人應有取得該誌的途徑。〔註82〕

有別於上述對《風月報》的間接質疑，《風月報》前此曾如下說明宗旨：

- 因本報尚有許多老年之輩不解國文者，故以漢文提唱國民精神
- 養成進出大陸活動之常識：研究北京語、白話文、對岸之風俗習慣
- 風俗、習慣之改善
- 研究文藝：詩、詞、歌、賦、新小説、舊小説
- 提唱東洋固有之道德〔註83〕

包含日本國民精神、東洋道德提倡、進出大陸常識養成的種種要項，以醒目的黑色粗體字占據半頁版面，篇末更強調會員須依宗旨投稿，違反者不予登載。這些條目迥異於更早之前「各種文字一律歡迎」、「以滑稽有趣者爲合格」的投稿原則〔註84〕，但若參照1938年7月日本內閣五相會議所擬定的「日華兩民族合作，日華兩國友好」總綱領中，提出的恢復東方文明、振興儒教方針，或可推測《風月報》應已有所領會當時「進出大陸」的風潮，及中國白話文對於日本戰事布局的功用性。只不過，《華每》的台灣讀者投書卻從另一側面點出《風月報》實際刊出內容，並未充分落實誌面上發佈的宗旨。

登載台灣留學生投書的同一期（1938年12月），早爲台灣讀者熟悉的通俗作家吳漫沙也發表了他在《華每》的處女作〈仲夏之夜 她的自述〉。〔註85〕必須留意的是，原任《風月報》編輯的吳漫沙於張文環擔當日文版主編期間因故離職，長篇連載因而中斷。〔註86〕張氏於1938年10月辭退編務後，大約在同年10至12月間，《風月報》發行人簡荷生與舊學主編謝

〔註82〕《華每》曾詳細羅列中國及「滿洲國」的經銷點，但目前仍無法得知在日本內地及台灣的銷售情況。參見，〈本刊經售所〉，《華文大阪每日》2卷6期，1939.4.1，頁48；2卷7期，1939.4.1，頁48；2卷8期，1939.4.15，頁48。

〔註83〕引自，風月報俱樂部〈風月報之主旨〉，《風月報》73期，1938.10.1，頁21。

〔註84〕參見，《風月報》各期編後的〈投稿歡迎〉所列要項。

〔註85〕參見，漫沙〈仲夏之夜 她的自述〉，《華文大阪每日》1卷4期，1938.12.5，頁32。

〔註86〕推測吳漫沙離職的原因應是《風月報》編輯成員內部的人事糾紛。參見，楊永彬〈從『風月』到『南方』——論析一份戰爭期的中文文藝雜誌〉，頁78。

雪漁兩度走訪吳漫沙，商請他繼續完成作品連載〔註87〕，過後不久，1939年1月，其作品果眞重新刊行，同時他也再返編輯崗位。〔註88〕綜上線索推斷，《風月報》曾有過和漢雙語並行的企圖，但是，隨著日本對華政策的修正、《華每》創刊、大陸進出計畫〔註89〕、北京白話文的讀寫漸受關注，適逢張文環去職，因而有了聘任熟諳華文的居台華僑吳漫沙重返編務之考量，並且，當其時吳漫沙作品躍登大型華文雜誌，非但證明其作獲得肯定，或許也多少加速了《風月報》重新延攬吳氏的決意。

　　吳漫沙重任主編不久，在他執筆的〈卷頭詞〉裡表述了身爲創作者的憂慮苦惱。他首先讚許台灣鄉土藝術的提倡及各種文藝團體蓬勃成立，接著表示在此「文藝復興」時期，藝術創作者應感到歡欣，原因在於，「一個作家，處在這新舊交替思想過渡的時代，是有莫大的困難」、「一篇小說或一部劇本，都要有時代創作的生命，都要含蓄著幽默的意味，才是時代的要求，才是作家本身所希求的產物。」〔註90〕更令他苦惱的是，即使寫出「純時代」的作品，也未必廣受歡迎。吳漫沙所言「文藝復興時期」自非漢文作品遭制限的島內文藝現況，而是泛指使用中文的地域，此時困擾著他的，似乎是如何使創作既能符合時代要求、讀者喜好，又不與作家的自我期待相違。筆者想進一步釐清的是，所謂的「時代要求」有何具體指涉，作家對之又有何回應呢？另一則〈月下小語〉也許可提供思考這些問題的線索。

　　署名爲編者所撰的該文再次重申「文學和語言，是聯絡情感，促進親愛的媒介。」這類陳舊觀點，並作出頗爲「政治正確」的宣示：

> 在這帝國締造東洋和平，長期建設，日華親善的時候，華文華語就
> 是我們必須研究的一部門了。（中略），我們的風月報，處在這個時
> 期，對于一般希望到大陸發揮，宣揚日本精神的人們，多少總有貢
> 獻了，同時也可說盡了些銃後的義務，於是，便受社會器重了，風

〔註87〕參見，漫沙〈漫沙啓事〉，《風月報》77期，1939.1.1，頁16。

〔註88〕此點可由吳漫沙撰寫《風月報》第78期的卷頭詞得知，依刊物慣例，卷頭詞多由主編負責撰稿，故推測吳氏於1939年1月左右已再度執掌編務。參見，漫沙〈卷頭語〉，《風月報》78期，1939.1.15。

〔註89〕針對此點，《風月報》曾以「大陸進出的計畫」、「時局的認識」、「本島青年的覺悟」爲題進行徵文，參見，風月報俱樂部〈新年原稿募集〉，《風月報》76期，1938.12.1，頁17。

〔註90〕漫沙〈卷頭詞〉，《風月報》81期，1939.3.1。

月同人無任感激！〔註91〕

依據引文，在總體方向上，《風月報》不再一如既往專於「維繫漢文」的提倡，而是改以「華文華語研究」的標舉。日本在建設東亞新秩序的想像下，面向廣大的華文華語使用者，極力推動的大陸研究、創作明朗化、日華親善互助等圍繞著文學和語言如何銃後奉公的崇高命題，成了吳漫沙表露寫作困境後，所感知到的「文藝復興」與「時代要求」。並且，與刊物訴求和期待相對應的「漢文／華文」，在形式上雖是同一種語文，但其對應的對象卻有所差別，隨著「維繫漢文」替換成「研究華文華語」的策略修正而產生了內涵的轉變，值得注意的是，此二者先後形成，「華文」較「漢文」更具廣域性的指涉，但「漢文」並未因「華文」概念的出現而消失，在發展新可能性的同時，《風月報》從未放棄「保存漢文」之基本理念，「研究華文」則是拓展文藝的手段。

雖無從考證這樣的轉變有多少成分來自內閣五相會議及《華每》創刊時的方向暗示，不過透由兩份刊物的交互比對，筆者發現《風月報》持續調整刊物取向，曾經一度成功由古典舊學刊物轉型為現代漢文文藝雜誌，其後短暫以中日文並刊的型態開拓讀者，進而跨足幅員更為廣闊的華文讀書市場；過程中，《華每》創刊並揭載台灣讀者投書、吳漫沙作品，而後吳氏重任《風月報》新文學主編等等兩誌之深淺互動，對於《風月報》從漢文保存者轉為華文華語研究的領航書，想必產生了某種程度的影響，而研究華文華語既成為《風月報》編輯幾度摸索後的考量，此一判斷也使雜誌整體走向與作家的創作表現重行調整。如果說「維繫漢文」是《風月報》在不斷擴張的日語獨尊主義和皇民化政策下，為了保存漢文雜誌殘存陣地所抉擇的「退守」策略，那麼，「研究華文華語」則是企圖在廣大華文文化圈中，為發展困難的台灣漢文雜誌別開生面的「進攻」手段，此二策略便是雜誌在不同階段思考後的主要經營方針，然而，受限於戰爭期文化統制的意識形態所致，兩者並未產生增益循環。

三、東亞無國境？文學有界線！

承上節所述，《風月報》將雜誌核心定位為研究華文華語之後，與《華每》的互動交流也日益密切。主編吳漫沙曾於卷頭語提出「文藝無國境」的觀點：

〔註91〕編者〈月下小語〉，《風月報》81 期，1939.3.1。

> 文藝是沒有國境的隔膜和什麼界線，是絕對親善，絕對聯絡的。無
> 論那一國的文藝，那一種的刊物，我們都應該去檢討和聲援，應該
> 互相提携，（中略）。所以一個刊物的編者，最少也得有幾種刊物雜
> 誌上時常有他的文章，刊物自然就有了價值，而且這個刊物也要常
> 常發表一些別的刊物的編輯者的文章，增高這個刊物的聲價；所以
> 文藝是不能和政治商業一樣來比論的。〔註92〕

在創作困頓、漢文文藝貧瘠的年代，東亞無國境界線的文藝風景、擴延作品版圖的突圍思考，以及增進刊物聲價的務實操作，恐怕較前引「日華親善」、「盡銃後義務」的教條化言論，更貼近其真正想法；而日本帝國主義借重華文此一東亞共同文化資源，透由《華每》形成的戰爭期文化統制平台，則在此契機下提供創作者一個發聲園地。

此後，吳漫沙持續投稿《華每》，如 3 卷 1 期的短篇小說〈風雨之夜〉〔註93〕，編者於篇末附註：「本期短篇創作裡『風雨之夜』一篇，是一位臺灣作家底原作。這一點應該特別介紹。」〔註94〕可見身為台灣作家的特殊性已獲《華每》關注並正式介紹之。1940 年 3 月，《華每》發布首回長篇小說徵文成績，吳漫沙以〈和平之歌〉入選佳作〔註95〕，由於作品並未被登出，吳氏轉而將此作修改後更名〈黎明了東亞〉連載於《南方》（《風月報》的後身）〔註96〕。雖無從得知〈和平之歌〉的原始內容，但脫胎改寫後、鋪陳報國親善話語的〈黎明了東亞〉，與直接以篇名高唱和平之歌的原作，兩者內容應是高度雷同的，在共計十二篇的正選及佳作中，吳漫沙是唯一的台灣作家，其聲名再度被中國讀者看見。

由卷頭撰文呼籲、海外投稿、參選徵文等行動來看，吳漫沙提出的「文藝無國境」理想，大抵未悖離日華親善的殖民政策與雜誌所倡「華文研究」的主張，並以此積極引導雜誌跨境交流。在漢文讀寫受限的台灣文壇，漢文

〔註92〕引自，〈卷頭語：無論哪一種文藝都要去檢討聲援〉，《風月報》105 期，1940.3.15。

〔註93〕漫沙〈風雨之夜〉，《華文大阪每日》3 卷 1 期，1939.7.1，頁 31。

〔註94〕〈編後隨筆〉，《華文大阪每日》3 卷 1 期，1939.7.1，頁 52。

〔註95〕參見，〈本刊第一次徵募長篇小說當選發表〉，《華文大阪每日》4 卷 5 期，1940.3.1，頁 30。

〔註96〕〈和平之歌〉修改為〈黎明了東亞〉並發表的考察，可參見，吳瑩真〈吳漫沙生平及其日治時期大眾小說研究〉（嘉義：南華大學文學所碩士論文，2002.1），頁 135～136。

寫作者的發表機會遠少於日語作家，華文讀書市場便是他們可以努力與寄望
的目標，爲了跨越文藝創作的國境線，以「和平」、「親善」修辭爲大東亞文
學和聲，因而成了部分作家爲求突圍而脱落不去的盲點。筆者無意過度武斷
地認爲吳漫沙刻意援用親善政策的混雜性，爲殖民地作家指點文學出路，但
華文作爲共同的媒介用語，及其作品在《華每》的曝光頻率確實令台灣文壇
的發展與動向漸受矚目。

　　自 4 卷 3 期《華每》的「東亞文藝消息」專欄，揭露「臺灣文藝家協會」
即將發行《文藝臺灣》之後，台灣的文藝消息便局部性、有選擇性地被仲介
著，而《風月報》系列雜誌與成員的訊息，其刊登率又遠高於其他文藝群體。
總體性的介紹方面，較早出現的長篇幅台灣文學概説有中村地平〈臺灣文學
界的現狀〉〔註 97〕及余若林〈臺灣文學界補〉〔註 98〕。前者是以在台日人文
學爲中心展開的論述，中村認爲台灣文學作品多以日語寫成，「並没有自古傳
下的鄉土的固有文學。」而低迴於貴族主義的在台日人文學，是「在南方的
風土上育成的文學」，在他看來，風土特色與政治意圖是「殖民地文學」所具
有的特殊性。

　　曾經兩度來台的日籍作家中村地平〔註 99〕，自小就對位處日本國境之南
的台灣懷抱憧憬，擁有五年多的在台經歷的他，對台灣作家的熟悉度卻相當
有限，除了上述將台灣文學視作帝國下的地方文學之殖民者觀點，文中所列
台人作家，僅有胡風主編《山靈：朝鮮台灣短篇集》轉介的楊逵、吕赫若、
楊華，加上以日語寫作的龍瑛宗、漢詩人黄得時。更需注意的是，文末提及
應徵《華每》長篇小説徵文的台灣人，除了入選佳作的吳漫沙，尚有一位筆
名「簡直發」的投稿者〔註 100〕；接著，中村又提到吳漫沙年前投稿的〈風沙
之夜〉（按：〈風雨之夜〉之誤），種種線索再次證實了，發表於《華每》委實
有助於提高台人作家作品的能見度。

　　〈臺灣文學界補〉的作者余若林則自述，其文是爲補中村〈臺灣文學界
的現狀〉的謬誤與不足而作，余若林即《風月報》另一主要編輯林荊南的筆

〔註97〕　中村地平（作）；紅筆（譯）〈臺灣文學界的現狀〉，《華文大阪每日》4 卷 7
　　　　　期，1940.4.1，頁 30。
〔註98〕　余若林〈臺灣文學界補〉，《華文大阪每日》4 卷 12 期，1940.6.15，頁 29。
〔註99〕　參見，蜂矢宣朗，《南方憧憬——佐藤春夫と中村地平》（台北：鴻儒堂，1991
　　　　　年 5 月）。
〔註100〕依文中敘述推測，中村地平極有可能是該徵文的評審之一，才能得知雜誌未
　　　　　予公開的參選者姓名。

名。此篇具有對話性與補充性的介紹文字，首先點出中村地平的誤植處，分別是將《臺灣新文學》寫成《臺灣新文藝》，以及將在台日人創刊之《文藝臺灣》寫為《臺灣文藝》。除此之外，他列出幾位作家作品，依其分類包括「日語新作」：張文環〈山茶花〉；「白話漢文長篇」：漫沙〈黎明之歌〉、陳世慶〈水晶處女〉；「單行本」：徐坤泉《可愛的仇人》、《暗礁》、《靈肉之道》、吳漫沙《韮菜花》；「小品文」：雞籠生〈海外見聞錄〉、〈百貨店〉。有別於中村地平所言「台灣文學作品多以日語寫成」，余若林的作品介紹中，除了〈山茶花〉，餘皆以漢文書寫，這些轉介海外的近作，毫無例外，皆屬於《風月報》編輯或撰稿者作品，其中四篇甚至是《風月報》連載之作。從他賦予通俗文藝高度評價，強調「現在唯一的漢文文藝雜誌半月刊，只有『風月報』而已」，可一窺他所建構與補充的文學圖景，大有將通俗文藝視作台灣主流文藝的意味。

　　綜合上述，「東亞文藝消息」（後改名「世界文化消息」、「文化短訊」）及〈臺灣文學界補〉、〈臺灣文學界的現狀〉等專欄訊息與文章上所呈現的台灣文學，反映出如下特點：片面性的文學風貌；《風月報》系列作家作品成為台灣的文學典範；除了當時居留中國的張深切、張我軍之外，《風月報》雜誌成員是唯一與《華每》密切交流、多次發布作品的台灣文藝群體。與《華每》相同的漢文現代文藝形式，以及通俗休閒的主題表現，是《風月報》迅速被接受及認可的優勢，然而，這些跨越了國境線，披露海外讀者面前的畢竟是與實際文學脈絡斷裂的、片面的台灣文學圖景。

　　與此相呼應的，是吳漫沙續後於《華每》及《風月報》所揭示的文藝創作路線之探索。短篇小說〈他的生命〉〔註101〕描述一名對生活、生命與寫作迷惘的作家，他形容自己渺小如微塵，彳亍徬徨於「命途多舛的年代」，幾經摸索雖學會寫作卻苦於作品幼稚，發現自己扮演著「啼笑不能」的角色，即便案牘勞形、卑屈賣文求生，仍然無以獲得「他所希冀的渺小的代價」。在吳漫沙藉由小說表露寫作者挫敗感的同一月份，《風月報》刊出卷頭詞〈新體制與文藝復興〉，語調昂揚地傳達大政翼贊體制下文藝復興的新生路線：

> 「新體制」的運動，已向著光明的大道邁進了。誰都充分認識地自
> 肅自警、一億一心的實踐這新生的運動。
>
> 要使文藝新體制，是需要文藝家忠實的宣揚和實踐，大時代的變化，

〔註101〕漫沙〈他的生命〉，《華文大阪每日》6卷1期，1941.1.15，頁38；作者於文中自署寫於1940年11月2日。

是這樣急速，不但本島的文藝唱著復興，東亞的新文藝也跟著時代的巨輪，向著新生之路邁進了。今後我們的園地，也要唱著這個口號，與友邦的文藝同志携手，共同努力東亞新文藝的建設。本島的文藝同志們，把這個主旨來執筆吧？〔註102〕

　　從吳漫沙對於創作突圍的嘗試過程，我們看到的是喚生於文字間的傷時憂世、被時代擠壓得驚惶自卑的作家身影，以及刊物編輯者趨向無國境的文藝理想國度時所選取的角度和位置，或許便是因為對於這條「新生之路」的嚮往，建設「東亞新文藝」的方針因此成為他企圖衝撞邊防、苦尋出路時的錯用。而《華每》所仲介的台灣文學看似以華文文藝的榮景模糊化了創作的國境界線，實則仍舊無法逃脫戰爭新體制的強力拉扯，籠罩在無形卻無法消弭的政治框架下，那些被淘選過和條件化了的作品便是虛妄的「文藝復興」時期所能復興的漢文文藝之最大上限，同時也象徵著隱而不彰的文藝界線的存在。

四、迷途於東亞：失落的文學實體與方向

　　1941 年 1 月至 4 月，《華每》6 卷 1 期至 7 期連續刊登一系列標題為〈我們的文學的實體與方向〉的徵文，執筆者都是當時具指標性意義的學者和作家。根據施淑的歸納及研究，專欄中發表的地區依序是：新中國、滿洲國、台灣、朝鮮、中國。〔註103〕專欄裡，台灣代表吳漫沙重述「文藝無國境」觀點，指出新體制運動下，「南方文學」雖已誕生但未受重視，作家也不能發揮真正的創作精神，接著以通俗文藝為主線簡述台灣文學的發展：「復興的姿態，已逐漸明顯了；這或者就是孤島文學的新體制運動吧？我們很期待這運動的具體實現。」、「東亞新秩序的建設，中日文化提攜的旗幟飄揚了。今後我們的文學，或者能由這復興運動而到了隆盛的時期；我們祈禱這時期早點到臨。」〔註104〕文中以「南方文學」界定台灣文學的位置與內涵，再度顯示

〔註102〕〈新體制與文藝復興〉，《風月報》119・120 期，1940.11.15。本篇作者雖未署名，但根據李宗慈的口述訪談可知，此文由吳漫沙執筆。參見，李宗慈〈吳漫沙「風月報」作品表〉，《吳漫沙的風與月》（板橋：北縣文化局，2002 年 10 月），頁 186～202。

〔註103〕施淑〈文藝復興與文學進路──《華文大阪每日》與日本在華占領區的文學統制（二）〉，《新地文學》4，2008 年 6 月，頁 21～37。

〔註104〕漫沙〈我們的文學的實體與方向──台灣之部〉，《華文大阪每日》6 卷 3 期，1941.2.1，頁 5。

了終其極未能復興的文學主體性，結語更坦誠表示：「這一大篇當然不能算是整個臺灣的文學實體與方向，祇好把它當做我們文學的檢討或概貌看。」

隨後《風月報》刊出針對此作的討論與回響，更明確地直陳吳漫沙未能於《華每》言明的台灣文學方向之失落，首先是陳蔚然〈讀「我們的文學的實體與方向」後感談〉：

> 然而這一篇文章有點缺憾著，是脫了題目的後半段！因爲由全篇看來，只有實體，竝沒有方向！但這一點是誰亦要同情吳君。試問一聲，我們的文學方向在那里？更且我們要從那一方向幹去呢？是誰也不明白，所以吳君也許就是爲了這原因，只好默默不言。〔註105〕

「只有實體，竝沒有方向！」一語，相當清楚的把握住「文藝復興」的病態實質及妄想，同時也點出台灣作家無法眞正發揮創作精神的癥結所在。第二篇迴響是吳氏文章發表四個月後所登的慕青〈幾句牢騷〉，不同於陳蔚然批評的無有方向的文學實體，對台人作品躍登中國文壇，慕青難掩欣喜地表示與有榮焉，文學振興指日可待：

> 現在我覺得「我們的文學的實體與方向」的作者已經可喜了，因爲某雜誌的篇幅上，最近居然增闢了「青年文壇」一欄，聘請新文學作家去編輯，無疑的，這是受了那一篇論文的影響，感到時代不容我們馬馬虎虎了。〔註106〕

由引文得見作者十分關注《華每》上之台人作家作品，並因此深受激勵。兩則迴響，分別以不同觀點呈現出吳漫沙〈我們的文學的實體與方向〉對台灣讀者的正反影響，如此正反並呈的論述正隱微透顯出翼贊新體制下，夸言以東亞爲經緯、日本爲中心的文學帝國版圖，其銃後文藝觀諷刺地予人「不見方向」的茫然困惑。

1941 年 6 月，繼吳漫沙之後，陳蔚然的短篇小說〈一個未成名的作家〉〔註107〕於《華每》刊出，作品描摹一個自忖「文學幼稚」、掙扎於寫作途上、

〔註105〕陳蔚然〈讀「我們的文學的實體與方向」後感談：載華文「大阪每日」第五十五號（臺灣之部）吳漫沙作〉，《風月報》130 期，1941.5.15，頁 3。

〔註106〕慕青〈幾句牢騷〉，《風月報》131 期，1941.6.1，頁 9。

〔註107〕蔚然〈一個未成名的作家〉，《華文大阪每日》6 卷 12 期，1941.6.12，頁 34～35。

卻依然抱持成功夢想的無名作家，他深信：「這世界上的審稿者，並非全是盲目，一定有一個有眼睛的，他的確有成功的一天。」寥寥數語，暴露出希望作品能遇伯樂的期待，卻也含藏仍未獲賞識的不安情緒，作家只能繼續於紛亂時代中輾轉摸索，只能不斷感知到在夢想與實踐上的雙重迷惘。

顯而易見地，並非所有作家皆將日帝力圖透過綱領制定、出版檢閱審查等方式介入文壇，而指引提示「文學親善提攜」的進路以及「文學無國境」的虛構願景，當作實際寫作時的參考準則，因此，我們總是能在不同文類裡、不同作家身上，見到同樣在時代中迷失了方向的作品。政治干擾所及，殖民地文藝之進路與視野，毋寧是崎嶇難行且進退失據的。

戰爭末期，林荊南也曾爲文發出「臺灣的作家要到那裡去？」的質問〔註108〕，並企圖在困頓的文藝環境中開發「南方固有的文化」，其作品中流露的使命感，可看作是針對中村地平「台灣沒有固有文學」此一觀點的拮抗。林荊南似乎有意爭取帝國下的地方文化之主體性，期許自己能在世界文壇嶄露頭角，在他指出台灣作家進路狹仄的同時，《風月報》的保守路線顯然已無法滿足他的期待，受限於政策支配的發表園地也非他所能耕耘的文化沃土；當他大聲疾呼，籲請「掌權者」爲台灣作家開闢新路徑時，另行創辦漢文純文藝雜誌正是他意欲開展「南方固有文化」的方法。

1941 年 11 月，《華每》「世界文化消息」專欄登載「臺北近將發行一本純華文之文藝雜誌名『南國文藝』，由林荊南主編。」的訊息；次月，《南國文藝》於台北創刊，編輯兼發行人「林爲富」便是林荊南，他在卷頭發表性質近於創刊詞的〈血書〉，文中「臺灣有再創刊漢文雜誌的必要嗎？」〔註 109〕的提問，由林荊南以實際行動代爲解答了。當原本倡言維繫台灣漢文的《風月報》，逐漸轉向東亞華文讀書市場，訴求華語研究以開拓進路、配合時代要求；「帶有重建純文學理想的漢文雜誌」〔註 110〕《南國文藝》，毋寧較接近維繫「漢文」所指涉的內涵，以及開發「固有文化」的初衷。〈血書〉末了：「我的希望是在我血液還在流動的時候，有一個人出來說：這個工作是有必要的。」這樣的熱望也獲得部分《風月報》、《南方》同人、撰稿者的支持，比方吳漫

〔註108〕余若林〈臺灣的作家要到那裡去？〉，《華文大阪每日》6 卷 5 期，1941.3.1，頁 36。

〔註109〕南〈血書〉，《南國文藝》1，1941.12.1，卷頭。

〔註110〕參見，柳書琴〈文化遺產與知識鬥爭：戰爭期漢文現代文學雜誌《南國文藝》的創刊〉（《台灣文學研究學報》5，2007 年 10 月），頁 217～258。

沙、繪聲、陳蔚然、楊鏡秋、王養源等人皆於創刊號發表了作品。但此番嘗
試與高遠的寄託，卻隨著刊物內容及創建人林荊南「思想不當」，《南國文藝》
出版一期旋即遭禁後，再度中斷了。無獨有偶且頗堪玩味的是，自《南國文
藝》創刊、被禁，此後直至 1945 年 5 月《華每》終刊，以往頻繁出現的《風
月報》系列相關的文化訊息竟完全銷聲匿跡，吳漫沙、林荊南、陳蔚然等該
誌成員的作品也不曾再刊出，以「華文」文藝開拓創作出路的企圖隨著「漢
文」新刊夭折，也難以為繼了。

　　種種跡象顯示，無論是「大東亞文學」新體制下的文藝復興，或是將自
己定位為帝國下的地方文化以尋求文學主體性的努力，這些虛抱的理想並無
法紓解若干台灣作家對於創作方向茫然無依的惶惑，當方向不可追尋，他們
於是寄望發刊純文藝雜誌以發揚固有的漢文文化，比起日語作家楊逵、張文
環等人，他們的抵殖行動是無力的，文化運動是更為寂寥的，然而，他們透
由書寫所發出的異聲與突圍的點滴努力仍值得記錄。

結　語

　　透過華文圈廣域性文化雜誌與台灣地方性漢文文藝雜誌的梳理比對，筆
者嘗試論證即使《風月報》系列雜誌為台灣廢止報刊漢文欄後的特異存在，
但刊物編輯對自身雜誌「選民式優惠」並非自信且無疑慮的，他們數度調整
雜誌經營策略，一度由古典舊學刊物轉型為現代漢文文藝雜誌，也曾有過中
日文並刊的嘗試，同時透過拓展海外雜誌盟友，厚植刊物與編撰同人身價，
企圖於緊肅的時代氛圍中另謀文學出路。於此之際，同樣以中文為共同資源
及文化平台的《華文大阪每日》，提供了前所未有的契機。職是之故，大東亞
文藝策略中以「華文」取代「中文」的「華文華語」研究也被援引進編輯宗
旨之中，和以搶救「漢文」回應「和文」壓制的「維繫漢文」之復刊初期目
標，共同成為《風月報》維繫發刊合理性進而進軍海外讀書市場的方針。然
而，事實證明，這個不同階段發展出來的「退守」與「進攻」雙重策略，在
與《華文大阪每日》的互動愈密切之後，逐漸失去了均衡，進攻策略愈積極，
文學主體性也愈見消殞。「復興漢文」和「研究華文華語」在尚未形成增益循
環之前，便已無從實現。該誌中的部分活躍份子，因此改以創刊漢文純文藝
雜誌《南國文藝》來延續早已搖搖欲墜的「固有文化」，即使這些努力最後亦
以夭折告終，但過程中所展現的對於時代的迷思和理解，適足以顯示了作家
們在理想與現實間屢敗屢戰的身影。

第三節　作爲策略的「大衆」

前　言

　　台灣媒體史研究者李承機在其研究中提到：近代傳媒在日治時期臺灣的發展，部分反映了由日本殖民者引介來臺的殖民資本主義與殖民現代性日臻成熟。讀者透過大眾媒介，以最快的速度獲悉國內外現實。媒體已作爲一種將情報商品化的產業得以成立，「媒體的資本主義化與大量化也將促使人們更加依賴它來加深對『外界』的認識。」〔註111〕

　　1895年臺灣總督府舉行「始政式」時，在臺日本人即有創辦報紙之議〔註112〕，1896年，臺灣最初的近代媒體──《臺灣新報》創刊。之後於1898～1900年間，在臺灣總督兒玉源太郎及其民政官後藤新平的統治下，針對臺灣的媒體市場進行整頓，而後確立了殖民地體制的媒體政策，這樣的基調一直持續到日本殖民統治結束的1945年止，並無重大改變，民間媒體的經營空間被壓縮至幾乎不存在於日刊市場中。〔註113〕在民營報刊經營如此不易的時局中，如何爭取讀者大眾的支持並培養讀者的閱報習慣成了報刊編輯關注的焦點之一。

　　那麼，報刊爲了吸引讀者曾作出哪些編輯策略呢？

　　拙論意不在於書寫報刊史或新聞史，而是將《風月》、《風月報》、《南方》視爲日治末期較具代表性的大眾傳播媒介，發掘長期以來隱而不彰的「大眾」及文化形成的線索。該誌名稱、編輯陣容幾經更迭，刊物內容與風格亦有所不同，受眾規模與受眾組成也受其影響。

　　1937年7月20日，《風月》停刊後的隔年，以《風月報》之名重返台灣文藝界，隨著《風月報》的復刊，「風月俱樂部」聚攏了謝汝銓、徐坤泉、簡荷生、潘江漢、吳漫沙、林錫牙、林玉山、蔣培中、林紫珊、林靜子、陳炳煌等文人，正是這些人以《風月報》、《南方》爲園地，維繫漢文通俗文藝的生產，並開發、創造了新世代的漢文讀者。在新文學的部分，徐坤泉與吳漫

<hr>

〔註111〕參見，李承機〈殖民地臺灣媒體使用語言的重層構造：「民族主義」與「近代性」的分裂〉，頁202。

〔註112〕石原幸作《台灣日日三十年史》，臺北：臺灣日日新報社，1928年。（轉引自，李承機〈殖民地臺灣媒體使用語言的重層構造：「民族主義」與「近代性」的分裂〉，前揭文。）

〔註113〕同註1。

沙、林荊南先後擔任主編一職。《風月報》第 50 期起至第 77 期由徐坤泉擔任主筆兼主幹；第 69 至 74 期曾延攬新文學作家張文環擔任日文版主編；第 78 期後吳漫沙成爲新文學主編。

以下，依徐坤泉、吳漫沙兩位雜誌主編的不同時期，對《風月報》及《南方》的內容編排、整體走向進行探討。

一、徐坤泉主編時期：從風月狎邪脫胎換骨

徐坤泉（1907～1954），筆名阿 Q 之弟、老徐，澎湖縣望安鄉人，於傳統私塾中研讀漢學詩文多年，日治時期曾赴廈門英華書院、香港拔粹書院、上海聖約翰大學求學。1935 年春返台，擔任《台灣新民報》「學藝欄」的編輯，執筆「島都拾零」、「東寧碎錦」專欄，以雜文記述其生活體驗、社會觀察等等。白話通俗小說《可愛的仇人》、《暗礁》連載於漢文「學藝欄」，分別於 1936 及 1937 年出版單行本，另著有《靈肉之道》，這幾部以「不文、不語、不白」〔註 114〕的鄉土語言書寫台灣封建社會裡被壓抑的情愛，因用詞淺白、內容通俗，廣受讀者歡迎，王詩琅曾描述其風行狀況：「《可愛的仇人》、《靈肉之道》等作，一時家傳戶誦，雖人力車伕，旅社女傭，也喜讀這些作品。」〔註 115〕誠如斯言，《可愛的仇人》一書，締造了三個月內，再版三次的銷售紀錄。〔註 116〕1937 年 4 月，報紙漢文欄及新文學遭台灣總督府廢止，徐坤泉也因而結束在《台灣新民報》的編輯工作，赴中國大陸發展，直至 1937 年 10 月應聘主編《風月報》。

作爲日治時期的暢銷通俗作家之一，徐坤泉以其豐富的新文學雜誌編輯與創作經驗，甫就任《風月報》主編一職，即大刀闊斧針對以往《風月》及《風月報》的笑謔狎邪、情欲遣興等媚俗的刊物走向提出批判，且進一步指出《風月報》乃是屬於大眾的文藝，而非特定階級獨占的休閒讀物，他於第 59 期的〈卷頭語──臺灣的藝術界爲何不能向上？〉開頭便如此寫道：

「風月報」到底是誰的所有，無疑的，當然是我們眾人的所有，是

〔註 114〕此爲徐坤泉自序其創作《可愛的仇人》的初衷時之用語，參見，徐坤泉〈自序〉，《可愛的仇人》，台北：前衛，1998 年 8 月，頁 19～21。
〔註 115〕見一剛〈徐坤泉先生去世〉，《臺北文物》，第三卷第二期，1954 年 8 月 20 日，頁 136。
〔註 116〕張文薰〈『可愛的仇人』と張文環〉，《天理台灣學會年報》12 號，2003 年 6 月，頁 63。

> 誰亦不得獨占，以前的風月報，可說，是藝妲，女給的寫眞帖，現
> 時卻不然了，是一部令人可歌可泣的文藝雜誌，……，希望全島有
> 心的會員極力幫忙，使之絢爛，……，切不可使之成爲不純不粹的
> 文藝雜誌，因爲風月報是我們大眾的園地，荒廢，美麗，我們各人
> 皆有相當的責任——〔註117〕

此段敘述非但抨擊雜誌之前的附庸風雅、情慾狎邪，更將讀者大眾視爲雜誌
興廢的關鍵，此後風月文章雖然並未完全消失，但已大幅縮減刊登比例，僅
成爲補白或點綴性的存在。〔註118〕

徐坤泉的改革，落實了刊物新舊「兩翅齊飛」的宗旨，它標誌著《風月
報》從《風月》時期的出走，也預示了讀者組成由傳統知識份子向一般市民
大眾的轉移，從傳統文人到讀者「大眾」的視角，徐坤泉主張破除階級分野
的編輯理念獲得署名「黑棗」的讀者迴響，他在肯定《風月報》內容日益充
實、豐富之餘，發出如此疑問：《風月報》究竟是提供給特殊階級賞玩的呢？
或者是屬於一般大眾呢？

> 風月報的內容的確是一天比一天燦爛起來了。但是它的缺點，當然
> 也是難免的。其中如詩壇，謎學方面，我的意見還是以前的，在可
> 能的範圍內減少些許，或另設立一部專爲刊載舊詩之用。後的呢？
> 還是廢掉罷！……，那麼便可以剩下來許多的編幅，多刊些創作，
> 新詩之類，使它更其充實，更其繁茂起來。〔註119〕

黑棗似乎相當贊成《風月報》的大眾文藝取向，文末宣稱「我也是會員中的
一分子，對於它的荒廢和美麗既然也負了相當的責任」，俱樂部會員的責任感
促使他自覺地投入徐坤泉主編關於刊物定位的討論。

此外，徐坤泉也曾苦惱於台灣社會雖已逐漸具備了大眾文藝消費的條
件，也有潛在的閱讀人口，然而購閱的風氣尚無法普及於社會大眾，致使刊
物面臨危急存亡之虞：

> 近三個月來，一切物價暴騰，印刷料，多加重倍以上，紙價又貴，
> 眞是進入維持動搖之時，廣告又不登載，一切費用皆靠會員之努力

〔註117〕原文刊載於《風月報》59期，1938.3.1。
〔註118〕參見楊永彬〈從『風月』到『南方』——論析一份戰爭期的中文文藝雜誌〉，
　　　　前揭文，頁77、86～87。
〔註119〕黑棗〈姑妄言之〉，《風月報》61期，1938.3.1，頁8～9。

維持，希望未納會費之親愛會員諸君，切速傾囊救濟維持為要！否
則風月報有停刊之罪，則非同人之不熱心，乃未納會費諸君之罪！
〔註120〕

徐坤泉成功引導了《風月報》由花柳言情刊物轉向現代通俗文藝的代表雜誌，
但有時仍不得不顧及部分讀者的感受，而稍作修正：

> 風月報自改頭換面以來，本同人，是決定要削除一切「女給」，「藝
> 旦」的編幅，奈因經過了再三的討論，而且請教了許多高明學者
> 的意見，結果還是多少尊重「自古風流多才子」的這一句話，決
> 定若有必要之時，願為點綴！但不以廣告金錢為中心，而以本報
> 的特派記者，專工檢討各地的桃色韻事，善惡分明，助長讀者的
> 興味！如對老蒼的非良心下總攻擊令，描寫風流才子的戀愛事實
> 等等！〔註121〕

編輯考量到部分讀者的喜好，因而仍保留些許溺情篇幅，作為刊物的點綴，
儘管如此，仍是以現代文藝為主體，傳統詩學為輔，不若以往大幅刊登名妓
寫真、文人藝旦唱酬詩詞。

　　而為了達成大小通吃的刊物經營策略，《風月報》曾幾度修正內容與屬
性。1938 年 1 月，創設「音樂研究部」，其宗旨為「提倡東西音樂、鼓吹藝術
趣味、努力內臺融合、圖謀感情親善。」〔註122〕凡是會員皆可享有免費閱讀
音樂報及投稿的權力，企圖攏絡雅好音樂的讀者。1938 年 8 月至 10 月間，增
闢「日文欄」的版面，由剛返臺的張文環就任日文編輯，每期增加 5 至 7 頁
篇幅的和文文藝欄，反映《風月報》一度希望達到和／漢雙語化，雅／俗多
角化的目標。

　　徐坤泉的辦刊方針，得到多位讀者的認同，並紛紛來信響應，略舉如下：

> 深合社會許多人的口味，我愛之不忍釋手，更深夜靜，讀之猶覺津
> 津有味，風月報實余之伴侶也。〔註123〕（稻江　張壹梗）

> 昨讀臺灣新民報的學藝消息，記載著「風月報」二月號下卷發行，
> 不覺精神爽快，大有望梅止渴之概，很想一讀，無奈註著「非賣

〔註120〕引自，老徐〈卷頭語──談「精神」與「物質」〉，《風月報》65 期，1938.6.1。
〔註121〕引自，老徐〈卷頭語〉，《風月報》50 期，1937.10.16。
〔註122〕〈風月報音樂研究部章程〉，《風月報》57 期，1938.1.3，頁 19。
〔註123〕張壹梗〈異口同聲讚風月〉，《風月報》59 期，1938.3.1。

．

品」三字，使我十分失望！在這失望的時候，我還望先生們給我
一部，願以代金引換，是否允許？〔註124〕（桃園街大樹林　呂元
成）

閱談貴報，使我百讀不厭，有時讀到了三更半夜，方才放它干休，
因風月報是含有社會文藝的特殊，給我們青年男女開拓一線之
光，使我們永久地能夠向著光明之路上邁進著，……，假若一個
月能增刊幾部，使我們會員能無一日來離開這「風月」二字是最
可幸沒有的，如此的結果，我當要出盡我的力量，為風月報而效
勞的！」〔註125〕（宜蘭坤門　馮焜鎤）

以上都是當時揭載於《風月報》的讀者來函，其觀點相當一致：《風月報》引
人入勝，是他們的精神良伴，更是時代青年的南針、社會的導師。這些新／
舊交匯的讀者投書來自全台各地，甚至遠達交通不便的村落，如嘉義郡小梅
庄、虎尾郡二崙庄……等等，他們克服地處偏遠、繳費不易的種種困難，持
續支持雜誌的發行。以虎尾郡二崙庄的一名讀者為例〔註126〕，為了訂購《風
月報》，他必須從虎尾到西螺郵局匯款，即便如此，仍希望盡一己之力，以實
際的訂閱行動期待刊物成長茁壯。這些來自讀者的投書皆可略為說明《風月
報》的大眾文藝經營策略頗為奏效，及雜誌受一般讀者認同及歡迎的程度。
其中還不乏靠閱讀《風月報》培養了自己的文學興趣，因而提筆寫作的例子。
〔註127〕

　　《風月報》是廢止漢文欄時期僅有的漢文文藝雜誌，自然擁有為數可觀
的支持者，由第48號公佈的〈廣告代芳名〉〔註128〕、〈領收報告〉〔註129〕

〔註124〕呂元成〈異口同聲讚風月〉，《風月報》59期，1938.3.1。
〔註125〕馮焜鎤〈異口同聲讚風月〉，《風月報》60期，1938.3.15，頁25。
〔註126〕陳春森〈異口同聲讚風月〉，《風月報》59期，1938.3.1。
〔註127〕如馮焜鎤即是一例，他曾發表數篇短篇小說、小品雜文與新詩。參見，郭
　　　　怡君編〈風月・風月報・南方・南方詩集總目錄〉，《風月・風月報・南方・
　　　　南方詩集總目錄、專著、著者索引》，台北：南天，2001年6月，頁14～
　　　　65。
〔註128〕《風月報》第47期所刊佈的〈廣告代芳名〉中，贊助廣告的俱為臺北地區的
　　　　商賈，名單如下：基隆合資會社大和商會、臺北臺灣輸出商業組合、臺北陳
　　　　金木先生、臺北虎標永安堂、臺北蓬萊閣、北投新薈芳、新店大新自白動車
　　　　會社、臺北王錦塗、大和行臺北、臺北新聯興、北投沂水園、臺北詹天馬、
　　　　臺北吳錫揚、台北屈臣氏、北投新泉閣，其中，陳金木為「風月俱樂部」的
　　　　特別贊助員（每年繳納會費十圓以上）。

以及第 64 期〈第一期謎鵠揭曉〉〔註130〕的得獎者名單、〈寄不到會員芳名〉〔註131〕來看，可知《風月報》初期的讀者分布雖以臺北地區的文人、商賈和藝妓佔大多數，但其觸角已伸展至島內各地，最南已遠達屏東地區。雖然《風月報》精確的發行量與讀者數量現今無從查考，大眾讀書市場的出現，仍待更多的資料佐證，但遍布各地的《風月報》會員，則證實了 20 世紀前期台灣歷史上確實逐漸在形成一批漢文通俗文藝的閱讀族群。

二、吳漫沙主編時期：向女性、家庭、海外開發處女地

　　吳漫沙（1912～2005），本名吳丙丁，別署漫沙、B‧S、小吳、曉風、沙丁、丁、笨伯、唐五、湖光、癡音、林靜子、吳紫玉、湖邊客，出生於福建省晉江縣泉州石獅市，幼年曾入私塾接受啓蒙教育，18 歲時本欲北上南京就讀軍事學校，乃至台北請求經商的父親同意，但遭反對而作罷。遂留在台北自修國文，閱讀漢文文藝書刊，因家裡長期訂閱《申報》、《東方雜誌》、《小說世界》、《紅玫瑰》等上海報刊，以及魯迅、巴金、郁達夫、胡適、沈從文、徐志摩、朱自清等文集，亦購有張恨水《啼笑姻緣》、不肖生《江湖奇俠傳》等通俗作品，奠定日後從事漢文創作的基礎。1931 年夏返回福建任小學教員，後參加反日救國會，組紅葉劇社，創立民生小學。1936 年定居台北，協助家族煤礦業務，同年以小說〈氣仔姑〉投稿《台灣新民報》漢文學藝欄，這是吳漫沙在台灣報刊上的第一篇創作，也因此結識學藝欄主編徐坤泉，頗獲其賞識，從這時起吳漫沙也開始了自己的文學生涯。

　　由於他的白話新文學素養較其他同時代台灣作家深厚，因而能夠快速地以淺顯白話創作小說、新詩、小品、雜文，作品陸續刊登在 1936 年 1 月至 1937

〔註129〕復刊後的《風月報》屬會員制，此份〈領收報告〉應爲繳納會費的部分名單，包括九份、鷥洲、桃園、大甲、臺北、頭圍、萬華、汐止、蘇澳、北投、金瓜石、基隆、松山、臺南及臺東街地區的讀者，其中，共有 13 名讀者爲女性，分別爲臺北鳳英女士、臺北劉阿珠女士、基隆美女女士、臺北水仙女士、臺北文子富士、臺北秀桂女士、臺北阿花女士、臺北月娥女士、臺北月碧女士、臺南柯副女士、臺北小寶蓮女士、臺北小金治女士、臺北周市女士、臺北阿鑾女士，以其地區、姓名觀之，當時《風月報》的女性讀者身分仍以藝妓居多。

〔註130〕玦琳〈第一期謎鵠揭曉〉，《風月報》64 期，1938.5.15，頁 11～12。

〔註131〕此份名單包含：臺北市、臺東街、屏東街、員林郡、潮洲街、溪湖庄等地讀者。參見，風月報俱樂部〈寄不到會員芳名〉，《風月報》64 期，1938.5.15，頁 36。

年2月的《台灣新民報》〔註132〕，後經徐坤泉引介，進入風月俱樂部擔任雜誌編輯。1939年徐坤泉因商務前往中國大陸的上海、華南等地經商，吳漫沙遂接替徐坤泉成了《風月報》最有影響力的主編。作為徐坤泉的紹繼者，吳漫沙大致延續了既往編輯方針，但因為《風月報》採取會員制，亟需擴展讀者的層面，以因應戰爭期物價暴騰，紙價及印刷費驟增的情況，為此營業主任簡荷生屢至中南部招募會員。

　　此外，為普及讀者起見，更增設「兒童故事」一欄，由吳漫沙執筆，搭配林海樹的插畫，每期一題，使年紀尚小的閱讀者可以看圖識字。第90號的主題為〈路上不要吃東西〉（見【圖2-2】），故事以小學生放學途中因貪吃路邊攤販的零食，引起消化不良、腹痛等症狀，藉此宣導飲食衛生之重要〔註133〕；第91·92合併號的主題則為〈光陰要愛惜〉（見【圖2-3】），透過小學教師的課堂教學，力陳「一寸光陰一寸金，寸金難買寸光陰。」、今日事今日畢的時間觀念。〔註134〕這兩則專欄故事，文從字順，引用生活常規入作，內容具有教化童蒙作用，然而，此專欄僅維持兩回便中止，也許是因為兒童閱讀者數量不多所致。

圖2-2　路上不要吃東西　　　　圖2-3　光陰要愛惜

　　此後，《風月報》的編輯策略轉而開發女性讀者，自第121期起增加一名

〔註132〕吳漫沙的作品刊登情形參見，吳瑩真〈吳漫沙生平及其日治時期大眾小說研究〉，附錄「吳漫沙生平及創作簡表」，頁7～10。

〔註133〕漫沙作；海樹畫〈路上不要吃東西〉，《風月報》90期，1941.7.24，頁26～27。

〔註134〕漫沙作；海樹畫〈光陰要愛惜〉，《風月報》91·92期，1941.8.15，頁22。

女性編輯林朝銓〔註135〕參與編務。由李宗慈所編列的〈吳漫沙「風月報」作品年表〉、〈吳漫沙「南方」作品年表〉中得知，署名林靜子者乃是吳漫沙的另一化名，發表〈對新舊婚姻制度之感想〉、〈結婚大觀〉、〈服裝和健康〉、〈賢良的主婦〉、〈女子教育〉、〈時代婦女要怎樣〉、〈女子治內〉、〈衛生第一課——油蟲捕獲器〉、〈環境〉、〈生活理想〉等一系列屬於婦德教化、家庭智識的雜文〔註136〕。不論是否確有其人，均可看出編輯吳漫沙對女性讀者的高度注意，以此吸引婦女閱讀者的目光。

　　兒童故事的嘗試、女性議題的開發，再加上原有的男性漢文讀者群，觀諸此編輯策略，《風月報》、《南方》儼然朝向生產「大眾」家庭雜誌的目標邁進。通過這種編輯策略，煽動人們購買適合各階層、性別的大眾消費文本的欲望。《風月報》、《南方》的發行量據日籍研究者河原功的保守估計，約在五、六千份以上〔註137〕。在雜誌議題的調整、規劃下，編輯心中預設、想像並創造出的讀者，因而被編織進這場通俗文藝讀寫的盛典中。

　　吳漫沙甚至刻意製造「姚徐論戰」的話題〔註138〕，由吳漫沙化名為女子「姚月清」，與化身為舊情人「徐莫夫」的林荊南在雜誌上展開激烈論戰，挑起兩性問題的戰火。論爭以第102期（1940.2.1）姚月清〈一封信〉為發端，至第117期（1940.9.17）徐莫夫的〈道歉並示洄瀾涵虛樓敬子君〉為止，長達七個月之久，期間讀者反應熱烈，有的希望兩人繼續長期論戰，有的充當和事佬，希望雙方言和，另有讀者責難徐莫夫的無能與缺乏責任感，更有人要求雜誌公布兩人約定和解的條文內容……等等。其中，西村正雄曾直言：「讀徐莫夫先生與姚月清女士之戀愛劇，較觀電影看小說為之興味！」〔註139〕，可見此策略效果極佳，在滿足閱讀者的窺視欲望之餘，刺激讀者投書與編輯、

〔註135〕《風月報》第121期對於林朝銓有如下介紹：「林朝銓女士。字靜子。……曾任某報為第一代女記者。社會交際。富有經驗。且對文藝一道。大有心得。是以臺南孝廉羅秀惠先生。特為推薦。為本報南部支社長。兼編輯員。」參見，〈林朝銓女士入社介紹〉，《風月報》121期，1941.1.1，頁16。

〔註136〕參見，李宗慈〈吳漫沙「風月報」作品表〉、〈吳漫沙「南方」作品年表〉，《台北縣資深藝文人士口述歷史——文學類：吳漫沙的風與月》，板橋：北縣文化局，2002年10月，頁186～202。

〔註137〕河原功〈雜誌『台灣藝術』と江肖梅〉，《台灣文學研究の現在》（東京：綠蔭書房，1999年3月），頁143～146。

〔註138〕參見，吳瑩真〈吳漫沙生平及其日治時期大眾小說研究〉，前揭文，頁88。

〔註139〕西村正雄〈讀徐姚戀愛史而評〉，《風月報》109・110期，1940.6.1，頁25。

作者互動，相信也提升了雜誌的銷售數量。

此論戰的虛構性除了吳瑩眞指出吳漫沙與林荊南粉墨登場外，其餘尚有未被指出的吳醉蓮自稱爲姚月清的好友，居中協調；〔註140〕紫華則暗指吳醉蓮「要做個魯仲連是做不成的，那是枉費你的勞，在風月報上弄些筆墨而已！」〔註141〕，故知此乃編輯蓄意挑起爭端，藉此引燃誌面上的公眾話題。正因爲大眾媒介需要吸引多數的讀者／受眾，因而誇張的語調，乃至戲劇性的激辯等，都是無可缺少的佐料。〔註142〕

吳漫沙對於文藝創作的推廣始終不遺餘力，他任職《風月報》期間，設置了「文藝創作欄」（114 期）、「文藝創作評欄」（115 期）、「新詩特輯」（122期）、「創作特輯」（124 期）、「女子創作特輯」（125 期）、「獨幕劇特輯」（128期）等特輯與專欄，並舉辦「秋季文藝創作大募集」。〔註143〕這些專輯的策劃一方面展現其文學視野，呈現多元的文藝觀，另一方面也具有將雜誌普及雅好各種文體類型的讀者大眾之預期理想。

> ……文藝是代表一個國家一個社會的文明，是一個國家一個社會唯
> 一的宣傳品。……。如果一個作家祇靠一個刊物來發表他的文章，
> 不但這個作家沒有好處，就是那個刊物也會沒有價值！很簡單地說
> 一句，這個作家會被人認爲只有那個刊物才要揭載他的文章，那個
> 刊物祇有這樣的文章才曉得刊載，這樣就是沒有價值的刊物和文章
> 了。所以一個刊物的編者，最少也得有幾種刊物雜誌上時常有他的
> 文章，刊物自然就有了價值，而且這個刊物也要常常發表一些別的
> 刊物的編輯者的文章，增高這個刊物的聲價；……。〔註144〕

相同的觀點也出現於他投稿到《華文大阪每日》6 卷 3 期〈我們的文學的實體

〔註140〕參見，吳醉蓮〈徵求徐莫夫先生的意見〉一文，《風月報》108 期，1940.5.5，頁 18～19。文中，吳醉蓮自述「我因不日中要往到你所對敵的月清的家裡先向她問個明白；倘是你們雙方各不讓步的話；我也就沒有辦法了！」

〔註141〕原文引自，紫華〈寄給吳醉蓮先生〉，《風月報》，109・110 期，1940.6.1，頁16～17。

〔註142〕參見，陳平原〈現代中國文學的生產機制及傳播方式——以 1890 年代至1930 年代的報章爲中心〉，《文學的周邊》，北京：新世界出版社，2004 年7 月。

〔註143〕吳瑩眞〈吳漫沙生平及其日治時期大眾小說研究〉，頁 106。

〔註144〕引自，吳漫沙〈卷頭語：無論哪一種文藝都要去檢討聲援〉，《風月報》105期，1940.3.15。

與方向——台灣之部〉一文中〔註145〕。他在此篇文章中重申「提倡舊文學是
好的，可是那種沒有時代色彩的東西，似乎少刊它一點為妙」、「還是多容納
一點有時代色彩的創作，不要給它商品化」吳漫沙幾度藉著誌面闡述其文學
觀，並且嘗試與其他東亞的雜誌保持交換與交流，也拓展了刊物的流通管道。
例如，第129期的《風月報》，〈編後隨筆〉裡表示：「近來本刊的讀者，一天
一天的增加，給庶教（按：務）部的同人，沒有一點空閒地整理著；這點又
足見各界人士對于本刊的愛護了。同時我們又得向中國和滿洲國的各綜合雜
誌社同志道謝，他們不以我們的刊物為微小，每期都和我們交換，這也可以
說是日華文化親善的意思吧！我們還希望他們和我們切實地提攜，互相作一
個日華文化親善的勇士。」〔註146〕第146期的《南方》更於首頁以一整頁的
篇幅介紹東亞著名雜誌：《大亞洲主義》、《中國公論》、《中日文化》、《國際週
報》、《政治月刊》、《國藝月刊》、《東亞聯盟》、《作家》、《僑聲》、《新家庭》、
《平議》、《僑務週刊》、《民意》、《更生週刊》、《新江月刊》、《華文大阪每日》
等十餘種刊物。〔註147〕吳漫沙如此積極於開拓雜誌的流通管道，自然也開發
了更廣大的讀者層。

　　因此，即便日治時期的台灣是否真正存在讀者「大眾」，其規模如何？實
態如何？仍眾說紛紜。然而假若我們以「大眾」作為一個閱讀受眾的代名詞，
一種文藝刊物的媒體策略，則《風月》、《風月報》、《南方》的種種編輯策略、
文體試驗，已經可以當之。單就每期卷首編輯執筆的〈卷頭語〉中，一再被
提起的雜誌是「大眾的園地」、「不分階級」；刊物內容須符合「大眾的心理」；
甚至不斷呼籲讀者惠賜意見以加強雜誌本身與讀者的互動〔註148〕，更在有意
無意間強調讀者來函踴躍，刊物普受歡迎。〔註149〕此外，當欄目或內容有所

〔註145〕參見，漫沙〈我們的文學的實體與方向——台灣之部〉，《華文大阪每日》6
　　　　卷3期，1941.2.1，頁5。
〔註146〕引自，《風月報》129期，1941.5.1。
〔註147〕參見，《南方》146期，1942.2.3。
〔註148〕關於這一點，可參見《風月報》第123期〈編後隨筆〉：「『未完成的夢』和『除
　　　　夕之夜』這兩篇希望讀者批評。今後編者又想編「短篇小說特輯號」和「獨
　　　　幕劇特輯號」，以應讀者的要求，同時編者也認為是應該做的，總望各界給我
　　　　們質和量的援助。我們又該在這裡重疊地告訴讀者，來期預定編「女子作品
　　　　特輯號」，我想，這也是讀者諸君所歡迎的。」（1941.2.1，頁33。）以及第
　　　　103期，〈編後的話〉：「我們預定要闢一『學術討論欄』，目的是要讀者發表
　　　　一點學術的高見。」（1940.2.17，頁23。）
〔註149〕例如，編輯之一的林荊南曾在〈編輯後記〉表示：「因為本報於前期（108期）

異動時，也不忘聲稱此舉是「應讀者的要求」。〔註150〕吳漫沙〔註151〕在第113期的〈編後隨筆〉裡表示：

> 各地讀者，都要求我們把本報的編者和執筆者的面目，於紙上介紹。現在利用這三週年的記念，應了讀者的要求，增刊寫真版二頁，前一頁是總務主任簡荷生，顧問楊錦標，庶務簡伯卿。後一頁是編輯主任吳漫沙，編輯林荊南，撰稿者陳世慶。……。〔註152〕

> 長篇小說──以鄉土文學而構造的長篇小說，似乎富有使讀者注意的魅力，這種所謂大眾化的文學，已經佔著相當的地位了，這是本島文學界一個畸形的發展，在世界文學史上，是沒有批評的價值。可是，作者雖然知道這是畸型的發展，但，為多數讀者的要求，就不得不這樣幹了！〔註153〕

由此可見，吳漫沙十分注重刊物與讀者之間的互動，雜誌編輯以誌面為中介，在刊物書寫、編輯→閱讀→書寫的過程中，建構了通俗敘事中的「大眾」想像，並開發創造了《風月報》、《南方》的「大眾」讀者。

　　根據筆者翻查，1935年5月19日，第13號的《風月》雜誌的廣告欄，一則溫泉旅館的商業廣告上，出現了「"大眾的"草山ホテル」字樣，這是具有新涵義的「大眾」一詞在《風月》系列雜誌（包含其後身《風月報》、《南方》）中開始使用的最初徵兆。不同於嚴肅性文學報刊以「易啟蒙」的觀點進行大眾化的訴求，《風月》系列文藝雜誌是以「易讀」為出發點，為使刊物更加通俗、普及，它需要具備吸引大眾的娛樂性魅力，甚至經常轉載其他刊物編輯者的文章，增加自己的聲價而吸引讀者。〔註154〕

　　的本欄曾聲明要『提寫現代的文學創作』的事情。這個鼓聲一響，竟得島內外的親愛的讀者們和會員諸位，寄來不少的共鳴狀和道謝的信件。……。」參見，南〈編輯後記〉，《風月報》109・110期，1940.6.1，頁33。

〔註150〕譬如，《南方》147期，〈編輯室謹啟〉寫道：「擬編短篇創作特輯，以應各地讀者之要求」；148期，〈編輯室談話〉：「『黎明了東亞』這期應讀者的要求，增刊了兩頁，來期照舊四頁發表。」（1942.3.7，頁36。）

〔註151〕原文僅署名「編者」所作，但根據李宗慈輯錄的〈吳漫沙「風月報」作品表〉所示，此〈編後隨筆〉應為吳漫沙執筆。參見，李宗慈〈吳漫沙「風月報」作品表〉，頁186～202。

〔註152〕引自，編者〈編後隨筆〉，《風月報》113期，1940.7.15，頁33。

〔註153〕引自，漫沙〈卷頭語：文藝創作欄的開場白〉，《風月報》114期，1940.8.1。

〔註154〕見〈卷頭語──無論那一種文藝都要去檢討聲援──〉，《風月報》105期，1940.3.15。《風月報》系列雜誌中，轉載的現象較常出現於翻譯作品中，其餘

戰爭期的漢文小報雜誌作為小眾傳媒的一種形式，它具有的雙重身分和角色：既是特定知識社群的文化產業，也是戰時國家意識型態的動員工具；因而它也具備雙重功能：一方面，它要適應特定讀者（漢文讀者）的嗜好、品味；另一方面，它又必須擔當起服膺、傳達國家意識型態的職責。大眾化的文藝策略，本身就隱含著鮮明的意識型態語義，在通俗易懂的表達策略中，有明確的教化內容，「通俗」便成為文化話語與政治話語的一種「轉譯」形式。

三、書寫「大眾」：白話通俗小說中的「大眾」論述

除了刊物的編輯策略是以「大眾」想像為著眼點外，在《風月報》、《南方》的白話通俗小說裡，值得一提的，尚有作家們筆下的「大眾」論述。以下筆者將嘗試從創作者的角度對此作出探討，以廓清通俗小說作者如何將「大眾」作為一種吸引讀者的策略來進行創作。

王惠珍〈殖民地作家的文化素養問題——以龍瑛宗為例〉一文，在分析日治時期台灣學生的雜誌閱讀經驗時，透由竹內洋的研究指出，「大正昭和教養主義所謂優等生文化，除了文學、哲學、歷史相關書籍的閱讀，大部分的學生也會持續購讀綜合雜誌。……，昭和戰前的舊制高校生和大學生的文化素養，不只是高校和大學的既定的授業內容，還包括綜合雜誌和單行本的閱讀。總之，他們從新聞雜誌出版市場中獲取他們所需的文化素養。」〔註155〕

筆者曾於2006年1月參與國科會「媒體小眾與現代通俗：1930年代台灣現代通俗文學風潮分析」研究計畫〔註156〕，訪談葉榮鐘先生的遺孀施纖纖女士〔註157〕，在訪談中，施女士回憶就讀彰化高女時，夜間學生宿舍熄

作品如《風月》的「狐史」專欄，全文皆抄錄自清紀昀《閱微草堂筆記》一書；「秋燈錄」則由清宣瘦梅所撰小說集《夜雨秋燈錄》節選；而連載於《風月報》第85・86期至第91・92期的偵探小說譯作〈俠女探險記〉，譯者吳漫沙則自述其「翻譯」，乃是「將文言文的偵探故事，翻譯改寫為白話文的偵探小說，當然這也算得上是一種翻譯！」（引自，李宗慈《吳漫沙的風與月》，頁84。）：《風月報》第118期〈編後隨筆〉明言：「……『螢花記』我們從臺灣總督府圖書館裡抄來，它是二十餘年前發表于『臺灣日日新報』的。我們為提倡擁護文藝起見，把它轉載于九月十五日本報……。」

〔註155〕王惠珍〈殖民地作家的文化素養問題——以龍瑛宗為例〉，頁52。
〔註156〕此研究計畫由柳書琴教授主持，計畫編號為 NSC 94-2411-H-007-031。
〔註157〕施纖纖女士（1908～）約於大正10～15年間（1921～1926）就讀彰化女子中學。

燈後，與同學們設法在寢室內翻閱許多課外讀物，如《主婦之友》、《文藝春秋》〔註158〕、《中央公論》〔註159〕、《若女性》等雜誌，課餘亦曾購讀日文言情小說。

　　跨語作家鍾肇政在中學三年級時（約1940年左右），即深受雜誌的吸引，自稱是「讀書癖」，「學寮裡總有些舊雜誌，傳來傳去。例如專刊偵探小說的《新青年》，和綜合性的《國王》，從前嗜讀的《譚海》改頭換面，不再是少年刊物，也偶爾可看到蹤跡。這些舊雜誌，也不曉得從哪兒來的，在寮內傳閱。我每次看到，必設法弄到手，樂此不疲。」〔註160〕可見當時的中學生對於此類通俗刊物的渴望，彼此利用課餘閒暇互相交換讀本。他還回憶到，當時甚至到了廢寢忘食的地步，以致功課一落千丈，即便他日後接觸西洋文學名著，發現「那些東西與真正文學實在是風馬牛不相及的」〔註161〕，仍無可否認在他初涉文學殿堂的少年時期，閱讀通俗文本成了最大的樂趣之一，從而引導、啟發其文學素養。

　　戰後初期鍾肇政面對語言轉換的掙扎與痛苦，吳漫沙中篇小說《大地之春》成為他的中文白話文「啟蒙書」。這部小說曾以〈黎明了東亞〉之名連載於133至154期的《南方》雜誌上，1942年應讀者要求，改名為《大地之春》出版單行本。〔註162〕鍾肇政在〈吳漫沙先生與我〉中提及此書是他接觸到的第一本白話文作品〔註163〕，這本小說令首度接觸到白話文的他著迷，此外，

〔註158〕1923年1月，由菊池寬創刊，為月刊形式，刊物內容涵蓋了政治、經濟、經營、社會、歷史、藝能、軍事、皇室、教育、醫療、運動……等方面。

〔註159〕創刊於明治時代的綜合性月刊，歷經大正、昭和、平成各朝，以刊載各式各樣的評論、小說為主。

〔註160〕鍾肇政〈徬徨少年時──記五十年前的中學生活〉，《鍾肇政回憶錄（一）：徬徨與掙扎》，台北：前衛，1998年4月，頁49～50。鍾肇政對於自己耽讀通俗書籍一事，屢屢在回憶性的文章裡提及，如〈讀書生活瑣憶〉：「從小，我就是個小說迷，幾乎從小學中年級起我就沉迷於一些少年小說、『講談小說』一類的讀物當中，直到五年中學畢業，我都保持了這份嗜好。……《福爾摩斯探案》以及一些流行小說，我也看過不少。」（收錄於《鍾肇政回憶錄（一）：徬徨與掙扎》，頁174～175。）〈蹣跚步履說從頭〉：「那時有份少年雜誌《譚海》，我不但是長期訂戶，每期必看，還到處去借諸如《少年俱樂部》一類刊物來看。」（原刊於《台灣新文化》6，1987年2月；後收錄在《鍾肇政回憶錄（一）：徬徨與掙扎》一書，頁188。）

〔註161〕同註4，頁175～176。

〔註162〕參見，吳漫沙〈自序〉，《大地之春》，台北：前衛，1998年8月，頁15。

〔註163〕參見，鍾肇政〈吳漫沙先生與我〉，《台北縣資深藝文人士口述歷史──文學類：吳漫沙的風與月》，頁4。類似的記事可參見，鍾肇政〈讀書生活瑣憶〉，

這次中文小說的閱讀經驗也令他激動不已，當他「從這本書明白過來我確實能讀中國的書時，我切切實實地體會到，我已經真正地回到『祖國』的懷抱了。」〔註164〕

　　此外，由台灣新民報社出版，是台灣最初的新聞連載小說，同時也是最早出版的日文通俗小說單行本——林煇焜《命運難違》，這部小說反映了1930年代部分台灣中產階級的生活點滴及戀愛觀。它以留學日本的大學生李金池和素有「萬華一帶第一美人」之譽的望族千金陳鳳鶯為主要人物，描述他們的情愛悲劇。小說裡的中產階級不但沉迷於報紙連載的推理小說，如牧逸馬的《七之海》，也熱衷於《キング》（《國王》）、《富士》〔註165〕、《婦女雜誌》、《主婦之友》等綜合或女性雜誌。作者更屢屢在敘述中插入主角閱讀通俗文本的情節，其中，有一段鳳鶯與父親的對話，可看出在當時中上階層的家庭內，閱讀報刊、雜誌似乎已成為一種日常習慣。

> 「小說那麼有趣？妳能不能看些對女孩有用的文章？」
>
> 「但我覺得小說最有幫助，即使是沒意思的⋯⋯。」
>
> 「現代女性沒有文學知識可不行。當然，也需要有女性應有的知識，小說也不能缺少。對台灣女性來說，我覺得尤其不能缺少⋯⋯。」
>
> 「因為寫了點什麼戀愛啦，結婚啦？」
>
> 「也有這點，但在不知不覺之間，可以自然而然地培養起各方面的知識，以後，在很多場合會有幫助的。」〔註166〕

　　《命運難違》是當時的流行小說，從中產市民的現實生態中，描寫他們對於婚戀、家庭生活、流行文化的興奮與惶惑，這部小說提供了許多寶貴材料，有助於觀察當時社會流行與大眾文化。

　　《鍾肇政回憶錄（一）：徬徨與掙扎》，頁181。
〔註164〕鍾肇政〈讀書生活瑣憶〉，《鍾肇政回憶錄（一）：徬徨與掙扎》，頁181。
〔註165〕1927年創刊，為1916年創刊之《面白俱樂部》後身，與《キング》同為講談社所出版之通俗大眾雜誌，性質也與《キング》十分相近，為講談社「有趣又實用」方針下的產物。1942年在同類型雜誌統合體制下為《キング》統合，1943年《キング》改名為《富士》。參考自佐藤卓己《『キング』の時代—国民大眾雑誌の公共性》，岩波書店，2002年。
〔註166〕上述引文引自林煇焜（著）：邱振瑞（譯）《命運難違》（下），台北：前衛，1998年8月，頁300。

　　由上述推知，通俗文藝書刊的閱讀群體已在日治時期出現，大眾文化在青年知識階層與都會流行生活中的重要性也逐漸受到創作者的注意。在這樣的背景下，許多《風月報》與《南方》的通俗小說，反映了一個值得關注的現象，那就是許多作家都在小說中自覺或非自覺地加入了與大眾通俗作品閱讀有關的題材或情節，以下援引數例略作說明。

　　在〈彈力〉一作中，蔡榮華以細膩的筆觸，把日籍少婦美智子因丈夫出征而獨居的寂寞心境表現得淋漓盡致。小說的開頭，主人翁張文彥在好友佐野家接受其夫人美智子的招待，兩人相談甚歡，互動融洽。不久，佐野接獲召集令從軍遠行，此後，張文彥的良知在道德理性與對美智子的仰慕間拉扯，某次懇談時，美智子如此自我剖析：

> ……我是一個理想主義者，一個熱情的幻想家，自少女的情感在我的體內成熟後，我便整個地沈醉於浪漫派作家所描寫的作品的故事中。我常在自己的腦海建立起各種美麗的有趣的浪漫蒂克的富有詩意的仙話，自比自己是這仙話中的女主人公，而男主人公該是一個強健的漂亮的熱情的愉快的擅於體貼女人的洒脫的勇敢的多情的人物。我對於自己的未來的生活，預許給過多奢望的要求，我常幻想著自己可以嫁一個怎樣多情的有趣的合於理想的丈夫，甚至在心中向自己所造像著的丈夫訴過著愛情，伴著撒驕和戲謔，過著一種如小說和傳奇的故事裡所描寫那樣的生活。我便以這樣自娛，我的寶貴的少女時期，便是這樣過了的。可是我的理想跟著少女的生活的結束而破滅了。運命給我安排了如此的生活，我嫁給了現在的丈夫，他是一個硬漢，撲（按：樸）直、單純、減（按：緘）默、寡言，祇知道勤於職務，在家庭生活上，他完全沒有智識。他不懂得女人的心理，他的態度是那樣地、冷淡，他從未曾給過女人所必要的安慰和鼓舞。他從未曾想到怎樣去熱鬧生活，使生活變爲有意義、有生命、有躍動。……。他生活在他的世界裡，而我卻生活在自己的思想和情感裡。〔註167〕

美智子口中的「浪漫派作家」作品，指的即是通俗言情文本。描寫浪漫蒂克戀愛故事的通俗讀物爲她虛構了一個理想的丈夫形象，甚至規劃了一幅未來

〔註167〕引自，蔡榮華〈彈力〉，《風月報》60 期，1938.3.5，頁 7～11。引文中底線爲
　　　　筆者所加。

家庭生活藍圖。因此,她在婚姻裡,試圖移植與複製通俗小說的浪漫元素,但現實中的丈夫佐野,與她理想中的男性形象大相逕庭,令美智子失望至極。相較之下,張文彥的熱情爽朗、善良多感,使得不甘寂寞的美智子為之傾心。從以上美智子的表述中,可發現家庭生活指導已在通俗作家與讀者之間被當作一種文化責任與智識吸收,透由小說這一虛構性體裁,在30至40年代的市民生活中,反映都會新興價值觀的通俗故事成為部份青年男女的戀愛指南,參與了家庭、女性價值觀念乃至性愛情欲的社會建構過程。

美智子的錯誤婚姻令張文彥為之惻然,她的熱情浪漫宛如書上「浪漫蒂克的女郎」的化身,使得以「理想主義者」自居的張文彥怦然心動。

> 理想主義者熱情的幻想家、張文彥,就正是這樣的一個人物哩。他的關於生活的全部智識——戀愛、結婚、社會上的活動、家庭生活——全都是從書主上得來的。<u>他是有意識地在摸(按:模)倣著書中的人物,他是儘可能地努力使自己接近書中的人物。甚至以書中的某些人物自居。</u>他的智力底大部分,便用建立如書本上所描寫那樣的浪漫美妙的合理底生活。〔註168〕

因其有意識地模仿小說人物,張文彥如同羅曼史小說中的男主人公,瀟灑而多情。身為佐野的好友,張文彥一度錯估了自己對美智子的情意,在年輕貌美的美智子言語試探下,幾近無法自拔,然而最終內心警鐘乍響,「在他的靈魂裡充滿著自我犧牲的高傲和純潔的自愛。這時支配著他的正是殉道者似的感情和一種重大的覺醒。」悲劇英雄自我犧牲的崇高精神成為促使他覺醒的關鍵,小說在張文彥蹌踉奔跑於街道上作結,為這段曖昧的羅曼史劃下句點。作為通俗文藝閱讀者與實踐者的張文彥與美智子,在羅曼史小說的思維慣性中遊走,作者蔡榮華無意間傳達了通俗文本對現實人生與道德價值的滲入與影響。

通俗小說中呈現的另一種「大眾閱讀」風尚的氛圍,則是以暢銷的通俗文本為經典,而閱讀這些經典作品則成為了解作者對主角內心世界、性格特徵或精神價值描寫時的一種方式。如金沂〈有一夜〉,作者略帶同情的筆觸,不無誇張地渲染女給藝妓的命運多舛、才貌雙全,以及雖身處紅塵卻仍持有閱讀漢文作品的興趣:

〔註168〕引自,蔡榮華〈彈力〉,前揭文。引文中底線為筆者所加。

　　她們已覺悟了，老早就想要跳出苦海，想要做一個社會所公認的賢
　　母，因專制家庭的驅使，生活戰線的壓迫，故不得不來犧牲她的一
　　切做著這樣女給的生涯，她對于漢文是很有趣味的，她所讀過的是
　　「可愛的仇人」和「靈肉之道」每每讀到秋琴和梅子的運命暗自流
　　淚嗟嘆起來。〔註169〕

除了將知名大眾文學作品閱讀用在人物塑造的妝點上之外，這種妝點方式連
帶產生的影響也值得我們注意。以上述的例子來看，小說中出現的《可愛的
仇人》與《靈肉之道》是通俗小說家徐坤泉的名作，而徐坤泉當時任職《風
月報》主編，金沂在投稿作品中置入徐氏的小說，作為其創作的素材，此舉
或有投雜誌編輯所好之意，但無疑地也促進了某些類型的通俗文本日益正典
化的發展。〔註170〕

　　林紫珊的文言長篇〈花情月意〉中，亦有類似上述援引知名通俗文本編
入故事情節的做法。少年林綺霞藉由一紙信籤箋邀約心儀的對象時，甚至「外
附吳漫沙先生近著之『韮菜花』」只因其「描寫之確切。情感之真摯。可稱傑
作。以此助女士吟餘繡後之消遣。」〔註171〕吳漫沙是《風月報》的新文學編
輯之一，在某種程度上，握有作品取捨刊載的決定權，如同金沂的〈有一夜〉，
紫珊室主的這部長篇連載，也隱含著取悅刊物編輯的意圖，然而此舉卻也間
接地使吳漫沙的《韮菜花》成為通俗文藝的範本。而在〈花情月意〉的其他
情節中，也可看見通俗書刊的閱讀，已逐漸成為中產階級休閒活動之一，例
如：

　　慧仙自今伊始。靜處深閨。不與閑外事。唯有綺霞懸呈心頭而已。
　　暇則與其妹盤桓談笑。以度韶光。而淑珠與素蘭。亦不復相往來。
　　是日因往崇文堂書店。購買「婦人俱樂部。」「主婦之友。」「新女
　　苑」諸雜誌。藉遣愁悶。〔註172〕

〔註169〕引自，金沂〈有一夜〉，《風月報》69期，1938.8.1，頁7。
〔註170〕在日治時期出版的小說單行本中亦常有將通俗文本作為素材的現象，如林輝
　　　　焜《命運難違》裡，鳳鶯和鳳嬌姊妹沉迷於推理小說家牧逸馬的連載作品《七
　　　　之海》，甚至「狂熱得不知讀過多少次。」（參見，林輝焜《命運難違》（上），
　　　　台北：前衛，1998年，頁34。）吳漫沙《韮菜花》的主角慧琴，也在讀了《可
　　　　愛的仇人》之後，為書中人物的悲慘遭遇，「滴下同情之淚」。（參見，吳漫沙
　　　　《韮菜花》，台北：前衛，1998年，頁100。）
〔註171〕紫珊室主〈花情月意〉，《風月報》89期，1939.7.7，頁16。
〔註172〕引自，紫珊室主〈花情月意〉，《風月報》106期，1940.4.1，頁20。

前舉數例外，洋洋〈她們的聚會〉〔註173〕中主角雲卿亦將研讀《南方》雜誌
當作閒暇時的嗜好。曼娜〈秋〉〔註174〕、必揚〈愛的偵探〉〔註175〕、蔚然〈環
境〉〔註176〕、凌鴻〈玲玲姑娘〉〔註177〕……等等，幾位通俗作家所塑造的小
說人物皆有著閱讀通俗讀物甚至執筆創作的興趣，由此可見，這種現象具有
一定的普遍性。

　　除了透由通俗文本的閱讀體現或塑造筆下人物內心、性格與價值觀；或
者藉由與知名通俗文本呼應、討好編輯者品味，強化自己作品與既有通俗經
典的系譜性之外，通俗文本的生產與閱讀效應有時甚至具有更深層的影響。
因為在閱讀／創作／再閱讀／再創作的循環中，標榜著「大眾」的這些文本，
不論它當時達成的「大眾化」實質程度如何，通俗小說的延伸閱讀效應，有
時已不僅止於提供閱讀者日常生活中茶餘飯後的文化娛樂，而是深入市民生
活乃至他們的價值判斷，以及對現實世界的否定性批判中。譬如，身為《風
月報》編輯及重要作家的吳漫沙在〈黎明了東亞〉中對於個性悲觀怯懦的女
主角就有如下描寫：

> 她除了小說和鮮花，就沒有什麼能夠給她喜歡的東西！她時常說，
> 女子的命運祇有小說家能夠表示同情，替她們呻吟吶喊，替她們伸
> 冤訴苦；她最喜歡讀哀情小說。……我時常勸告她，叫她不要那樣
> 軟弱，要有血氣才好，小說中的記述，是要叫我們覺悟改良，不是
> 叫我們悲哀流淚，你要達觀。〔註178〕

由此可看出，通俗文藝讀本對閱讀者的價值滲透與文化教化似乎已達到了某
種程度的影響，它在讀者的內心成功建立起某種信仰。特別是，在現代都會
生活中受挫迷惘或感到缺失時，唯有小說能加以撫慰，對暴露於新舊價值交
接中的女性尤其如此。

　　檢視上述諸文本可知，通俗小說中包含了各種類型的價值伸張與欲望表
達，它們蘊含著各自不同的意識型態訴求，但創作的宗旨主要仍是以讀者為

〔註173〕洋洋〈她們的聚會〉，《南方》138期，1941.9.19，頁9～10。
〔註174〕曼娜〈秋〉，《風月報》117期，1940.9.17，頁13。
〔註175〕必揚〈愛的偵探〉，《風月報》129期，1941.5.1，頁4。
〔註176〕蔚然〈環境〉，《風月報》131期，1941.6.1，頁14～15。
〔註177〕凌鴻〈玲玲姑娘〉，《南方》155期，1942.7.1，頁27。
〔註178〕引自，吳漫沙〈黎明了東亞〉，《南方》134期，1941.7.15，頁32。引文中底
　　　　線為筆者所加。

考量。小說裡出現的通俗讀物已不再只是單純的文本，而是編輯與作者向大眾說話的媒介，對這些文字工作者而言，通俗成了一種想像方式，藉此為讀者提供了有關現代、欲望、新道德、新價值消費的豐富想像。

對讀者來說，更是流行文化的象徵、人生情欲的指南與精神價值的追求。通俗小說不僅彰顯了女性的情欲自覺，更為重要的是，閱讀者從中感悟、窺知它所蘊含的戀愛、道德和價值啟示，他們從作品中吸取養料，來推動自我的探索。

小　結

「大眾想像」作為一種通俗作家對大眾的、市民的、都會的書寫方式，一方面作家以此方式來述說當時都會的各種姿態及風采。另一方面，讀者在不乏浪漫的作品氛圍中與都會同步、與流行文化接軌。「大眾想像」因此成為《風月報》與《南方》通俗小說重要的主題之一。藉由小說主角閱讀通俗文藝讀物的文本書寫，通俗作家實驗創作，閱讀者透過文本想像人生，1930 年代末期至 1940 年代，伴隨著商業消費主義日漸興起，成為影響市民生活的因素之一，通俗小說的創作理念、寫作方式及其內涵，已經悄然演變。白話通俗小說，作為當時流行的一種新型文本形式，被新進作家寫手所演練著，並逐步地彰顯出它的文化圖景和美學自覺。本節旨在對於通俗文本「標榜大眾」、「營造和想像大眾氛圍」的書寫策略作出闡釋。

文學與政治的緊密結合，或許是日治末期多數台灣文學的主要表徵，然則除了政治因素之外，對「讀者大眾」的想像、開發與迎合是報刊編輯決定刊物內容、走向時衡量的關鍵，亦是作家們在執筆小說時，重要的創作元素之一。由《風月》過渡到《風月報》而後到《南方》時期的改革，姑且不論編輯者與創作者意識型態的守舊或維新，重要的是，他們已意識到讀者「大眾」的存在，而必須揣想讀者的閱讀品味及其對刊物內容的好惡，必須採取有別於過去的敘寫姿態。希望藉此達成創造更廣大閱讀人口的目標，對於這種雜誌內部自我革新的現象，筆者認為其中已蘊藏了「大眾想像」的重要社會意涵。

第三章　通俗現代性與群衆動員

第一節　通俗文本中的都市空間與市民生活

前　言

　　漢文綜合文藝雜誌《風月報》、《南方》在某種程度上可視為 20 世紀 1930、40 年代瀰漫於台北大街小巷的市民生活的集中展示，在這份刊物上，作家們以通俗文學特有的濃彩重墨加以渲染時髦的珈琲店、酒家、舞廳、旅店、公園、街巷、洋樓、摩登大廈、電影院、劇場……等等繁華勝景，令人眼花撩亂。欲望與現實在文本中交錯疊合，都市漩流中浮沉翻滾的紅男綠女更烘托出都會的摩登與華麗。

　　翻閱《風月報》、《南方》中通俗作家的作品，迎面而來的便是 30 至 40 年代以台北為中心，台灣北部特有的文化色彩和都市氣息。通俗作家以其獨特的書寫策略和視角，傳遞了那個年代北部台灣中上階層的生活，透過不同的畫面表現了城市的不同面向。城市的騷動與紛繁、城市的陰暗與奢靡、城市的日常與休閒、城市的人群與建築……，皆一一流淌在他們的筆下。而且，重要的是，在這樣的書寫／閱讀過程中，一種素樸的「台北都會人」的想像、感覺和認同也悄悄醞釀與誕生。

　　本節企圖從《風月報》、《南方》中的白話通俗小說整理歸納並探討以下二個層面：第一，隨著城市化進程的加速，都會生活在整個台灣本土中產階級社會中的樞紐功能愈益突顯。都會空間裡以消費活動為主的生活方式日漸

形成中產階級的生活型態與重心，在這種背景下，與都會市民生活相關的敘事成了當時通俗文藝的顯著特徵之一。本節首要探討的即是這些帶有都會市民取向的通俗文本中，再現或鼓吹了何種都會生活的樣態？通俗小說如何示現當時的都市空間與林林總總的市民生活？小說具代表性的主要敘事主題為何？

第二，深入白話通俗小說文本，顯現的是消費性的都市文化；譬如，以琳瑯滿目的商品吸引人們注意力的百貨商店，令人目眩神迷的聲色娛樂場所，喧嘩紛攘的街景，川流不息的車水馬龍……，這一切為人們提供了一個現代的感知框架，這些生活場所更為各種文化想像和欲望投射，創造想像、再想像的條件。通俗作家以何種視角來觀察和分析城市文化？這些都市景觀以何種風貌或姿態進入作家的「視眼」？以及作家對台北城市風景凝視的聚焦點何在？

筆者希望藉由白話通俗小說中與都市空間、市民休閒生活相關的敘述或描寫，進而了解通俗作家如何透過公共空間與日常生活書寫傳遞新興城市生活的不同面向。以下筆者將以數篇文本為例，試加闡釋百貨店、珈琲廳、公園、明治橋、圓山神社、動物園……這些極具時尚感的流行空間的指涉意涵，以及文藝雜誌《風月報》、《南方》在透由通俗文本再現文化空間的過程中所扮演的角色與意義。

一、公　園

「公園」意味著什麼？公園如何從都會中極普遍的環境空間變成市民生活的現代公共空間？關於這個問題，以下筆者嘗試在通俗文本中尋找一些解答。

> 親愛的藝術同志！你們若給夏神迫得無處創作的時候，不妨，暫且擱著筆桿，跑到公園或你們附近的郊外去走一回，當然有許多自然的景物滲著青春的圖畫，給你描寫，可是，你們若創作了，別忘記寄到風月報來？哈哈！〔註1〕

這段話出自通俗作家同時亦是《風月報》主要編輯吳漫沙的筆下，在雜誌編輯後記的〈月下小語〉中，他向讀者提倡公園是個避暑、構思創作的最佳去處，於此，公園成了象徵「青春」、「藝術」與「創造」的城市休閒公共空間。

〔註1〕引自，小吳〈月下小語〉，《風月報》66 期，1938.6.15，頁 28。

除了遊憩休閒之外，公園更屢屢出現在言情說愛的通俗敘事中。無論是馬冀、吳漫沙、洋洋、謝南佳、蔡榮華作品中情侶的約會談心，蔚然〈風雪之夜〉裡落難青年的萍水相逢，或是台語歌謠裡的滿園春色〔註2〕，公園成爲通俗話語中，中上階層民眾出遊、會晤最常見的場景之一，公園裡的形形色色，在通俗作家筆下不斷被展演。公園成了大眾時興的戀愛與約會之重要處所，甚至是上演「命運的邂逅」的空間。

而麗影的小說〈初戀書信〉裡，女子「影」則是以信箋邀約戀人同遊公園，信中也隱約流露出她苦惱於社會規範的約束，以及世俗輿論的注視，使得熱戀中的情侶即使住處相隔不遠，卻無法時常聚首。故而她對兩人約會充滿期待，下面引文可一窺其寄盼之熱切：

> （前略）我想去 Y 公園中吸一點新異的空氣！那邊有清脆婉囀的禽喉，可以舒適一下我們底聽覺，那邊有青莖綠葉的植物，雖已秋氣橫溢，也不無可以潤澤我們底視覺之處，我們在那邊可以自由散步，高興時，唱唱心裏所歡喜唱的曲子，跳跳心裏所歡喜跳的舞蹈，這是多麼快樂啊！……，權且試試，這樣能不能丟掉我們底悒鬱之情！
>
> 對於 Y 公園，我是素來歌頌的，只是沒有機會可以常常去拜詣牠（按：它）！我有時會這樣自度：要是我能長存到 Y 公園中去，即使祇能得到一塊粗劣的麵包和一盆清水，也是樂意的！〔註3〕

公園之於這名女子的意義，並不僅止是偕同知心伴侶排憂解悶、一訴情衷的地方，亦是她得以迴避輿論壓力與公眾目光的最佳去處，是一個相對開放且較爲容認青年男女追求自由戀愛的場所。

同樣的，陳世慶的連載作品〈純愛情篇：水晶處女〉中，以赴日求學的青年碧淵歸台與表妹玉冰重聚爲樞軸，將 30 年代後期島都一個富裕之家的生活展現出來：熱情爽朗的知識青年碧淵、浪漫善感且多才多藝的富家千金玉冰、思想開明的姑母、愛慕好友未婚妻的音樂家島田……，小說將這些上流社會裡的人物串合起來，描摹出他們日常生活中的喜怒哀樂，他們的期盼嚮往，他們的煩惱與無奈，他們之間既相互吸引又不時發生齟齬的、複雜微

〔註2〕 例如，訴心難〈惱人春色〉，《風月報》108 期，1940.5.5，頁 21。現代西施〈有約不來〉，《風月報》108 期，1940.5.5，頁 23；怒濤〈歌謠拾遺〉，《南方》135 期，1941.8.1，頁 13。

〔註3〕 引自，麗影〈初戀書信〉，《風月報》80 期，1939.2.15，頁 13～14。

妙的兒女之情。故事中，公園也是一個發生「命運的邂逅」的舞台。作品中的公園是玉冰初識情愛的地方，對玉冰而言，即使經過數年，也能精細的回想起當時的情景：「她舊時和她的表哥哥，遊玩在新公園的時候，一塊兒竝肩著散步，互相細聲地合唱『雨過天晴』的主題歌。」〔註4〕兩小無猜的純情男女攜手遊公園、哼唱電影歌曲……，這些當時的流行文化，在此與小說標題中昭示的純愛聯繫起來。將都會流行元素與日常生活結合的寫法，不僅是白話通俗小說的特點，這樣的創作手法，也使這類作品具有流行指標的意義，雜誌的閱讀者也得以通過作品分享小說中男女戀愛的市民生活與流行風尚。

無獨有偶，陳蔚然〈月明之夜〉所描繪的人物也帶有某種程度的純愛性格。二位主角礙於人言可畏，離別前夕相約在公園「暢談幽情」，而這月明之夜也成爲他們的定情之夜。在一個封建傳統悠久深厚的年代中，未婚男女的幽會難以爲人所容，他們的行爲或將引起不少非議：擁抱、親吻、私訂終生，然而夜間公園的隱密與僻靜使他們隱藏起不安與羞愧，在此互許承諾，作者如此形容：「今夜好像是他倆的生命上的一條歧途，同時也是『眞正的愛』要開墾的一個時刻。」〔註5〕作者一方面以細膩的筆觸描繪小說主角的侷促不安，但一方面仍賦予新舊思想過渡時代中的男女情愛，浪漫綺麗的色彩。作爲一篇通俗小說，作者從中鋪寫少男少女在青春時代生理上的苦悶、心理上的騷動，與異性交往時的興奮與緊張，以及種種複雜的道德壓力或價值矛盾，也讓讀者於戀愛、公園、新風尚的反覆敘述中感受到一種虛擬的共同感。

同樣，在〈最後的一封信〉裡，對那位遭受心上人背棄、憤恨不平的主角而言，記憶中的約會場景也不外乎是淡水河、臺北公園等知名景點。其中，臺北公園曾是兩人主要的戀愛舞台，那個羅曼蒂克的地方滿載熱戀時的幸福回憶。「島都的明月，曾經照著我倆在臺北公園的凳上小憩。你捉著我的臂膀，勾著你的頸項。你說，你的心，祇是一個沒有圓缺的月亮，永遠照著我的衣裳，現在怎樣呢？」〔註6〕往事雖陳舊，但回憶仍清晰如昨，透由男子「T」細數逝去的戀情片段，在公園裡的戀愛似乎具有驗證某種神聖性、美好性的

〔註4〕 陳世慶〈純愛情篇　水晶處女〉，《風月報》94‧95 期，1939.9.28，頁 22。
〔註5〕 陳蔚然〈月明之夜〉，《風月報》90 期，1939.7.24，頁 11。
〔註6〕 馬冀〈最後的一封信〉，《風月報》79 期，1939.2.1，頁 9～10。

象徵意涵。

　　不同於上述小說中發生在公園裡的命運邂逅與浪漫情懷，呂人白的〈日曜日〉則進而將公園轉爲試煉婚姻忠誠度的場所，故事始於一封陌生女子的匿名來信：

> 我夢寐中戀念著的青君：
>
> 我是一個處女，從來也沒有知道過，甚麼叫做愛情。但是，不知爲甚麼，自從那天遇見了你，我的一顆心，便給你奪取去了，現在我竟不由自主地，天天在想你，天天在爲你哭泣。……。
>
> 如果蒙你允許的話，請你于日曜日上午十點鐘，來公園晤面。我當在葡萄棚下盼待著你！愛慕的人吻啓〔註7〕

這封信的收件人是小說主角孔子青，突如其來的情書令已婚的孔子青受寵若驚，並欣然赴約，然而這謎樣的女子並未如期出現。孔子青悻悻然返家後，妻子曼英才爲他揭曉謎底，原來寄信人竟是曼英，這原是曼英於婚前寫給他的第一封情書，藉此表達她的愛慕之意，具諷刺意味的是，相同的情書，收信者卻是兩樣心情。而公園更是夫婦倆初次相約會面的地點，只是景色依舊，伴侶的內心卻早已忘記當年情衷，今昔對比之下，令曼英不禁感慨當年對她呵護備至、從善如流且風度翩翩的男友，婚後三年竟轉變成見異思遷而不修邊幅的婚姻背叛者，面對外界的情欲誘惑，全無招架之力。公園在這個故事中，是他們情竇初開相戀時期的約會殿堂，後來更成爲一個愛情道德或情欲拉鋸的象徵空間，用來規範、試煉已婚者的界線。

　　類似的例子，亦可見於其他小說。「洋洋」的〈情別之夜〉中，小說開頭即以幽靜的公園夜景，月光和星子、微風和楊柳、蛙鳴與螢火……，烘托即將登場的主要人物之間的爭執，以及隨之而起的愁緒。一個著「制服閉襟」、戴學生帽、「鼻樑上架一支眼鏡」的男學生，與身材輕盈阿娜、身穿洋服和高跟靴的妙齡女子，兩人在夜涼如水的公園裡爭辯愛情的眞諦。這場爭執起因於女子即將與家人一同遠行，如此一來，對於兩人間的感情是否繼續勢必得作出抉擇：究竟是該接受被迫分隔兩地的無奈，抑或是相約私奔的悖德之愛，才可稱之爲神聖呢？要遵守傳統，還是選擇成爲一對「新時代」男女成就自由戀愛？公園於此依舊是青年男女愛情旅程上具有特殊象徵或試煉意味的獨特空間，象徵著舊道德與新價值、禮教與自由的戰場與分界點。

〔註7〕引自，呂人白〈日曜日〉（上），《風月報》80期，1938.5.1，頁8～9。

　　考察以公園作爲背景的通俗文本，筆者發現在陳蔚然、馬冀、洋洋等作家對於都市風景的描摹與傳達下，公園已然成爲具有特殊象徵意義及新興價值的空間。公園裡的市民生活體驗，開啓了讀者的流行想像，閱讀者並藉由文本消費公園所代表的情愛詩意與神聖，這些通俗文本也因而建構並消費了部分都會文化。

二、圓山、明治橋

新春的街頭　　曉風

嗚！嗚！嗚！

風馳電掣地閃過，

襯著一對青春時代男女，

太陽射著柔軟的光芒！

嘻！嘻！嘻！

一群少女在和暖的馬路姍姍踱過，

大戲院的入口留著一陣餘香，

裊裊地繚繞在空中！

哈！哈！哈！

「唔！老友！恭喜！恭喜！」

「恭喜！老友新年進步！」

一霎間到那奏著悠揚音樂的酒場去了！

吱！吱！吱！

「少奶奶！上那兒去？」

「二大嬸！我們上神社參拜去！」

老的少的跨上了圓山的汽車！〔註8〕

　　上述筆者所引之新詩爲曉風（吳漫沙另一筆名）發表於第 100 期《風月報》的作品，描寫新春街頭即景。這首詩作中透露出幾個訊息：汽車、戲院、音樂、酒場這些代表著近代物質文明的事物，構築了 1940 年台灣某一城市的街景，其中圓山神社則是部份市民新春佳節必須前往參拜的勝地。筆者欲進

〔註8〕 引自，曉風〈新春的街頭〉，《風月報》100 期，1940.1.1，頁 15。

一步探詢的是：「名勝」遊覽，此種市民活動意味著什麼？而圓山一帶除了是宣揚日本天皇神國統治的宗教場所外，它又標誌了何種型態的市民生活空間呢？此一公共空間在通俗文本中是否具備著某種象徵意味？當時的都會居民在此感受到什麼形式的西方文明體驗呢？

圓山的台灣神社於 1902 年（明治 34 年）落成，而為了聯繫台北市區與台灣神社，明治橋便應運而生；接著，圓山公園、動物園、兒童樂園等休憩娛樂場所也相繼成立，明治橋起了連結圓山台灣神社的作用，成為當時銜接圓山與劍橋的交通鎖鑰，以此為中心更形成一個帶狀的、老少咸宜、優美宜人的新興市民生活空間。日治時期的明治橋，除了自動車行駛其上，也常有民眾步行於橋面，或前往神社參拜，或前往動物園遊玩，或駐足橋上觀景，或者經此至基隆河搭乘舟艇，各種繁複多彩的活動往來及休閒娛樂為這個區域開啓了市民活動的氣息。因此，明治橋並不僅只促進民生交通的便捷，更是市民通往神社的參拜之路，故而具有某種政治象徵意義。而〈新春的街頭〉裡的青春男女、中產之家的老少成員在新春街頭不無歡慶意味的漫步遊走，可知行步橋上或前往神社參觀祈福乃是都會市民的日常經驗與休閒生活之一，這種體驗甚至如同汽車、電影、酒館般，成為日治時期島都生活的代表，此點在吳漫沙的上述詩作中亦得到映現。

除了新詩，吳漫沙創作的白話中篇小說〈母性之光〉裡不只一次的描寫中產家庭於假日前往圓山出遊，主角秀珍的幼女更主動提議至圓山動物園度過週末假期：「圓山不是很好玩嗎？動物園裡有虎，也有美麗的孔雀，活潑的猩猩！」〔註9〕上述在童稚言談中出現的圓山已是具體的所指，它代表著一個遊樂場所，一個休閒空間，這個新興文化空間伴隨家族成員成長，構築了家庭生活的共同記憶，形成台北市民心中的城市指標，或許這便是吳漫沙的作品中屢次提及這個景點的原因之一，由此也可佐證以它為中心的相關市民生活與休閒風尚，對於居住在台北空間及以台北讀者為主要說話對象的寫作者吳漫沙之重要性。

除了前述吳漫沙作品外，圓山神社與明治橋亦是其他通俗作家樂於作為書寫背景的場景。長篇連載〈水晶處女〉中便曾安排小說主角於閒暇時偕同友人至圓山踏青、賞花〔註10〕，富家千金玉冰便是在此處讓心上人碧淵為她

〔註9〕 引自，吳漫沙〈母性之光〉（二），《風月報》125 期，1941.3.3，頁 26。
〔註10〕 陳世慶〈水晶處女〉十六，《風月報》104 期，1940.4.5，頁 11～12。

戴上鑽石白金戒指，完成他們極具現代奢華浪漫的訂婚儀式。作者陳世慶如此形容玉冰當時內心的興奮與感動：「媽媽的許可，神祇的立會，那臺灣神社便是證明我們之結合的聖地！呀！何等的滿意喲！她好像在愛神之前，將一幅的心腸，全精神都灌注在舞踏上，全身是一個諧調，傍若無人地跳舞一樣……」〔註11〕在現代通俗物語裡，圓山上的神祇從護國祐民的天照大神變為愛神，見證了兩人的愛情，神社是證明他們結合的聖地，因此圓山不僅僅是誌面上作家擬寫的一個單純背景而已，更為重要的，它是市民生活中一個蘊含人生特殊意義與新潮風尚的空間。

不同於上述幾篇作品中所描述的快樂圓山回憶，小松〈寄給她一封信〉主要著墨失戀男子的心情，小說主人公來到明治橋上追憶、憑弔逝去的情愛，他拒絕接受前女友已羅敷有夫的事實，腦海中時而閃現她遭受丈夫嚴厲叱責的畫面：

> 「你到那裏去！」
>
> ……
>
> 「和他那麼好，那末去吧！就不會阻礙你們永遠的愛！」
>
> 你明知道他是誤會，卻興奮地答到：
>
> 「什麼愛？愛就愛有甚麼相干，用金錢的威權就會束縛一切的自由嗎？」
>
> 房內的空氣頓呈緊張起來，電燈的光芒也有些繚亂了。
>
> 「哼！……金錢！給你用不足嗎？」〔註12〕

主人公深切體會到現代都市人追逐物質欲望的虛假迷亂，原應和諧的交往關係被金錢主義異化為交易，當一切歡樂都如過眼雲煙，無從排解的孤獨和難以言表的悲苦只能藉著對方婚姻失和、夫妻劍拔弩張的想像來紓解內心忿恨難平的情緒。而明治橋代表了他生命中的美好回憶，這裡曾經上演著他的愛情故事，因而當愛情逸出軌道，此橋便成了他心靈的歸宿，他選擇在橋上悼念無法圓滿的結局，如同參加一場戀情告別式。可見這座橋不僅是一個普遍的地理空間，更蘊含指涉著都市的市民生活與休閒風尚，以及現代男女人生的紀念、縮影或投射。

〔註11〕引自，陳世慶〈水晶處女〉十三，《風月報》104 期，1940.3.4，頁 10。

〔註12〕引自，小松〈寄給她一封信〉，《風月報》94・95 期，1939.9.28，頁 19。

　　「恨我」的〈明治橋上〉〔註13〕從篇幅和情節安排上來說，儘管未能提供閱讀者 40 年代初期都會生活的全景圖，但文本中也展現出日治末期市民生活的部分側面。作者營造了一個封閉性的世界，其間沒有其他人物與主角對話，也沒有其他場景的出現。小說通篇皆爲一名情場失意的青年男子彳亍於明治橋上，「不論晴天陰天，他都是獨自踽踽地在圓山明治橋一帶」，在此地追憶逝去的愛情，回想當年與佳人遨遊此地時的倚欄私語、攜手徘徊、俯視河面波光粼粼、規劃人生藍圖，種種在這個地方發生的一切，皆令他觸景傷情，對情人琵琶別抱的怨懟，對自我近乎否定的自暴自棄，其內心獨白反映出他迷失人生座標的茫然：「我也知道：爲了一個女子斷送自己的一生，是很不值得的。呀！我很願意把這話去勸說人，自己卻不能這樣做！」這篇作品以明治橋命名，在篇末「編者識」的文評中，雜誌編輯更以「明治橋上的青年」代指這位小說主角〔註14〕，筆者發現在想像／書寫／閱讀的過程中，「明治橋」已成爲不言可喻、具有某種象徵意義的公共地標，而「明治橋上的青年」也成爲了某些類型的青年市民（生活）的代表。

　　再者，從前舉兩篇小說〈寄給她一封信〉、〈明治橋上〉出現的場景中，可以發現明治橋被作者視爲一種兼具心理投射的載體，它濃縮了男性內心世界的憂懼，映現出台灣部分城市生活的眞實側面。因此明治橋不僅是存在於都市風景中代表青年文化、新舊價值交會的一座橋，同時亦是承載都市人內心焦慮，以及思索內心該往何處去的一座通往看不見的「現代性的未來」的橋樑。

　　透過上述文本得知，圓山、明治橋這個空間裡的經歷，在當時的都會市民心中烙下不可抹滅的印記，無論是新嫁娘留影的神社、有著奇珍異獸的動物園、戀人們談情說愛的橋樑、橋下蜿蜒的基隆河……等等，這一帶結合了神域、流行與休閒性質的名勝與景點，成爲市民的休閒聚所，建構城市生活的公眾休閒與流行風尚。此外，更重要的是，當這些名勝景點與虛擬的通俗男女情愛故事結合在一起時，它們已然不是一個普通的空間而已，更是形構市民都會生活風尚、集體現代想像與公眾記憶的容器。〔註15〕

〔註13〕恨我〈明治橋上〉，《風月報》116 期，1940.9.1，頁 10～11。

〔註14〕參考，編者〈明治橋上——編者識〉，恨我〈明治橋上〉，《風月報》116 期，1940.9.1，頁 11。

〔註15〕除了筆者於前文所引《風月報》中的文本，圓山、明治橋這一地域上的景點，

三、珈琲店、百貨店、電影院

1935 年 5 月 9 日，第一號的漢文通俗文藝雜誌《風月》在台北市發刊，初刊首頁便登載了一則「カフヱー百合」（百合珈琲館）的商業廣告（見【圖3-1】）〔註16〕，自此以迄《風月》終刊，這份刊物上經常可見類似廣告、珈琲館女給芳名錄、藝妲寫眞照片以及風流名士所撰寫的種種藝妓小傳。《風月》後期更假台北各個珈琲館，以及「大世界ホテル」、江山樓、蓬萊閣舉行「台北新春美人人氣」活動的投票（見【圖3-2】）。〔註17〕在《風月》後身《風月報》中，作家鷄籠生也以「珈琲館」作為專欄標題介紹上海都市文化的各種景觀〔註18〕，伴隨情色暗示的珈琲香便是如此氤氳於誌面上。由此可知珈琲館在當時台灣社會所代表的時尚風潮，它

圖 3-1 《風月》第 1 號上的珈琲店廣告

成了一處體驗城市生活的場所，《風月》也藉由展示部分都會商業文化，與雜誌讀者及城市市民共同參與建構了那個年代的流行氛圍。珈琲館與這份通俗雜誌皆代表著日治時期台北人的某個文化場域。

亦曾出現於其他日治時期所出版的通俗小說單行本中，例如，林煇焜《命運難違》裡，李金池與陳鳳鶯因家庭紛爭難解、婚姻不順遂的原因，不約而同走上明治橋，希望以死尋求解脫，兩人在這座橋上互吐心聲、互相勸勉、安慰，最終了悟生命的意義，決心朝新生之路邁出腳步。參見，林煇焜《命運難違》（下），台北：前衛，1998 年 8 月，頁 574〜594。

〔註16〕 參見，《風月》第 1 號，1935 年 5 月 9 日，頁 1。
〔註17〕 參見，《風月》第 38 號，1936 年 1 月 3 日，頁 2。
〔註18〕 鷄籠生〈珈琲館〉，《風月報》79 期，1939.2.1，頁 13。

圖 3-2　1936 年 1 月由風月俱樂部所主辦的「新春臺北美人人氣」
　　　　活動投票券（正反面）

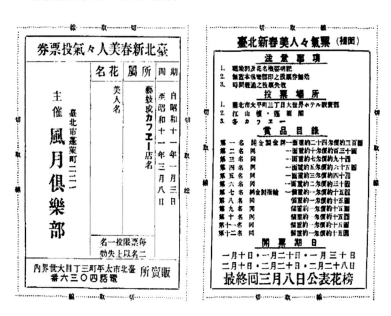

新竹作家「小紅」在短篇創作〈公休日〉〔註 19〕裡描寫一群職場上的工作夥伴於公休假期齊聚珈琲館，舉辦座談會，交換各自不同的見解，討論人生哲理，珈琲館除了是朋友集會的場所，也是個充滿流行風向意味的公共空間，坐在珈琲館裡暢談知識見聞、啜飲珈琲，佐以女給侑觴，確是都會摩登生活的一種象徵，文本中的這場經歷便可視為一場城市街巷中的文明體驗。《風月》、《風月報》、《南方》中登載的許多關於珈琲館的都市敘事文本，為當時的消費娛樂場所蓋上

圖 3-3　《風月》第 44 號之珈琲店
　　　　廣告，標榜「美人醇酒」

〔註 19〕小紅〈公休日〉，《南方》133 期，1941.7.1，頁 16～17。

「流行」、「摩登」、「現代」的標誌。

　　除了珈琲館以外，另有其他都市空間亦與消費活動文化相連，如百貨店、電影院等場所，它們使得日治末期台灣都會裡物質的、精神的、時代的、市民的休閒生活日益豐富而繁盛，這些空間也在建構新興城市文化價值的過程中，產生了不容忽視的影響，以下筆者將以都市消費文化為背景的吳漫沙小說談起。

> 　　一盞百灼的電燈在廳裡照得四周通明，圓桌上圍著她們家裡的幾個
> 人，桌的中央一個熱烘烘的火鍋蒸蒸噴出煙來，一盤白批鷄排在涼
> 子面前，秋子從房裡拿著一矸月桂冠給涼子，……。〔註20〕

　　奢華的電器用品，以及中上家庭才能享用到的鷄肉、月桂冠，引文中瀰漫著現代都會家居生活特有的氛圍，這是曉風（即吳漫沙）筆下一幕都市家庭在除夕圍爐的場景。作品展示的都市空間中，顯得荒謬不合常理：有依靠恩客餽贈撐持家用的美麗酒館女給「涼子」，嬌憨且樂於打扮的小妹「秋子」，還有拿著鴉片煙管吞雲吐霧、不事生產的年邁父親，以及對物質欲望近乎貪婪的家庭主婦，她甚至不時走進女兒涼子房內攬鏡自憐，「整一整衣服對準洋服廚的大鏡照一照全身，皺著眉對自己苦笑了一下，才走出來，似乎是嘆自己老了，不及她女兒的青春年少多媚多嬌。」〔註21〕在這幅都市家庭生活的圖景中，所有事理皆悖反世俗倫常，全家人皆心安理得的享受著女兒付出青春靈肉換來的種種現代化奢華家用品；而一肩扛起家中經濟重擔的涼子，面對這不合理的一切沒有絲毫不平，只是巧笑倩兮日復一日在送往迎來的人際交往中周旋，這個四口之家美滿祥和、溫馨而快樂的在城市裡生活著。小說以涼子歌詠摯愛小妹與親密愛人的一曲清唱結束這洋溢喜氣的都會家庭生活。

　　觀諸吳漫沙其餘作品，從中可明顯看出，他針砭都市文明女性的一貫態度，並表現出對都市新女性「道德教誨」的啟蒙哲學，〔註22〕對遊走於男性錢袋間的歡場女子略帶同情但不乏批判意味的教說。然而在〈除夕之夜〉中不見涼子的怨天尤人、一家之主的懊惱懺悔、母親對子女淪落歡場的心痛不

〔註20〕引自，曉風〈除夕之夜〉，《風月報》124 期，1941.2.15，頁 18。

〔註21〕引自，曉風〈除夕之夜〉，《風月報》124 期，1941.2.15，頁 17。

〔註22〕參見，陳建忠〈大東亞黎明前的羅曼史：吳漫沙小說中的愛情與戰爭修辭〉，《日據時期台灣作家論：現代性、本土性、殖民性》，台北：五南，2004 年 8 月，頁 209～249。

捨，卻只看到了現代都市空間裡的歡樂喧嘩。試著將之對照小說開頭描寫太平町掛著五光十色「歲暮大賣出」招牌的賣場，以及百貨店裡人群熙來攘往、只為年節用品奔忙應酬的景象；涼子一家孜孜於物質享受、世俗欲望的追求，不啻是那浮華奢迷大都會萬花筒的縮影，作者以此管窺都會文化，並藉由島都中產家庭的除夕夜，突顯了現代都市生活的典型場景。此一通俗文本，見證了威嚴的傳統倫理準則在人欲橫流的花花世界中土崩瓦解的過程。吳漫沙透過文本將它們凝聚、串接起來，向讀者展示都會現實生活秩序的不合理，揭示其中衰朽的一面。

浪鷗〈歲末年始風景線〉中有兩首小詩，對都市文化空間作出細密的動態描寫：

還比山峯高

酸了，
姨太太的小腳跟。
累了，
娘們抱夠了孩子。
擦著汗，還指著百貨店說：
「媽媽你瞧，
還比山峯高」

可惜

「東海的美女，
水中的人魚，
姿態婆娑，
一絲不掛，
遍身赤裸裸，
快來看，
莫錯過。」
電戲院的館員大叫而特叫。
一跑去，
滿員了，
「可惜」〔註23〕

對那些日治時期中上階層的市民大眾來說，到百貨店的商品賣場消費現代奢華用品，或是坐在附設的食堂〔註24〕品嚐各式西洋美食料理，或者搭乘當時被稱作「流籠」的升降電梯……，皆是體驗現代都會流行、接觸新興文

〔註23〕 文中兩詩引自浪鷗〈歲末年始風景線〉，《風月報》58 期，1938.1.15，頁 11。
〔註24〕 日治時期台灣的百貨業者於大樓內部設置以西式餐點為主的「洋食堂」和喝咖啡、吃點心的「喫茶室」，以供顧客在購物消費之餘，亦可在百貨大樓內休息用餐；此外，如「レコード部」（即唱片部）、化妝品專櫃、西裝洋服、菸酒賣場……等等，皆是百貨大樓裡可以體驗到的現代商業文化。參見，陳柔縉《台灣西方文明初體驗》，台北：麥田，2005 年 7 月，頁 106～113。

明價值的方式之一。因為提供多種選擇、多樣化流行商品的百貨店，以及將情色作為宣傳賣點的商業電影，都是現代都市文化的代表，而年節時百貨大樓賣場裡的衣香雲鬢、人聲喧囂，以及電影院的人滿為患，都是都市中特有的氛圍。在這一氛圍中，都市生活的流動性與神秘感，往往在通俗小說中得到展現，而通俗小說也透過展現都會流行文化，參與建構市民現代生活的過程。

《風月報》中曾刊出數回通俗作家們的觀影感想，例如：良玉〈卷頭語：看完了大地〉〔註25〕、老徐〈卷頭語：看了「モダンタイムス」〉〔註26〕、笨伯〈「骨肉之恩」〉〔註27〕、程守忠〈我們的樂園〉〔註28〕……等等，亦有專文討論中國的電影概況，如漫沙〈談談本島的新劇與友邦的映畫〉〔註29〕、荊南〈上海電影界概觀〉〔註30〕等作。除此之外，反覆登載於雜誌上的電影（院）廣告也屢見不鮮，由此可見走進戲院欣賞電影、議論電影情節和影星似乎已形成一種和日常現代性相關的公眾話語。學者李歐梵在《上海摩登──一種新都市文化在中國 1930～1945》一書中對 30 至 40 年代上海電影的都會語境有如下描述：「電影院既是風行的活動場所，也是一種新的視聽媒介，與報刊、書籍和另外的出版種類一起構成了上海特殊的文化母體。」〔註31〕倘若將引文中的「上海」置換成「台北」，情況亦如是，從浪鷗的短詩〈可惜〉裡述及戲院座無虛席的盛況即知電影文化在當時蓬勃興盛的風潮。

蔚然〈他的勝利〉便是將此風潮作為小說背景，以展示偵緝犯人過程的方式，向讀者大眾演繹利用電影院為媒介的偵探故事。

小說中《夕刊報》以斗大的標題印寫著：

良人殺害的密斯孃，本日赦免無罪！〔註32〕

丈夫的猝死使得共處一室的「密斯孃」被視作兇手遭拘捕，而後表面上雖因警方的同情獲釋，但這起殺夫案件的報導卻讓女主人公面臨被跟監的危險，

〔註25〕良玉〈卷頭語：完了大地〉，《風月報》63 期，1938.5.1。

〔註26〕老徐〈卷頭語：看了「モダンタイムス」〉，《風月報》64 期，1938.5.15。

〔註27〕笨伯〈「骨肉之恩」〉，《風月報》90 期，1938.5.1，頁 18。

〔註28〕程守忠〈我們的樂園〉，《南方》133 期，1941.7.1，頁 28。

〔註29〕漫沙〈談談本島的新劇與友邦的映畫〉，《風月報》98 期，1939.11.21，頁 2。

〔註30〕荊南〈上海電影界概觀〉，《風月報》99 期，1939.12.12，頁 17。

〔註31〕引自，李歐梵（著）；毛尖（譯）《上海摩登──一種新都市文化在中國 1930～1945》，北京：北京大學出版社，2001 年 12 月，頁 97。

〔註32〕意謂「殺害丈夫的太太，本日無罪赦免！」。

跟監者也許是警方，亦有可能是躲在暗處的眞兇。爲了閃避監視，她隱匿於漆黑的電影院，巧遇極具正義感的辯護士（律師）偵探「俱禮」。俱禮因同情其境遇挺身而出，他策劃了縝密的緝兇計劃。他對女主人公提議：「從今天起，你每天來電影院吧？一日到×電影院一日到×電影館，經過一二星期以後，這便是計劃？」〔註33〕爲了顧及不招人非議，俱禮更提醒：「你每天早我十分間來，而回去亦一樣，這樣輪流。」〔註34〕經過幾回謀劃、佈陷的沙盤推演，果眞令見財起意的殺人兇手現身落網。

　　文中兩名主角穿梭不同的電影院，藉這個公眾場所躲避警方監視，同時秘密會晤，輾轉傳遞案件的相關資訊，著手進行推理佈局。電影院已然不再只是提供民眾入場觀戲的公共娛樂處所，更成爲一個交換關鍵信息的特殊空間。在此，虛擬的偵探文本營造出一個特別的都市文化空間，一種具有現代都會特性的想像。

四、小　結

　　綜上所述，在這些通俗文本常見的場所中，無論是公園裡花前月下，圓山上的甜蜜熱戀或者哀怨難堪的分手話別，明治橋上的山盟海誓，珈琲館裡談天說地，電影院中的戲如人生……，由前舉數例得以證明，作爲都市的一份子，通俗作家通過作品描繪在都市空間中上演的人生百態、聚散無常，無論是情愛追逐中的悲喜歌哭，或是對於文明都會的流行體驗，通俗作家們將充溢心中的現代感觸與流行文化訊息投射到文本，編織成通俗言情敘事，書寫了那個年代某一面向的台北歷史並演繹著自我的文學生命，透過小說閱讀與想像的過程向讀者進行傳遞與感染。財富、欲望、流行、休閒、都會認同，重新成爲人們激情的聚焦點。正是在這一點上，通俗敘事和以反殖、抗暴、社會主義改造等作爲中心語彙的意識型態話語體系畫出了鮮明的界線。

　　本節所舉小說中的諸場所常是白話通俗小說中的重要背景之一，藉由佈景的鋪陳，《風月報》、《南方》的通俗小說成爲容納了男女情愛、生活休閒、都市摩登等流行文化敘述框架的時尚文本，林林總總的各色人等出沒其間，他們皆有各自的寄盼和追求。然而，通過書寫／閱讀／想像的機制，欲望的

〔註33〕蔚然〈他的勝利〉（上），《風月報》124期，1941.2.15，頁20。上述引文中的"？"應是"。"之誤。
〔註34〕蔚然〈他的勝利〉（上），前揭文。

主體並不只是書中人物,更包含了小說閱讀者,大眾小說中具有象徵意義的、獨特的公園、圓山、珈琲店、電影院、百貨店等空間也因此逐漸進入市民的現代想像中。值得注意的是,在日常生活與小說文本中,它們都被賦予新興價值,與都會流行文化、市民的婚戀空間劃上等號。

第二節 啓蒙「新女性」:(反)摩登論述與婚戀書寫

前 言

　　本節承續上節討論方向,擬以《風月》、《風月報》、《南方》雜誌上頗具代表性的情愛書寫與摩登女性論述爲中心,援引評論與文本相互參照,揭示以台北爲中心的 1930、40 年代台灣現代都市情愛與性別流行議題的書寫樣態。文中將分幾個層次來說明:第一,整理通俗文本與評論中的(反)摩登論述,觀察此類針對「摩登現象」的描述或評論文字,如何顯露「摩登」對男性通俗作家帶來的思想衝擊與性別恐懼,他們又如何藉通俗創作或評論對以「摩登女性」爲中心的新興風尚與流行議題作出回應或駁斥。第二,在婚戀小說程式化的情節與臉譜化的人物類型中,最具代表性的「新(摩登)女性」在文本中如何被描述、表現,她們與男性知識份子被表述的差異何在,具備何種特定形象?第三,通俗作家的婚戀觀,流露何種文化視野及性別觀點?本文意圖藉此重構《風月報》、《南方》中都會流行及現代摩登相關敘事,並分析其批評立場及文化意涵。

一、跳舞時代——通俗文本中的(反)摩登論述

> 美人性溫柔。無毒。微酸。爲男子必需品。能悅目養神。……。冬日宜藏之密室。衣以狐貉。夏日宜置之涼臺。衣以綾羅。切不可暴之風日霜露之下。三餐宜飼以赴於滋養分之食料。方能常保其豐艷。若榮養不良。或令其過於操作。必致顏色憔悴。實屬暴殄天物。罪過不小。故與貧寒之士。不甚相宜。〔註35〕

將女性當作養身食補或性慾工具的男性觀點,包裹於譏誚揶揄的遊戲文章中,女性在此遭受物化與歧視,成爲男性情慾與感官的刺激物件,而如此文

〔註35〕新竹　周憐山〈美人本草〉,《風月報》57 期,1938.1.30,頁 10。

章也就成了通俗雜誌的熱點。

　　《風月》、《風月報》、《南方》一群男性作家，透過通俗創作生產／消費情愛，也以「批判摩登女性」為主題，藉此實踐他們對於讀者大眾的「情愛現代啟蒙」與「現代性別教養」。流行歌謠創作者「不老」〔註36〕的〈妖嬌女〉，以「笑神邪人心頭醉」、「割人心肝免用刀」、「好話未講先哂吻」〔註37〕生動形容穿著洋裝、高跟鞋、膚色絲襪的時髦女性風情，混雜著凝視、嘲諷、規訓的複雜動機與情緒。雜誌編輯吳漫沙亦是《風月報》中批判摩登的主將之一，他曾寫道：

> 列位！我們若每天到馬路上去看看五分鐘，至少也可發見十個以上的著洋裝，高跟鞋，電頭髮，體態婀娜，婷婷嫋嫋的摩登小姐。所謂「摩登」，就是「時髦」，大家是都知道的。這些摩登小姐們，多數是受過相當的教育，或是在學中的女學生，或商店的女店員，這些這些確是大都摩登化了；……，竝不是我有意來侮辱我們親愛的女同胞，侮辱未來的女中俊傑；……。

> 你看，摩登的女性，天天祇是在梳粧臺裡討生活，講究時裝，討論著美容院的電髮功夫優劣，皮鞋店裡的高跟鞋那一雙是一九三八年式，……。女同胞們！你們拿父兄以血汗換來的金錢，犧牲於「摩登」之上；夜深人靜的時候，你們撫心自問，也許有點慚愧吧？

> 唉！智識階級的女性們！你們所負的使命，是何等重大呀？……請你們覺悟起來，負起青年人的使命，切實地作個有益於社會人群的<u>新女性</u>，……。〔註38〕

　　吳漫沙在「漫談」欄寫下如上雜文，題名就叫〈放掉摩登吧！〉。引文中充滿對立的陳述：殷實父兄與摩登女性、打拼與墮落、理性與無知，善／惡、白／黑、正／邪等道德符號形成強烈對比。他在這篇小品雜談中也曾對「摩登」作了這番闡述：「『摩登』就是『時髦』」；也就是「墜落的前奏曲」；

〔註36〕不老，本名林清月，台南市人，常用筆名有怒濤、不老、訴心難等，林氏行醫之餘熱衷於輯錄流行歌謠，素有「歌人醫師」之稱；參見，莊永明〈稻江歌人醫師──林清月〉，張炎憲、李筱峰、莊永明編《台灣近代名人誌》2冊（台北：自立晚報，1987年），頁76～84。

〔註37〕不老〈妖嬌女〉，《風月》第7號，1935.6.3，頁2。

〔註38〕漫沙〈放掉摩登吧〉，《風月報》58期，1938.1.15，頁12。引文中底線為筆者所加。

「『摩登』化」就是風化；摩登女子幾近於舞女、女給；多數受過相當教育的女性揮霍父兄的血汗錢只爲裝飾打扮、追趕流行。他更透過文本呼籲智識階級女性，覺悟虛榮心的弊端，揚棄摩登與時髦，成爲有益社會人群的「新女性」。

以上論點固有提示現代女性寬廣社會角色與人生使命之用心，卻也隱藏著說教式的明顯立場與目的，亦即二元對立的男是女非之評價。它一方面捕捉了都市摩登女性的代表特質，諸如對外貌衣著的追求講究，對時尚流行的敏銳捕捉，寧可犧牲尊嚴以求摩登；另一方面也隱含了對於男權中心的自我護衛，掩飾了男性面對女子摩登化的恐懼。因而吳漫沙竭力將其論述納入「（僞）道德」、「（僞）啓蒙」的話語框架，強調摩登女子的奢華習性將對社會造成嚴重的不良示範。論者陳建忠曾指出吳漫沙此種啓蒙話語與道德教誨，在性質上乃顯示了「『反封建』而不『反父權』的啓蒙」的特定批判立場。〔註39〕

爲強調摩登之罪惡，吳漫沙營造一套曖昧的啓蒙修辭，直指都市女子奢華無當的弊端；爲描摹有益社會的「新女性」應具備的形象與涵養，他進而塑造「都市女性的典型」。下面兩段街頭速描映現了他筆下十分摩登的島都台北與典型都會新女性：

> 一個摩登的女人，把那黑紗的旗袍脱掉了，祇剩一條桃色的襯衣，她把纖手揉一下屈曲的秀髮，很懶地坐在窗子下，血紅的櫻唇含著一枝香煙，從兩個鼻管裡噴出一團一團的濃煙，兩隻水汪汪的杏眼，痴痴地凝視著街道上。呀！這是一個<u>都市女性的典型</u>！〔註40〕

> 太平町的路上，擁滿了一群一群興奮的人們，電燈突然亮了。三個穿著薄紗洋裝的少女，頭髮是電得像小洋狗的毛般的。三個夾著三個手提皮包，竝肩地踏著有秩序的步伐，嫩白的面頰；塗著紅色的胭脂，笑微微地在人群中，彳亍地走著。不一會，走進一座結滿著燦爛的電炬的樓上，叮當地登上去。呀！她們豈不是燈紅酒綠下的玩具！她們是不是走上生活線奮鬪的新女性？朋友！爵士的音樂響

〔註39〕 陳建忠〈大東亞黎明前的羅曼史：吳漫沙小說中的愛情與戰爭修辭〉，前揭文，頁 227。

〔註40〕 引自，曉風〈黃昏的街頭──島都三十分間的側面描寫〉（上），《風月報》93期，1939.9.1，頁 13。引文中底線部份爲筆者所加。

了！〔註41〕

　　自然這些片段並非台北生活的全貌，而是在吳漫沙男性視角下，被放大了的特定女性群體。然而透過書寫的再現，這些踟躕於繁華街頭的時髦風月女子，卻被強調且強化成為都會現象的某種標誌，男性征逐的欲望對象，同時也是社會道德的踰越者。作者以身為「女性導師」的男性知識份子姿態與眼光，檢視與評價這個現代都會的細部：從蜿蜒的巷弄到閣樓臥室、攬鏡裝扮到閒逛街頭、五光十色的街景到奢靡放縱的酒館、招搖過市的風塵女郎到力抗鴇母魔掌的少女……，鉅細靡遺，盡收在男性啟蒙者兼指導者的俯視之下。在這幅 1930 年代後期風光旖旎的台北流行風景畫上，充滿曲線美感與青春誘惑的都市摩登女性，在燈紅酒綠的爵士樂與咖啡香氣的氤氳中穿梭往來，釀造出那一年代某一部份的台北氛圍。在這種氛圍裡都會女子的摩登與墮落，也正是通俗流行作家販賣與針砭的焦點。

　　正如陳建忠指出的那樣，吳漫沙經常在文本中流露出「一種擔心自由女性無法自制的男性宰制心理」。〔註42〕在這篇側寫島都的短文中，吳漫沙不僅展示受過教育的知識女性被崇尚摩登的虛榮心異化扭曲的情景，更在文中對此一現象作出批判，甚至導出「摩登即墮落」的結論。當吳漫沙通過作品再現、放大這一片段的都會物質崇拜風景與流行生活時，由於書寫影響力與通俗雜誌的傳播性，無意間也放大或突顯了此議題的存在狀況與影響力，因而介入了都市生活乃至新興道德與價值的傳播、批評或創造。

　　另一位對雜誌走向握有開創性與決定性影響的主編徐坤泉，亦曾透由虛擬故事塑造溫婉貞淑、處事堅強之「理想新女性」典範。他曾如此自敘其長篇連載小說〈新孟母〉的創作動機：

> 〈新孟母〉這篇是為欲矯正現代新女性的錯誤，借此紙面創作一現代的「孟母」，所以名之為〈新孟母〉，昔日的女子受教育比不上現時代的女性，可是昔日有如孟母那樣的賢妻良母，成為千古不朽女性的模範，為何現代就沒有呢？我真是為近代的女性抱愧——。〔註43〕

〔註41〕引自，曉風〈黃昏的街頭——島都三十分間的側面描寫〉（下），《風月報》96期，1939.10.16，頁 22。

〔註42〕陳建忠〈大東亞黎明前的羅曼史：吳漫沙小說中的愛情與戰爭修辭〉，前揭文，頁 231。

〔註43〕引自，阿Q之弟（徐坤泉）〈新孟母〉，《南方》152 期，1942.5.15，頁 21。

〈新孟母〉以女主角秀慧的婚姻生活為樞軸，展示日據時代市民階層的日常生活群像。高女畢業、勤勉持家的秀慧；走上賣淫邪道的秀慧同學碧霞；懦弱愚孝、於妻母間左右為難以致出軌尋求慰藉的青年醫師清德；尖酸刻薄的清德寡母；刁鑽奸滑、性好造謠生事而從中牟利的村婦；熱情迷人並主動引誘有婦之夫的交際名媛艷秋……，一一登場。作品以相似於吳漫沙的現代女性觀照方式，將人物化約為正／邪二類。屬於正派女子的秀慧遭夫家背棄仍堅守本分，孝順翁姑、撫育幼子，正是小說題旨中所歌詠的「新孟母」；反之，以身體為籌碼、放縱情欲的碧霞則被視為洪水猛獸般的冶蕩妖姬。然則耐人尋味的是，徐坤泉在高舉現代新女性道德與行為標尺的同時，卻未抱持同樣的批判標準，反倒鼓舞男性把握人生、及時行樂。「舞女，女給，藝妲，將要化成春蝴蝶，紛飛於街頭巷尾，她們的魅力是比電力加強一倍的，諸位風流才子喲！人生幾何，盡量作樂吧！」〔註44〕、「愛女人是男人的美德，而且是天性，「藝妲」、「女給」亦是女人，我們應該愛她們，不過不可為了她們的緣故，而致對不起我們的妻子，好像不可為了點心而完全忘記了正頓……。」〔註45〕對男性而言，女性身體既是欲望投射的對象，也是家庭制度的威脅因子，既難抗拒卻又懷抱憂懼，故而將女性魅惑與女德教誡同時依託於作品，遂成為男性性別文化話語中的主要表達模式。透過誌面分析，我們甚至可以發現，由於編輯者對此議題的高度重視與高分貝批評，反使摩登女性現象看起來更似不可逆阻。

對文明都會中時髦女性的批判，並非來自於少數個人，類似上述批判性強、富道德教誨意味的訓誡話語，也在多數男性通俗作家作品中反覆出現，形成一種反覆迴盪的旋律，成為《風月報》、《南方》裡展現都市感性體驗或文化批評的主體基調之一。

由訴心難（林清月）採集匯整的歌謠小欄「蓬萊消夏小唱」中，亦曾以台語歌謠的形式描寫一名男子的無奈心聲。此作更將現代男性面對摩登風尚影響女眷時，男性惴惴不安的心態生動地予以具象化。

自由女

炁〔註46〕著自由女。

〔註44〕引自，老徐〈卷頭語：大地皆春〉，《風月報》58期，1938.2.15。
〔註45〕引自，老徐〈卷頭語〉，《風月報》50期，1937.10.16。
〔註46〕「炁」字在此作為動詞用，意指「娶妻」之意。

暗時出門去眞久。

卜知獨身較無事。

不時一个心肝半沉浮。

卜管無法度。

展威勢面像猛虎。

暝日空房著咱顧。

僥倖竟著共某作某奴。

講著惡戚戚。

衫褲穿好做伊去。

見面不敢再言起。

家內喝起喝倒據在伊。〔註47〕

　　歌詞的情節主幹並非習見的男女情感糾葛，而是以男性敘述者描述一個放任妻子崇尚摩登、追求自由，終使夫權喪失、尊嚴掃地的情境。傳統社會中理應被男性駕馭的女性反過來將男性馴服，「自由女」不再持守婦德、以夫爲天，日夜耽溺享樂，一家之主的丈夫淪爲唯唯諾諾、怒不敢言的懼內男子。在作者筆下，文明、自由、摩登所顯示的是傳統家庭倫常與女子道德的淪喪，故除了挪揄此種新興社會風尚之外，亦欲以此爲鑑，提醒男性護衛女性教誨的權力。從歌詞中描述的「自由女」對家務瑣事漠不關心、對夫婿跋扈無理等種種蠻橫行徑，不難看出歌謠的創作者對都市摩登女性挑戰固有性別角色、翻轉家庭生活模式的隱憂，以及男性心中對於父權失落之恐懼。如上觀點反映於作者可考或不可考的流行歌謠創作與傳唱中，成爲市民生活中趣味而又嚴肅的流行議題。透過流行歌曲的傳播與渲染，「危險的摩登」、「摩登與敗德」之魅力、魔力、召喚力或者對它圍堵、撻伐的反響與恐懼等各種態度與聲音，也隨之層出不窮，而使此一議題更具影響力。

　　根據陳芳明的研究，「摩登」在 1920 年代的台灣已普遍被傳播，成爲新時代流行語彙之一，摩登音樂、摩登服飾、摩登汽車更在 1930 年代形成一股風潮，成爲社會躍進與都會文明的表徵之一。〔註48〕在《風月報》、《南方》的通俗文本中，作爲現代符碼之一的「摩登」與「自由」，常是男性作者投注

〔註47〕引自，訴心難〈蓬萊消夏小唱〉，《南方》135 期，1941.8.1，頁 12。

〔註48〕參見，陳芳明〈摩登與後摩登台灣〉，《殖民地摩登：現代性與台灣史觀》，台北：麥田，2004 年 6 月，頁 13。

的焦點。然而在當時相關創作或討論中可以發現，摩登的現代意涵不僅鮮少被客觀深入討論或予以肯定；反之，往往將其與墮落、放蕩、惡果、悲劇等貶義性詞語或災難性人物命運相關聯。如上所引，吳漫沙筆下塑造出的「摩登女」與訴心難的「自由女」形象，皆是負面陳述的鮮明例證。

除了上述代表性例證之外，蔚然小說〈生之旅程〉裡，男主人公瑞明邂逅的年輕女郎，也頗能體現男性通俗作家筆下的摩登女性風貌。瑞明因原先就職的工作環境與其理想相距甚遠，轉往朋友介紹的異地謀職，在途次的火車上偶遇一名打扮入時的時髦女子，身著花紅旗袍、輕浮妖冶，與人說話時，特意露骨賣弄之風情，「她顯著驕傲的態度在拭著粉，她又（按：有）時候像故意要將全身的香味流給人家欣賞一樣，兩三次站起來，把身子搖了搖，輕鬆了她的特殊風味，然後才坐下去。」〔註49〕雖然年輕女子有意無意的肢體碰觸令瑞明心跳加速，但此刻在他心中浮現的並非對異性的純然欣賞，而是身為男性的他對摩登女性帶有侵略性、窒息性的魅力之矛盾、恐懼與譴責。

> 摩登的女郎，真有些不可捉摸，一輩子只在驕慎（按：嬌嗔）裡養慣，不知天地，整天只在父母身上掘（按：攫）取，甚至有些嫁給人家那更不可設想，不知丈夫的辛苦貧窮，她一味要裝派頭，在朋友姊妹面前誇耀自己的闊綽，一但累債多了，又氣丈夫不爭氣，不能給自己滿意，和人家爭面子，於是又鬧夫婦的打架，這痛心的一回事！是一個社會問題。〔註50〕

在此可以看到和吳漫沙、訴心難作品中同樣居於社會流行時尚前線的負面式「摩登女」或「自由女」典型。在作者眼下，摩登女郎的嬌生慣養、需索無度，造成債台高築、家庭失和的悲劇，此一現象已不僅是個人修養或家庭倫理問題，她們放浪不羈的行徑，足以被上綱為社會問題。換言之，「摩登」已是現代女子不需檢驗的必然性罪惡之源頭與總括。蔚然清楚呈現對新女性的教誨與指責；然而在另一方面卻可以發現，作者藉由瑞明對摩登女子進行道德上理直氣壯之非議的同時，卻心懷男性權威被瓦解顛覆的恐懼，「女人有些像魔鬼一樣，會吃掉人啊！」。

從筆者所引證吳漫沙、徐坤泉、訴心難、蔚然等人的不同性質文本中，

〔註49〕引自，蔚然〈生之旅程〉（中），《南方》135期，1941.8.1，頁7。
〔註50〕同上註。

可以歸納並發現父權中心的男性視角隱然主導著通俗文本的主題設計與情節建構，故而出現一種類型化的「（反）摩登敘事」。通俗作家筆下的「新女性」之中的「摩登女性」往往被塑造為表徵墮落的化身，呈顯著傳統道德觀與現代性別關係在現代消費文本中無法妥協的悖論關係。

「摩登」（modern）與「新」（new）的概念多次被作家重覆、拼貼、挪用，轉譯成偽流行的、帶有批判流行意味的語彙。文本中交互並置著看似新潮的摩登論述，實則承載著守舊的男性中心觀點，在新舊雜陳、參差並置、男女標準不一的道德思維中，亦在在流露自相矛盾或弔詭之處。例如，長篇連載小說〈黎明了東亞〉中，主角「一平」和「秀鵑」對於中西電影優劣的看法相左引發爭執時，有如下對話：

> 「今天的電影很好，是卓別麟主演的『城市之光』，我和銀貞笑得捧住肚子，幾乎透不過氣！」
>
> 一平道：「你們真是著了西洋的電影狂，怎麼中國的電影不看，偏要看西洋的呢？」
>
> 「哥哥你總這樣說，中國的電影是很幼稚的，那里及得西洋的成熟優秀，你看，西洋的人跳舞多麼有藝術！……」
>
> 一平不待秀鵑說完，便攔住道：「……，你們女子，莫怪人們都要說你們不懂事祇知道看電影，研究摩登；依舊醉生夢死，過著這奢華的生活了！」
>
> 秀鵑笑道：「……，我不是不曉得看外國電影是不好的，祇是把它作消遣而已。……！」〔註51〕

卓別麟（Chaplin）電影被作者吳漫沙視為現代消費文化的指標，然而作為卓別麟代表作之一的「城市之光」，實乃嘲諷社會現象，反思批判現代化對於人性的異化與扭曲之作，在此吳漫沙誤讀並翻轉了其批判內涵。〔註52〕通俗文本所呈現的多義混雜、曖昧、流動的現代性意涵，及其誤讀、轉譯行為本身隱含的意識型態框架，由此略見一斑。

綜上所述，批判摩登的主題在通俗文本中不時地起伏迴盪，現代都會女性的人生態度與新價值追求也被男性視角解構、過濾、重組，餘下的只是奢

〔註51〕吳漫沙〈黎明了東亞〉，《南方》133 期，1941.7.1，頁 61。
〔註52〕此觀點承蒙楊翠與陳明柔教授予以提示，謹此致謝。

華、揮金似土、貪慕虛榮……等種種「罪行化」的負面形象。從《風月》不老「割人心肝免用刀」的妖嬌女，到《風月報》吳漫沙「深淵中的女囚」、「墮落的行屍」〔註53〕的新女性，再到《南方》裡訴心難歌詞中「像猛虎」般的自由女、蔚然小說所描述「會吃掉人」如魑魅魍魎般的摩登女郎，都市女性在這些以偽啓蒙觀點包裝的（反）摩登論述裡逐漸被妖魔化。通俗敘事中，女性爲了追求摩登從家庭中出走、從傳統道德禮教的規範下逃逸，結果必然只能成爲父兄的負擔，甚至產生夫妻不睦、家庭破裂的種種社會問題。顯然，即使帶有現代風向、新興流行意味的「摩登」已成爲當時部分都會市民的現代憧憬乃至生活方式，但「摩登」的意涵仍相當受到非議，在通俗雜誌中甚至已被作家們轉換成「浮華」、「墮落」、「社會亂相」的負面語碼了。藉此可以發現，通俗男性作家與編輯者似乎試圖在各種新興價值與新性別觀點衝擊下，緊握過去溫良恭儉讓的傳統性別觀點，去參與並主導都市新女性典範的塑造，甚或希望藉此「導正」社會中逐漸解構的性別角色。

二、城市臉譜──婚戀小說中的摩登女性與知識份子形象

據柳書琴的研究，《風月報》自第 50 期徐坤泉接掌主編主導走向後，戀愛及婚姻題材佔據極大篇幅〔註54〕，白話通俗小說對男女婚愛的書寫極盡筆墨，這些作品以市民情愛故事作爲主題，在其上展開現代婚戀風向的建構。在其中，現代都會價值觀與傳統禮教思維交匯激盪，形成新／舊、反封建／保守父權等二元過渡、新舊雜陳的局面，在文化價值理念碰撞的過程中，愛情與婚姻的意義與規範屢次被突顯出來，成爲敘寫議題。

以婚戀情愛及相關人情世相爲主要表現對象的小說，囊括了《風月報》中大部分的通俗敘事，這些婚戀文本負載了多元的價值變遷與都會氣息。筆者將這類以市民婚戀爲題材的婚戀文本，分爲「道德批判式」與「救贖女性式」兩類，藉此考察文本中以知識份子對摩登女性的戀愛敘事與道德批判爲中心，所顯露的都會新興物質風向與傳統性別道德觀兩者，在贊同或批判、守成與新變之間的相互辯論。

〔註53〕吳漫沙〈摩登的女性〉，《風月報》87 期，1939.6.1，頁 13。

〔註54〕參見，柳書琴〈傳統文人及其衍生世代：台灣漢文通俗文藝的發展與延異（1930～1941）〉，《台灣史研究》14 卷 2 期，2007 年 6 月，頁 41～88。

（一）「道德批判式」的婚戀文本

　　婚戀文本中的悖德愛欲常與都市摩登女性有著密切的關聯，因此摩登書寫的另一端便與貞操論述相扣聯。以林萬生作品為例，他在散文作品中暢談愛情真義，對讀者揭示人格與貞操的重要性〔註55〕，在短篇小說中更對建構在修養與貞操上的愛情準則，作了進一步的探索。〈他的悔悟〉中已婚的男主人公「明」從小鎮負笈至城市求學，大學畢業後和一名摩登女中學生「楊花」陷入熱戀，將妻女棄置不顧，妻子病逝後便公然與楊花共效于飛。對於這場丈夫出軌、稚女失母的家庭悲劇，作者提問：「這是誰的罪？」最後，當楊花無法滿足物質欲望移情別戀後，問題的答案也就昭然若揭了。「明」在遭受水性楊花的情人背叛後才幡然悔悟，由衷懺悔，並決意「不再娶妻，同他的女兒回到故鄉，每日在妻的新墳悲哭，悔悟前非！」〔註56〕作者將女中學生塑造為玩弄男子的摩登女，翩然流連於不同的男性之間；擁有高學歷的知識份子「明」成了誤蹈愛情陷阱的迷途獵物，直到付出家破人亡的代價，目睹女子的背叛之後，才知悔悟。親近摩登女性所招來的禍害，自是不言可喻。

　　另一僅完成上半部的短篇〈家花不如野花香〉，描述大學畢業生林朝森衣錦還鄉，隣里視之為「鄉村模範」，然而他原本幸福和樂的婚姻生活，卻在遇到女給「雪子」後全然走樣，兩人夜夜笙歌、尋歡作樂。妻子面對瀕臨破碎的婚姻，將矛頭指向雪子的不義：「唉！台灣的社會！為什麼有這樣壞的女性呢？女給們，妓女們，完全是為金錢而愛他的，聰明的他，豈亦不知嗎？為什麼會墜落在這樣女性的手裡呢？真是可恨的呀！」〔註57〕作者刻意強調的乃是幸福婚姻遭摩登女性破壞的面向，而非男性的情感出軌。顯而易見，在林萬生的認知中，男性無法忠於家庭與婚姻，肇因於浪蕩女子的介入，摩登女性成了愛情的劊子手。雖然〈家花不如野花香〉並未完成，但由上半部的情節設定與小說人物來看，這篇小說應是〈他的悔悟〉之複製與改寫。另一作品〈破鏡重圓〉中原本鶼鰈情深的夫妻，在丈夫秋吟邂逅舞女春香後，夫妻間形同陌路，秋吟逐步陷入情慾的激流，諷刺的是，最後促使他覺醒的關鍵並非妻子的心碎，而是他與春香間的齟齬，面對浪子回頭的丈夫，其妻寬容接納，「你為野雞所迷的。不是暴棄我的。雖然這樣，今日起我是永遠愛你

〔註55〕參見，林萬生〈漫談戀愛〉，《風月報》53期，1937.12.1，頁15。
〔註56〕林萬生〈他的悔悟〉，《風月報》59期，1938.3.1，頁16。
〔註57〕林萬生〈家花不如野花香〉，《風月報》69期，1938.8.1，頁12。

的。」〔註58〕在妻子單純的認知裡,她與丈夫雙方都是無辜的受害者,一切不幸皆源於摩登女性的放蕩不羈,及其對道德良知與世情倫常的蔑視。

　　林萬生所展示的都會愛情方程式,皆爲擁有高等學歷且家庭和樂美滿的已婚男性難以抗拒時髦女子魅力,在其蠱惑下捨妻棄子,淪爲對方的情愛囚徒,男性在遭遇情人背叛的窘態後,方始覺悟摩登女子之害。這些婚戀小說不遺餘力地展現此種脫軌戀情的破滅,以及男性爲此付出的慘痛代價,足以說明籠罩在這些文本背後的傳統道德框架,仍是根深蒂固的。

　　其餘如吳漫沙數篇書寫女性議題的創作,亦以父權中心的男性視角描繪摩登女子與知識青年的交往,在長篇連載〈桃花江〉中,滿腔抱負的青年東寧與鄉村女子梅痕相戀,但東寧卻在酒館應酬中結識「摩登騷氣十足」的妓女「千里香」,「他是給她那婉轉清脆的歌聲蠱惑,同情她那胡謅的凄涼身世」〔註59〕,這段被作者形容爲「給春蠶之繭縛住」、「如中麻醉劑」般的露水姻緣,終止於千里香與王姓青年的私情及詐財被識破,千里香的浪蕩妄爲令東寧徹底覺悟、懺悔。「專門拐騙男子」的千里香於此同樣被罪化、妖魔化爲以冶艷外表及高明手腕,腐蝕著知識男性純潔內心與理性判斷的愛情騙徒。

　　〈母性之光〉的陳鸞英與楊雪滄、單行本《韮菜花》的月嬌與賴智明亦是摩登女性與「覺醒」男性的典型。吳漫沙以保守的價值觀及對摩登女性的嚴格評判標準,描繪市民婚戀生活中的大悲大喜。在某種程度上,這些小說可視爲頗具啓蒙色彩的女性教育文本,此點亦顯見於吳漫沙〈母性之光〉的小說預告:

> 我謹把這顆渺小的種子,獻給我的女朋友,希望她們個個都學主人
> 翁王秀珍女士的典型,做一個新的良妻賢母。同時,要告訴我的男
> 朋友,摩登的女性,都是你墜落的導火線!〔註60〕

慈母與摩登女的對比在此被賦予一種道德含義:慈母是母性之光、女性楷模;而摩登女子則是罪惡淵藪、墮落之源,是婚戀生活中所有負面價值的代表。這在許多通俗作家的婚戀文本中,幾已成爲一種思維定式。

　　林萬生與吳漫沙展示的是已婚男子實際上出軌情愛的欲望體驗,而蔡榮華對婚姻內外的情欲探討則擴展到精神層面,也擴及跨國戀愛。描述日籍少

〔註58〕林萬生〈破鏡重圓〉,《風月報》76期,1938.12.1,頁25。
〔註59〕吳漫沙〈桃花江〉十六,《風月報》78期,1939.1.15,頁14。
〔註60〕漫沙〈豫告:母性之光〉,《風月報》123期,1941.2.1,頁22。

婦與台籍青年之間曖昧情愫的〈彈力〉，則是「道德批判式」文本的另一類型。

　　張文彥與好友佐野之妻美智子因日久生情，在美智子招待的珈琲氤氳中，他愈益處於「高度興奮狀態」，他渴望著美智子眞誠純潔的愛情，但對方的已婚身分卻令其滿腔熱情倍感掙扎壓抑，一方面「道德觀念常常在喚起他自己的謹愼和自制」，另一方面卻又無法抑制內心渴慕，他暗自吶喊：

> 愛情是美的、純潔的、神聖的、自然的、誰也不能夠干涉、或加以
> 詆毀。戀愛竝不是—件壞事一件犯罪的事、誰也有這權利。……竝
> 且自問自己竝未存著壞心術、自己的心地是誠摯而潔白的、想損害
> 或破壞對方的卑鄙的念頭、是絲毫也未曾有過的、這是對誰都可以
> 驕傲、用不著一點害怕的。……〔註61〕

愛欲無法抑制，它應是發自內心的眞實情感，但不應逾越道德防線。爲了闡明此觀點，作者刻意安排美智子以肢體誘惑張文彥，而張文彥那種帶有「殉道者似的感情和一種重大的覺醒」之拒絕方式，似乎從另一面肯定了情愛忠貞的重要性。某種意義上來說，這便是作者的感情觀，肯定愛情的合理性，並充分展示情欲心理，同時結合著對美之欣賞，對忠誠的承許。然而愛情不應衝破倫常束縛，在愛的本能與道義衝突下，張文彥抉擇了後者，「他激動了、頭腦沸騰了。……但他沒有失去自白（按：主）、陡地解開她的手粗暴地站了起來、木然冷峻地佇立一會、便大步走出去了。」〔註62〕此時的張文彥感到「在他的靈魂裏充滿著自我犧牲的高傲和純潔的自愛」〔註63〕最後他走出異性情欲的牢籠狂奔街頭，可見作者仍賦予此作某種程度的道德枷鎖。

　　考察《風月報》中「道德批判式」的婚戀文本，筆者發現這類婚戀文本代表了通俗作家對女性議題思索的某種典型。徐坤泉〈新孟母〉的碧霞、吳漫沙〈母性之光〉的陳鶯英、林萬生〈家花不如野花香〉的雪子、小松〈寄給她一封信〉嫌貧愛富的雲K、蔡榮華〈遇合〉中美麗潑辣的千金小姐、恨我〈未完的舊債〉裡「都市典型女性」的「她」……等等，這些作家筆下敗德失節的摩登女性，多與溫婉貞順的賢妻良母相對比，女性身體成爲男性權力欲望投射及貶抑的對象，一旦與摩登女性有所牽聯，人們的精神和命運際遇經常會烙上難以磨滅的悲劇印記。「道德批判式」的文本呈現了對都會摩登女

〔註61〕蔡榮華〈彈力〉，《風月報》60期，1938.3.15，頁8。

〔註62〕蔡榮華〈彈力〉，《風月報》60期，1938.3.15，頁12。

〔註63〕同註8。

子又愛又恨的雙重情結，摩登女性浪漫多情、美麗動人，卻又不時被作家視為男性墮落的反面例證。作者在「個人欲望的伸張」和「道德規範的遵循」的兩難取捨間，往往採用一個曖昧的立場，男性對於女性的情欲投射源自摩登女性之罪，男性婚姻操守的邪正，卻成了次要問題，對於摩登女子的貶責與男性主人公對傳統道德的再確認與覺醒才是其中的主旋律。通俗作家藉此教誨讀者拒斥摩登放蕩，認同慈母、貞婦所體現的世俗價值。

（二）「救贖女性式」的婚戀文本

日治時期通俗作家對於女性問題與處境的關注，已有不少先行研究指出，如陳建忠〈大東亞黎明前的羅曼史：吳漫沙小說中的愛情與戰爭修辭〉、吳瑩真〈吳漫沙生平及其日治時期大眾小說研究〉〔註64〕、林淑慧〈日治末期《風月報》、《南方》所載女性議題小說的文化意涵〉〔註65〕……等等。筆者在此欲進一步聚焦探索的是：摩登女性如何在男性中心的書寫脈絡下被呈現？作家透由書寫對（女性）讀者傳遞了何種訊息或訓誡？敘述者以何種視線注視這些摩登女子？筆者發現，《風月報》中通俗作家在書寫女性戀愛故事的同時，挾帶了隱微的弦外之音，流露出作者的價值評判。不同於「道德批判式」的婚戀文本中被摩登女子玩弄於股掌間的知識青年；「救贖女性式」文本以另一側面展現知識份子與女性的相處模式。

小吳〈暴雨孤鶯〉〔註66〕中，敘述者「我」在一個暴風雨的夜晚，翻閱著劉大杰的《寒鴉集》時，室友救回一名尋短的少女，少女的父母雙亡、中學畢業後謀得一份家庭教師的職業，然而這份得來不易的工作，卻在她拒絕主人要求她嫁給失明兒子的提議時被解雇了。面對少女的悲慘遭遇，小說敘述者「我」與室友無言相望，以知識份子的雙眼，同情而心弦悸動地審視這名少女的不幸。

類似的男性知識份子身影也可見於蔡榮華的〈海濱〉，青年畫家對投海女子的營救、開導恰巧折射了男性指導、教育女性的一種普遍心態。小說描述畫家「賓」來到鄉間海濱作畫。初抵當地，賓即感到天候「極其陰慘阻（按：

〔註64〕參見，吳瑩真〈吳漫沙生平及其日治時期大眾小說研究〉，南華大學文學研究所碩士論文，2002年1月。

〔註65〕參見，林淑慧〈日治末期《風月報》、《南方》所載女性議題小說的文化意涵〉，《臺灣文獻》第55卷第1期，2004年3月，頁205～237。

〔註66〕參見，小吳〈暴雨孤鶯〉，《風月報》68期，1938.7.15，頁5～6。小吳為吳漫沙的另一筆名，他以此筆名發表多篇雜文、小說、編後隨筆於《風月報》上。

沮）喪，好像要哭泣一般」，當他準備踏上歸途時，卻發現一名女子正跳海尋
短，賓不假思索地救起即將滅頂的女子，並對之曉以大義、循循善誘，女子
經過這場生命與思想的洗禮後重獲新生。藉由賓的視線，作者描摹出這名女
子的輪廓形貌：

> 這女郎穿著一件黑色大衣，領豎起，她右手插在衣袋裡，左手似乎
> 在換著胸上的衣領。〔註67〕
>
> 她穿著的是一件珈琲色的捲領的洋裝，褐色的系襪和同色的皮靴和
> 同色的皮靴，而且都還很新，由此可以知道她的裝束是經過一番精
> 心選擇的。〔註68〕

即使在救急存亡關頭，亦離不開對於異性身體的詳盡審視，這不僅是賓對女
子的注視，亦是作者觀看女性的視線。打扮入時、穿著時髦的女郎是都市欲
望的象徵，作者將她塑造爲摩登女性的代表。這名珠胎暗結後遭薄倖情人拋
棄的少女，因無顏回家鄉，在走投無路之際企圖自我了斷。

　　然而，她遇人不淑的遭遇並未令賓心生感動，反而「又是憐憫又是反感
地瞟著她」。賓嚴厲地譴責她的輕生，非但助長負心漢的氣焰，更是無視生爲
人子、生爲人母的卸責之舉，「你可以回家去，你的母親會教給你許多的生產
和做母親的智識」、「以你的能力和智慧養他教育他完成他，……，你將看見
他智識的發達，你將看見變成一個活躍的非凡的青年。」、「這事件也是給你
一個教訓，你會變爲聰明些，人類的聰明便是從無其數的教訓中得來的，你
可以理解一種眞理，這種眞理，將在你的腦裡掘出許多智識來，你今後將知
道怎樣去選擇人。」〔註69〕賓陳述其微言大義後，「天空的濃厚的雲彩已經不
見了。……，將牠的生力軍化成一層鉛，籠罩著整個天空。」，少女宛如經歷
了一場啓示性的體驗，從賓的話語中獲得新生的勇氣，男性對於女性的指導
意識在此作中明顯具有主導地位。

　　作者用了將近兩頁篇幅描述賓的哲理訓誡，他極力褒揚傳達的是女性應
獨立自主的精神，在譴責女子無知的同時，知識男性被塑造成具有指導者、
救世主形象的人物。賓對這名女子伸出援手，除了表象上使其生命延續，更

〔註67〕蔡榮華〈海濱〉（上），《風月報》65 期，1938.6.1，頁 5。
〔註68〕蔡榮華〈海濱〉（上），《風月報》65 期，1938.6.1，頁 6。
〔註69〕蔡榮華〈海濱〉（下），《風月報》66 期，1938.6.15，頁 6。引文中的標記爲筆
　　　者所加。

被賦予另一層涵意：亦即知識份子對於墮落女子的救贖及思想啓發。作者採用的是一種欣賞、批判、訓誡和指導同時存在的多重觀點。女性的美雖令人欣賞，但女性對於戀愛的輕浮及對生命的輕率態度則必須被批判，因其無知故而需要接受男性指導。作爲知識份子的青年畫家賓身負少女生死存亡及思想改造的重責，這樣的設定無疑是高舉知識男性的理性與能力，男性成爲力挽狂瀾的救世主，救贖了愚妄荒誕的摩登女子，男性指導女性的喻意在此昭然若揭。

此外，〈遇合〉中，男主人公「賓」的戀愛經歷亦典型地體現出蔡榮華筆下知識份子教誨女性的主導方式。賓爲了協調朋友夫婦的情感爭執趕赴異地，回程途中巧遇售票員玉蘭，玉蘭的美貌與氣質讓賓驚艷：

　　一見鍾情的兩人雙雙墜入情網。小說如此描寫玉蘭帶給賓的驚艷：

> 她有著一個美的身體，中等身材，一張棕色的鵝蛋臉兒，這是一張怎樣的臉兒呀！單純、朴素、坦白、閃爍著一種聖潔虔誠的光芒。
>
> 令人一接觸牠（按：她），就不由得不悚（按：肅）然起敬？心中的壞思想瞬間會消滅得無影無跡，感到接觸了一種無上純潔真誠的東西的喜悅。〔註70〕

通俗小說總是不避諱對於女性身體的欣賞，在男性敘述者眼中，女性經常成爲男性欲望窺視的目標。〈遇合〉中的玉蘭是個父母雙亡的孤女，賓對她不由自主心生憐愛及保護欲，儘管玉蘭學淺識薄，且無恆財貴親，賓仍被她表現出的「熱誠的信任」、「坦白的傾慕」所感動，這個「溫淑可愛的女郎」令他逾越世俗藩籬，執意毀棄舊有婚約。

賓甚至爲玉蘭導讀文學名作，「讀剛從書店買回的普希金詩集給玉蘭聽，他竝且作淺白的解釋，他還敘述這位詩人的生平和偉大處。」除了帶她領會文學之美，賓也希望藉由雇員的工作穩定經濟，展開新生活。賓的智識與擔當皆令玉蘭懾服，「她的命運已經決定，在她身邊的正是她的丈夫，他將帶領著她在崎嶇的人生道上跋涉，她將生活在他的強有力的影響下，她每是神經都燃燒著熱烈的希望，她感到一種偉大的生命之力。」〔註71〕上述引文某種程度上概括了兩人間指導者／被指導者的從屬關係，賓之於玉蘭，不只是丈夫，也是知識啓蒙者，更是引領她走向希望之路的人生導師。蔡榮華通過小

〔註70〕蔡榮華〈遇合〉，《風月報》59 期，1938.3.1，頁 10。
〔註71〕蔡榮華〈遇合〉，《風月報》59 期，1938.3.1，頁 13。

說人物的互動方式，展示了男性對於女性的指導立場，這類「救贖女性式」
小說也成了某些婚戀文本固定的敘事模式。

署名「麗影」，應為女性作者創作的短篇小說〈初戀書信〉，則以書信體
裁的方式呈現熱戀中的少女唯男友是從、視之如師的觀點：

> 在這新舊過渡的關鍵中，女子固然應有改革（按：革）歷代相沿的
> 成見的必要，但我們女子還需要你們男子作嚮導！不有你們男子作
> 嚮導，我們女子是絕計不敢去走自己所要走的某條路的！〔註72〕

從表面上看，〈海濱〉描述的是摩登女子虛華墮落的悲劇，雖然小說中賓以超
然的指導者角色，教誨少女不依賴男性而自立，並盡職扮演孝女、慈母的角
色，但矛盾之處在於賓為她指引的出口，乃是以男性為中心規劃的人生方向；
而另一方面，在〈初戀書信〉中，流露出女性服順父權社會的依附心態，女
性成為在男性指導下的被指導者，以此觀之，似乎隱約體現著男權中心主義
對於女性書寫，產生某種程度的影響與干擾。而男性作家的婚戀小說中不斷
提及、延伸的「女性應以父權為價值中心」的婚戀觀點，於此也進一步被強
化了。

綜觀「救贖女性式」的婚戀文本，乍看之下，它們在背景、人物設置上
有著些許似曾相識之感，必然會出現一個知識男性，以救世主或女性導師的
姿態，介入女子的生命轉折或婚戀生活中，導引其人生方向，女性成了被指
導者。儘管撰述者的視角存在個體差異，但總體而言，抹殺女性主體性的男
權視角主導著通俗文本的建構，小說中女性的人生需由男性指引至「正軌」，
甚至連女性創作者也服膺於男性所建構的倫理道德框架下。藉此通俗作家自
覺或不自覺地建構並強化了「女性需要被拯救」、「女性需要被教育」的觀點。

在「道德批判式」的婚戀文本中，摩登女性遊走於愛情遊戲與道德倫常
間，男性在變調的情感追逐中受挫、覺醒而後批判，女性在這些文本中被描
述為倫理道德、知識青年乃至幸福婚姻的威脅者與加害者，但歷經一時意亂
情迷，最後回歸家庭倫常的男性卻得以全身而退，不須受到同等的檢討與道
德制裁。而且，這類被批判、撻伐的女性到了「救贖女性式」的文本中，更
轉為作家筆下理應被再教育，甚至是被拯救的對象。換言之，男性的形象從
被摩登女性蠱惑卻無須被檢驗婚姻忠誠度的無辜受害者，搖身一變升級為道
德的覺醒者與明智的女性指導者。無論是針對都會女子奢靡習性作出批判與

〔註72〕麗影〈初戀書信〉，《風月報》80 期，1939.2.15，頁 13。

反擊的（反）摩登論述，或是隱含貶責、教化意味的婚戀文本，其中善惡分明、正邪立辨的臉譜化人物皆逐步強化男是女非、男尊女卑、浪子回頭金不換，女人一失足則成千古恨的價值判斷，通俗作家們正是通過捕捉男女婚戀生活的片段，將不平等的、片面批判式的性別觀點藏匿其間，並且理直氣壯地以一種帶有現代色彩的包裝賦予觀念傳播更多潛力。

三、愛情至上？婦德至上！──通俗文本中的婚戀論述

如上所述，以婚戀為主題考察日治時期台灣的通俗文學創作，可以發現《風月》、《風月報》、《南方》群體的通俗作家作品在切近都市流行價值，以及現代婚戀觀念方面十分大量而特出。日治時期的婚戀主題文學創作，大多集中在這些作品中。這些作家熱情地進行此一主題的書寫，並且在書寫中張揚現代男女情欲、著力渲染戀愛、誇示婚姻生活圖景，以及陳列情感追逐中的人性風景與種種利弊得失，成為 1940 年代台灣通俗文學書寫最為重要的類別之一。

對於婚姻與戀愛問題的關注，則是這類作品的主要內容。例如，情書寫作介紹：嘉德譯〈蕭伯納情書〉〔註73〕、AB 生〈泰西名人情書〉〔註74〕、曉風〈情書的作法〉〔註75〕、〈情書與道德〉〔註76〕；談論婚戀生活知識：建英〈摩登生活學講座──婚喪禮儀〉〔註77〕、〈趕快結婚吧〉〔註78〕、詹聰義譯〈我的婚姻〉〔註79〕、楊鏡秋〈戀愛問題之一瞥〉〔註80〕；又如吳漫沙假借女性筆名「靜子」撰寫〈家庭智識〉〔註81〕、〈賢良的主婦〉〔註82〕、〈女子治內〉〔註83〕……等關於婦德涵養的散文；此外，尚有眾多描述市民情愛的小說、新詩、歌謠創作等，諸如此類，品項繁多，不一而足。這些婚戀篇章

〔註73〕嘉德譯〈蕭伯納情書〉，《風月報》51 期，1937.11.1，頁 20～21。

〔註74〕AB 生〈泰西名人情書〉，《風月報》75 期，1938.11.5，頁 9～10；《風月報》76 期，1938.12.1，頁 18～20。

〔註75〕曉風〈情書的作法〉《風月報》81 期，1939.3.1，頁 7。

〔註76〕曉風〈情書與道德〉《風月報》82・83 期，1939.3.31，頁 8。

〔註77〕建英〈摩登生活學講座──婚喪禮儀〉，《風月報》51 期，1937.11.1，頁 21。

〔註78〕建英〈趕快結婚吧〉，《風月報》76 期，1938.12.1，頁 27。

〔註79〕詹聰義譯〈我的婚姻〉，《南方》140・141 期，1941.11.5，頁 12。

〔註80〕楊鏡秋〈戀愛問題之一瞥〉，《南方》144 期，1941.12.30，頁 9～11。

〔註81〕靜子〈家庭智識〉，《南方》137 期，1941.9.1，頁 17。

〔註82〕靜子〈賢良的主婦〉，《南方》140・141 期，1941.11.5，頁 16。

〔註83〕靜子〈女子治內〉，《南方》146 期，1942.2.1，頁 8。

為《風月報》系列雜誌營造了一個看似摩登卻又保守的情愛空間，作家藉由文本仲介並評判各種婚戀價值觀，指導、教育、訓誡女性在戀愛及婚姻生活中的方方面面；閱讀者則透過文本習作情書、想像婚戀生活、勾勒現代家庭圖景，刊物透過議題規劃與觀點引導，在此扮演了新式卻馴良的愛情導師的特殊角色。

如〈愛情與結婚〉一文，作者首先作了如下陳述：「愛情與結婚是人生的要素」，結婚作為愛情的歸宿，首要目的在於傳宗接代，促進社會與國家興盛，因此結婚是人類應盡的義務與責任；此外，他既反對傳統媒妁婚約之弊，亦不認可自由戀愛的輕浮，他希望男女雙方在婚前潔身自愛、認清對方品行，婚後夫婦「互相協力」、建設美滿「新家庭」〔註84〕，對於愛情應善用而非濫用，正能顯示其人看似開明實則守舊的婚戀態度。另一創作者「月下老」同樣在〈結婚新智識〉寄寓勸誡：「強制婚姻快離開」、「莫講姻緣天註定。用工揀選有較贏。」、「戀愛不可零星賣」、「家庭協力來維持」〔註85〕以月下老人般愛情全知者的姿態教育讀者，強調婚姻自主、戀愛神聖、夫妻互助，徒仰先人餘蔭未必能白頭偕老，貧賤夫妻也未必百事哀……等。

至於臺南風流書生「愛情經驗談」專欄的教化目的，吾人亦可從其對婦德涵養的重視與對西化的知識女性之批判略窺一二，其以為：

> 愛情二字極奇怪。若善用之。可作興奮劑。不善用之。便作催命符。
>
> 專學歐化之女子。其愛情必似西人之不專一。〔註86〕
>
> 愛情須以智勝。而不可以力勝。
>
> 交溫順之愚婦。較交驕傲之才女為佳。
>
> 舊禮教伏崇於愛情中。是戕斷骨肉間之命脈。〔註87〕
>
> 昔日之男子。每以女子為玩物。今日之女子。每以男子為奴隸。
>
> 愛情常不能離肉慾而獨立。肉慾卻會離愛情而忘施。
>
> 愛情之第一道防綫。金錢。
>
> 有處女。無處男。有童養媳。無童養婿。俱為男女間不平等之名詞。
>
> 〔註88〕

〔註84〕參見，李文在〈愛情與結婚〉，《風月報》87 期，1939.6.1，頁 13。
〔註85〕月下老〈結婚新智識〉，《風月報》104 期，1940.3.4，頁 8。
〔註86〕臺南　風流書生〈愛情經驗談〉（壹），《風月報》100 期，1940.1.1，頁 34。
〔註87〕臺南　風流書生〈愛情經驗談〉（四），《風月報》103 期，1940.2.17，頁 20。
〔註88〕臺南　風流書生〈愛情經驗談〉（五），《風月報》104 期，1940.3.4，頁 21。

情場如海。人皆可涉。人皆可溺。人皆可渡。

女子喚所愛之情人曰哥。今忽改吻稱之曰先生。則其愛情已宣告破

產。〔註89〕

文中一方面批判舊禮教於愛情之害，但另一方面，則嘲弄現代女性之驕縱、用情不專，並以先驗觀點將善用愛情的宗旨再予確立，藉此增益婦德應重於才智的父權觀念，最終演繹出另一套仿若開明，實則專斷的婚戀準則及依舊失衡的兩性關係。

再者，關於婚姻的看法，他於專欄「婚姻經驗談」中，曾多所披露，「近世盛倡自由之說。然不範圍之自由。反足僨事。……。總以父母之命為前提。媒妁之言次之。而以兩方之意為後盾。……。自由結婚雖較舊式為佳。然以出之苟且草率。則無有不敗者。鄙人極主張有範圍之自由婚姻。」〔註90〕此有範圍之自由婚姻，乃指男女雙方經由媒妁介紹長期交往，彼此熟識、了解並取得家長同意後再擇期結婚。其反對舊式婚約的觀點，看似前衛新潮，然而，就意識型態傾向言之，更多表現出一種傳統禮教的回歸，以此拒斥自由戀愛的風氣，這也使得此專欄與其它不斷受著傳統倫常價值拘囿的類似論述如出一轍。

同樣涉及情愛真諦的探討，林萬生〈戀愛的真義〉簡述一對男女短期內由初識、相愛、結婚到仳離之過程，簡潔有力地捕捉現代速食愛情的節奏，文中作者雖未大申己見，但文末嘲諷式的提問：「這也許就是摩登男女們所說的戀愛的真義吧？」〔註91〕則為其保守主義傾向作了最佳註解。這一傾向屢屢呈示於他的許多作品中。〈關於愛的幾句話〉裡，他如此定義青年戀愛守則：一要品行端正，二要精神飽滿、態度活潑，三要注重人格與貞操。而家喻戶曉的梁祝故事在此被他標舉為「當代社會一個驚天動地的打破金錢勢力的偉大情史」〔註92〕，祝英臺對愛情的堅貞及無畏強權的勇氣，便成了林萬生理想的女性情人典型，其暗喻褒揚的，仍是忠貞不渝的女德操守，其意欲轄制的，乃是透由教育與書刊啟蒙而不斷張揚的女性自主意識，正如〈結婚〉中的規訓與批判：

X書店的主人說：「——在了顧客之中，未結婚男女，都好觀戀愛小

〔註89〕臺南　風流書生〈愛情經驗談〉（六），《風月報》105期，1940.3.15，頁20。
〔註90〕臺南　風流書生〈婚姻經驗談〉（壹），《風月報》112期，1940.7.1，頁32。
〔註91〕林萬生〈戀愛的真義〉，《風月報》66期，1938.6.15，頁7。
〔註92〕林萬生〈關於愛的幾句話〉，《風月報》57期，1938.1.30，頁9。

説，學結婚，結婚男女會觀時局雜誌，家庭小說的」……。

結婚，古代，是單純的，是父母主婚。到了今日，有自由，戀愛，
理想，種種關（按：觀）念出來，所以在了智識階級們，陷入結婚
困難問題。中學畢業青年，要高女畢業女性，才要和她結婚，高女
畢業女性，要醫生，大學生，才要和他結婚，結婚！二字因此成為
問題，中學畢業青年，沒有高女和他結婚，高女畢業女性，沒有醫
生，大學生和她結婚，將此陷入結婚難的理由──所以生了不祥的
問題，……？〔註93〕

　　儘管成家立業的觀念自古有之，但隨著教育日益普及，逐漸衍生出智識
階級自恃甚高、過於嚴苛的擇偶標準，婚配儼然變成一個社會問題。引文中
不難看出作者對於現代婚戀小說挑戰社會秩序和倫理法則，進以影響青年價
值觀的憂慮，故而他不斷藉由作品企圖端正社會風氣。此外，由上述引文亦
可得知在文學的生產、流通、接受的過程中，如何經營情感與家庭生活日益
成為一門值得深究的學問及知識，其中戀愛小說、家庭小說扮演了教育男男
女女婚戀生活的指導者角色，甚至提供讀者仿效的範本，讀者得以在文本中
想像、規劃自我人生藍圖，按部就班的模擬書中情節，因而觀看這些婚戀須
知的相關著述，並加以學習、落實於實際生活似乎已成了時尚流行文化之一。

　　通俗作家除了直接向女性大聲疾呼遠離摩登與物質欲望的誘惑，及培養
其高尚的戀愛情操外，更取逕通俗文本及典型人物的提出、引證，使讀者從
中感受舊道德不可毀棄、自由須有界限的另一種調和式的新婚戀價值觀，以
此告誡女性讀者愛情專一之必要。故而，通俗文本成為一個既鼓舞戀愛、張
揚情欲、想像婚戀，又高舉名譽道德、堅守女德婦職的一個矛盾載體。

　　《南方》上曾出現一個名為「給妳」的短期專欄（參見【圖3-4】）〔註94〕，
在其中一篇洋洋灑灑、以女性讀者為訴求對象的散文〈戀愛〉中，作者「國
亮」從女人握有「至高的權威力量」入手，析論女性對於男性的影響力，既
可使之「淪落于魔窟」，也可輔助男性成就大業，「『女人』兩字是一個多麼
尊貴的名字。你將要怎樣的謹慎，使不致把這個名字辱沒」。〔註95〕在他看

〔註93〕引自，林萬生〈結婚〉，《南方》167期，1943.1.15，頁13。

〔註94〕國亮在此專欄共發表三篇散文，分別為第140・141期的〈戀愛〉，144期的〈情
　　　感與家庭〉，及149期的〈衝突〉（1942.3.15，頁9〜10）。作品內容主要為教
　　　育女性如何涵養婦德、相夫持家。

〔註95〕國亮〈戀愛〉，《南方》140・141期，1941.11.5，頁7。

來，戀愛與道德是各自獨立之個體，愛情並非機械式的道德附屬物，它是「至上的，神聖的，神秘的……如果身家財產學業名譽道德等等觀念滲入一分，則戀愛真純的程度便須減少一分」。〔註96〕然而誘掖、扶持丈夫乃是女人的「天職」，是無可推諉的「責任」，對愛情忠誠、為了所愛犧牲奉獻卻是女子必備的「道德」。國亮除了以「戀愛至上」、但「婦德必備」的戀愛觀教育

圖 3-4 國亮「給妳」的專欄圖示

女性閱讀者，對女性之英雄崇拜情結的批判可與林萬生的論述相呼應：

> 有許多女人都有著一種愛慕英雄的心，但你須得認清楚這「英雄」兩字。中世紀時候歐洲女子們理想中的的情人是：腰橫佩刀，身騎駿馬，飛奔而來、躍上牆頭、攀著窗沿和她接吻的糾糾武士；更有些女子，不絕在朝思暮想，巴不得有一個綠林好漢，凶狠地把她搶去做壓寨夫人。以這些為英雄，這是錯的。〔註97〕

傳統淒美愛情故事中爭取婚戀自主、反抗階級婚姻、對愛情矢志不渝的女主人公祝英臺被通俗寫作者承許為女性典範；反觀羅曼史言情小說裡塑造的英雄武士、白馬王子，雖廣獲女性閱讀者青睞且當作理想情人典型，此類偶像崇拜卻被解讀為愚妄，並揭破此種英雄幻象的虛構。

虛擬的情人偶像既已幻滅，那麼真正的英雄該具備何種條件？國亮引羅曼羅蘭的話告誡讀者：「我不稱那些以智力或體力來佔到了勝利的人們為英雄，我所稱為英雄的，祇是那些心靈偉大的人們。……沒有偉大的性格的，不會成就偉大的事業。」由此觀之，除了愛情需要仰仗道德而臻於圓滿完善，事業也端賴道德來成就。國亮對於英雄的定義在於偉大的心靈與性格，亦即具有偉大的品格德行者，方可稱之。以具崇高品德的精神性英雄形象作為選擇伴侶的先決條件，婦／夫之間道德凌駕於愛情的重要性由此可見一斑，而結尾的呼籲再度提醒著女性莫忘此標尺：「女人們，假使你對於愛不能下決

〔註96〕同上註，頁9。
〔註97〕國亮〈戀愛〉，《南方》140・141期，1941.11.5，頁8。

心，假使你對於愛不能準備犧牲，就不要說愛」。〔註98〕

〈情感與家庭〉中國亮詳論女性步入家庭後，必須擔負的責任與義務，「就算你有自己的社會上的職業，你總要使你的丈夫快活，你的家庭美滿」〔註99〕；而對於怠忽職守的主婦，則毫不留情的批評兼以諄諄教誨，「丈夫在外為了一家的生活而辛勞，你卻老是在家裡一些事情不幹，反過來說一句，你才是把丈夫作了奴隸！」〔註100〕、「要永遠捉住了男子的心，就須得要永遠得到他對你的尊崇；永遠地對你尊崇麼？你就得好好地去幹！」〔註101〕，文中試圖為家庭生活中的女性豎立幸福婚姻的準則，一種使丈夫永無二心的方法，而這一切皆必須通過婦女窮盡一己心力、勞力、德行服侍丈夫才可達成，亦即以婦德掌握丈夫的心，以操守成就愛情。

國亮的夫子自道並未觀照女性內在的精神需求及弱勢的社會處境，但正是此種隱含保守父權主義的傾向，使「戀愛至上」觀點如同被他駁斥的羅曼史英雄一般，只是虛構的幻想罷了。在父權可容認的範圍內，女性可以高談闊論不摻雜質的純潔之愛，歌詠愛情的高貴，但女子的愛情一旦與男性霸權相牴觸，終將淪為「婦德至上」的犧牲品。

綜上觀之，通俗作家藉由雜誌向讀者提供關於婚戀體驗與道德準繩的典範性文本，即便這些作家接受了現代化中自由思想之洗禮，但他們卻夾帶「偽個人主義」式的論點，將戀愛與道德並置相比，倡議有限度之戀愛自由、女性為愛犧牲奉獻的婚戀觀，最終推演出「婦德至上、戀愛其次」的結論。

論述中隱含父權凌駕婦德的保守思想，以文本指導女性閱讀者婚戀生活，因而流露出鼓勵女性婚戀自主，但又蹈常襲故地希望她們接受再教育的矛盾，女性成了在男性觀點指導下的被指導者；然而他們關注日常瑣事與婚戀題材的文學取向，多少間接地肯定了個人浪漫情感的自由與情欲覺醒，及其對市民文化的重要性，文本中的婚戀論述也在某種程度上反映了當時部份市民男女的愛情觀。

小　結

經由本節對於通俗文本的梳理，筆者發現通俗創作者的意識中摻雜著較

〔註98〕同上註，頁9。
〔註99〕國亮〈情感與家庭〉，《南方》144期，1941.12.30，頁8。
〔註100〕同上註。
〔註101〕同上註，頁7。

為濃重的男性中心觀念，這個特點在《風月》、《風月報》、《南方》的論述及小說作品中有著鮮明的表現。首先，通俗作家以特定的敘事成規評判、宣揚「摩登」對於精神道德的衝擊與不良示範，在作者帶著「批判反擊」與「教化規訓」雙重意識的操作邏輯下，「摩登」成了罪化女性的總合標籤，通俗作家則成了「愛情與婚姻的導師」，企圖矯治新女性道德墮落的罪惡與塑造符合男性中心價值的調和型女性典範，藉此「導正」日益多元的都會道德價值。其次，通俗文本以固定的敘事腔調及臉譜化的小說人物，搬演關於知識份子與摩登女性的愛情故事，在這些文本中，他們分別扮演著男性指導者／救贖者與女性被指導者／被救贖者的角色，在小說作者渲染這些女性「為何墮落」及男性「如何救贖」的過程中，女性成為男性投注欣賞、同情、批判、教育等欲望的載體，父權中心的價值觀主導了這些類型化的愛情悲喜劇，及其必然幸福或必然悲慘的結局。此外，男性威權的價值觀點往往也與市民情愛議題共謀，以「白話通俗文本」這種看似具現代感的文化形式藏匿於婚戀論述間，透由刊物仲介愛情典範，並自詡為女性的指導者，以「婦德至上、戀愛其次」的準則規訓女性閱讀者的情愛生活。

基於上面的論述，可以發現通俗文本中的（反）摩登論述或婚戀論述往往呈現一種悖論，亦即無論是對文明摩登的評斷或對男女情愛的演繹，皆是通過批判、罪化女性的途徑，來肯定婦德與男性指導之必要。這些文本的道德訓示，不僅在於提點與影響現代女性的人生使命及社會角色之扮演，同時也向女性讀者展現在兩性關係的現代化進程中，知識男性永遠保有批判、啟蒙、教化女性的絕對優越性。

第三節　從婚戀敘事到戰爭敘事：《風月報》、《南方》大眾想像的轉變

前　言

1937 年 7 月 7 日盧溝橋事變的發生為日治時期台灣史上的重要分界點。此後，台灣殖民統治當局開始徵用軍夫以擔負軍中雜役。〔註102〕隨著日本對

〔註102〕鄭春河〈忘れられた日本兵〉，《追想》〔臺灣南星同學聯誼會通訊〕（臺灣南星同學聯誼會，1988 年，頁 50。）轉引自，周婉窈〈從比較的觀點看臺灣

華戰爭的升高與擴大，台灣人也被徵調為翻譯人員（日語稱為「通譯」），經訓練後負責翻譯福建話、廣東話與北京官話。〔註103〕及至 1940 年 2 月 11 日，台灣及朝鮮總督府同時公佈改姓名辦法，當時台灣的「國語解者」已達到總人口的 51%。1941 年 4 月 29 日，台灣總督長谷川清發起了「皇民奉公運動」，在台北以「皇民奉公會」為運動本部，地方的州、郡、街、庄都成立支部，而其最基層的組織則為「奉公班」與「鄰組」，執行奉公會下達的命令，和服務社區等事項。1942 年 4 月，「陸軍特別志願兵制度」實施，「海軍特別志願兵制度」亦於隔年開始實施。

　　隨著太平洋戰事升高，雜誌上的戰爭色彩也益加深化。「大陸進出」、「雄飛中國」的風氣蔚為潮流，第 104 期即有一則來自南洋讀者的飛鴻，信中表示《風月報》的發刊「確是大陸進出者的良好培養材料」〔註104〕，同時冀望雜誌能夠永續刊行，「為青年大陸進出的南針，為臺灣文藝界放出一個異彩！」〔註105〕這位署名「施能賢」的讀者，難掩興奮之情地自陳：「為東亞新秩序的建設，從軍在海軍，做一個通譯，這是我多年的抱負，而今可說如願以償了。」曾經在《風月報》上連載長篇哀情小說〈水晶處女〉的陳世慶〔註106〕，於 1939 年「雄飛」南京擔任通譯期間，投遞發表一封名為〈南京航空便〉的信簡，字裡行間大聲疾呼他對於大陸新天地的憧憬：「大陸進出！大陸開拓！」，他表明前往大陸的目的是為了改革如寄生一般的依賴性生活，嚮往「到那宏壯的大舞臺裡去當作一個腳色。」之後，深切地表達作為日本帝國的一份子，必須擔負建設大東亞的使命，打開一條「新生之路」，他如是寫道：

　　「新大陸去！」是為要乘此東亞新秩序建設的吶喊，盡日本男子的
　　義氣，負職責來的。……我也要盡盡義務，建設一個鞏固的新天

　　　與韓國的皇民化運動〉，《海行兮的年代：日本殖民統治末期臺灣史論集》，台
　　　北：允晨，2003 年 2 月，頁 67。
〔註103〕白井朝吉、江間常吉《皇民化運動》，台北：東台灣新報社，1939 年，頁 167。
　　　轉引自，周婉窈〈從比較的觀點看臺灣與韓國的皇民化運動〉，前引文。
〔註104〕施能賢〈海外飛鴻〉，《風月報》104 期，1939.3.4，頁 7。
〔註105〕同上註。
〔註106〕陳世慶，梧棲人，筆名夢痕、鰲西恨人、肇基，1934 年曾旅居北京期間，偶
　　　有新詩發表於《台灣文藝》、《台灣新文學》與《台灣新民報》，戰後曾任台灣
　　　省文獻會協纂。參見，楊永彬〈從『風月』到『南方』——析論一份戰爭時
　　　期的中文文藝雜誌〉，收錄於《風月・風月報・南方・南方詩集》，台北：南
　　　天出版社，2001 年，頁 89。

地，……那末，竝非完全是夢，我還有血液在循環，我尚有很遠的
前程，在此青春的當兒，敢不以熱血的男兒自負？爲亞細亞民族奮
鬪，爲黃色人種求永遠的和平，宣揚偉大的精神於全球，做一個基
礎石，以資大東亞的建設……〔註107〕

「東亞戰爭」之下，殖民主義的控制與改造，招致被殖民者自我異化的惡果。
然而，在這封由戰爭前線遙寄故鄉台灣的信箋裡，所呈現出的瑰麗的大陸開
拓藍圖，卻隱然召喚著當時處於後方、懷抱「中國憧憬」的部分台灣讀者。

在第 132 期的末代《風月報》上，通俗作家詹聰義更以抒情寫意的筆調
高唱〈憧憬的歌聲〉，表達出某些青年的時代感受，而這首長詩作爲《風月報》
的尾聲，似乎也預示了《南方》國策文學的深化和發展：

歌聲落在古城裡，當鴉影駝著夕陽飛過去，從單純的音節輯合起來，
低沉的，在 G 調的和絃上，緩緩的盤旋，又輕輕的散開來，拖著一
個淒涼的尾巴！

有時高昂的震澈了整個平原，像在孤城落日之沙漠上，像在無際的
海洋，空曠寂寞的迴蕩著，在裡面說出了無窮的申訴，是在尋找，
是在期待那遙遠的詩意。

當三月高山的雪融化了，櫻花滿林時，軟風帶來南方的溫和，帶來
歌聲希望的消息。

『……南方的熱度，我已經習慣起來！可愛的人！不要念我了！不
要問我離開你的原因吧！告訴你，熱帶的花總是不會在寒冷的北方
生長的是不是？』

這罕有的短簡，代替的是歲月幸味了，獨處守著寂寞的窗，荒涼的
日子，修長河影子，興味如逝水。

歌聲又響亮起來，低沉的飄蕩在山谷，飄蕩在野原，在 G 調的弦上，
淒切的高一倍，最後歌聲落在海上，從海濤一齊的迴蕩著，到遙遠
也不能看見的地方！歌聲落在海上，永遠的，永遠的。〔註108〕

以下將從《風月報》與《南方》的創作及論述，追索雜誌內容由文藝轉

〔註107〕陳世慶〈南京航空便——寄與故鄉人〉，《風月報》，第 109・110 合併號，
1939.6.1，頁 14～15。
〔註108〕引自，詹聰義〈憧憬的歌聲〉，《風月報》132 期，1941.6.15，頁 11。

向戰爭的軌跡。相關論述的類別繁多，但純然描繪軍旅生涯、戰場風雲的戰爭文學並非本節所要論述的對象，筆者關注的焦點是編輯如何操縱有關大眾的想像或論述，引導刊物轉換方向，以達成戰爭動員的宣傳目標；讀者如何在刊物的宣導及勸誘下生產戰爭題材的作品，半自主地附和日本的侵略政策，甚而身體力行志願從軍。藉此希望能掌握東亞戰爭、太平洋戰爭期間游移於戰場與家庭的部份市民生活情狀和精神風貌，以及刊物的通俗性與戰爭動員的關係。

一、「文學戰士」上戰場

在太平洋戰爭發動前夕，第 112 期《風月報》上，主編吳漫沙以「草木逢春，欣欣向榮」來形容當時的台灣文壇，更主張作家應該手握筆桿，建設銃後文化：「我們雖然不能拿著鋤斧，到大陸去建設，但我們在後方，也該執著筆桿，向文化的路上走去，盡了銃後的熱誠，才是帝國的男兒！」〔註109〕吳漫沙於文中為台灣的青年提示了以筆桿報國的文化方向，並強調要由日滿華三國藝術的融合、文化相互交流而產生出「親善之花」。文末則對《風月報》自復刊以來的幾次危機與轉機略作陳述：

> 本報在風雨飄搖之中，經過了幾層波浪，再接再勵的掙扎，已經渡過那飄搖的時代。在這個時期裡，有著可歌可泣的事跡，那事跡，真不堪回首去追憶的，同時也是一頁堪以自慰的記載！
>
> 我們雖然大膽地說已渡過飄搖的時代，心裡還是無限的戰慄和恐怖！我們還恐怕它會再發生什麼變故，或不測！……希望會員諸君，群策群力來保護這個生命，給它永遠生長在這四季皆春的瀛島上！〔註110〕

該文說明了《風月報》在總督府廢止漢文欄之後，歷經政策更迭、經費不足等多項衝擊，多次皆能幸運地轉危為安，主編吳漫沙戰戰兢兢、汲汲營營，使刊物得以存續，而為求雜誌永續經營，採取較為保守的編輯方針、甚至是趨向國策半自主演繹，勢屬必然。此後，透過雜誌向文學青年宣導國策的論述逐漸成為文化宣傳的基本方針之一。

〔註109〕引自，漫沙〈卷頭語：請大家赤裸地來批評和指正〉，《風月報》112 期，1940.7.1。
〔註110〕同前註。

　　譬如，《風月報》另一編輯林荊南也大力強調「文藝同志」協力發展皇民化運動，以及藝術、土俗學、新舊歌謠等台灣文化，敦促台灣的「藝術同志以精神的聯絡，扶起了南方文學的雙輪」〔註111〕。第 114 期中，更透露出雜誌往後將多量刊載「以大陸為背景的文學」之編輯策略〔註112〕，希望文藝創作者共襄盛舉，如此一來，便間接地暗示了閱讀者其後的稿件取捨標準。第 126 期卷頭語〈文學青年聯合起來〉也以「南方文化」代稱台灣文化、「東亞人」代指台灣人，著重宣揚文學青年的時代責任，文章著述須具有時代色彩。〔註113〕第 127 期卷首重申其刊物使命，乃是「連絡新文學同志，提倡新時代的創作，給我們的園地跨上世界的文壇」〔註114〕。第 129 期則要求文藝同志轉換筆桿方向，表示「那風月場中的故事，不是我們執筆的材料了！」、「我們要覺醒，我們要寫點有益于時代的文章，留給我們的後代。」文末更直接以「復興東亞文藝，建設東亞新文藝」的口號作出強烈宣示。〔註115〕當期的〈編後隨筆〉更直言：「處在這個時代的文化人，要怎樣來寫文章？我們在卷頭語『建設東亞新文藝』一文，已簡單地告訴你們了。」〔註116〕再次呼籲文藝家朝此方向努力。相同的方針，相同的語言，一再重覆於刊物編輯所執筆的論述裡，其目的不外乎鼓吹作家們以移民開拓、民族交流等符合新文學體制的題材創作，進而完成「東亞新文藝」的建設。這些提示與鼓舞使有關中國大陸的題材成為一個作品刊登的過濾框架，興亞文學即是通過此框架進入讀者的意識之中。

　　在策勵文學青年提筆建設「南方文學」、「東亞新文藝」的同時，《風月報》亦與當時中國和「滿洲國」的雜誌密切交流互換〔註117〕，主要編輯吳漫沙更曾投稿中篇創作於上海《興建月刊》〔註118〕、《華文大阪每日》，而

〔註111〕參見，荊南〈冀望文藝同志的協力〉，《風月報》122 期，1941.1.19，頁 12～13。

〔註112〕參見，編者〈編後隨筆〉，《風月報》114 期，1940.8.1，頁 33。

〔註113〕參見，〈卷頭語：文學青年聯合起來〉，《風月報》126 期，1941.3.15。

〔註114〕引自，〈卷頭語：立身之本是信義和平〉，《風月報》127 期，1941.4.2。

〔註115〕參見，〈卷頭語：建設東亞新文藝〉，《風月報》129 期，1941.5.1。

〔註116〕引自，編者〈編後隨筆〉，《風月報》129 期，1941.5.1，頁 33。

〔註117〕參見，編者〈編後隨筆〉：「我們又得向中國和滿洲國的各綜合雜誌社同志道謝，他們不以我們的刊物為微小，每期都和我們交換，這也可以說是日華文化親善的意思吧！我們還希望他們和我們切實地提攜，互相作一個日華文化親善的勇士。」《風月報》129 期，1941.5.1，頁 33。

〔註118〕參見，「文藝消息」：「（三）去年上海『興建月刊社』發表『興亞建國運動大

《風月報》、《南方》也經常刊登用語遣詞極具五四新文學韻味的作品,如謝南佳〈愛的使命〉、劉萼〈她回去了〉、陳文〈文武全才〉、冰〈母親〉、鑑泉〈小園的月〉……等,這些作品便極有可能轉載自中國地區的文藝雜誌。值得注意的是,與《風月報》相互交流的中國雜誌中,尤以和東京日日新聞社發行的漢文綜合刊物《華文大阪每日》互動甚為頻繁,根據筆者翻查該誌所輯錄的「附錄四、《華文大阪每日》中《風月報》、《南方》及台灣文學相關記事」一表可知,包括吳漫沙、林荊南、高文淵、陳蔚然、劉萼等《風月報》集團編輯同人、寫作者皆曾有作品刊載其上,而《華文大阪每日》亦屢次於常設專欄「東亞文藝消息」及「世界文化消息」介紹《風月報》、《南方》相關訊息,包含卷頭語摘要、雜誌復刊、出刊異常、主辦活動、文藝特輯、刊名改題,以及主要編輯徐坤泉、吳漫沙、林荊南的創作近況及著述……等文藝活動與文化動態。〔註119〕而第55期《華文大阪每日》登出吳漫沙的散文〈我們的文學的實體與方向——台灣之部〉後,《風月報》上隨即揭載兩篇針對此作之討論與回響〔註120〕,足見兩份刊物的文藝交流之密切,讀者亦有部份交疊的情況。

《華文大阪每日》總計發行141期,自1938年11月至1945年5月,歷時6年7個月,發行量號稱高達數十萬冊,銷售網絡遍及日軍在華佔領區及台灣。〔註121〕主要刊物內容多為鼓吹中日提攜、解放亞洲、建設大東亞文化、宣揚日本國策等論述,文藝創作僅佔少數,研究者岡田英樹稱其為「中文的大東亞共榮圈」。〔註122〕因此,與《華文大阪每日》之間的友好關係間接證實了《風月報》、《南方》傾向官方國策的刊物性質。

中日滿提攜、建設東亞新文藝的文學方向延伸至改題後的《南方》,首

徵文』本年十月十日發表,本報吳漫沙氏以中篇文藝創作『東方的曙光』當選,云。」《風月報》119‧120期,1940.11.15,頁14。
〔註119〕參見,文後附錄四、「《華文大阪每日》中《風月報》、《南方》及台灣文學相關記事」。
〔註120〕參見,陳蔚然〈讀「我們的文學的實體與方向」後感談:載華文「大阪每日」第五十五號(臺灣之部)吳漫沙作〉,《風月報》130期,1941.5.15,頁3;慕青〈幾句牢騷〉,《風月報》131期,1941.6.1,頁9。
〔註121〕參見,施淑〈大東亞文學共榮圈——《華文大阪每日》與日本在華占領區的文學統制〉,《新地文學》1,2007年9月。
〔註122〕岡田英樹〈中國語による大東亞共榮圈〉,「殖民主義與現代性的再檢討」國際學術研討會論文,中央研究院台灣史研究所籌備處,2002.12.23。

期羅列了總督府評議員陳啓貞、許丙的賀詞，文章中皆稱許雜誌改題爲順應國策之舉，並勉勵諸文學家與讀者共效「文章報國」之使命。〔註 123〕時任皇民奉公會中央本部委員的龜山炎亭，他在〈祝辭與感言〉中更直截了當地點明《南方》雜誌爾後的編輯方向：

> 「南方雜誌」的使命，就是要做南方進出的文化工作，溝通滿華的文化，給三國永遠的親善提攜。今後「南方」進行的步調，是很值得注意的，我們知道他們有這毅力，結成這文化進出的先發部隊，（中略）。〔註 124〕

由此論述可知，「文章報國」仍是《南方》的主旋律，而文學創作者依然是首要的宣傳對象。此外，上述中日政要的祝詞，透顯出《南方》的編輯方針和內容來自於總督府的授意和認可，這些特點皆如實地反映於誌面上。

圖 3-5　《華文大阪每日》第 8 卷第 1 期書影

封面左下角註明此號爲「大東亞戰爭」特輯。

　　1942 年 5 月 1 日，在 151 期的《南方》上，刊載了山岡莊八的戰爭報導文學〈無敵潛水艦同乘記〉，篇末由編輯註記的〈筆者略歷〉裡概要簡述山岡莊八的生平，及其參與編輯日本「大眾俱樂部」雜誌以來之主要創作，對於他在盧溝橋事變過後的文學傾向則作了如下介紹：

> 當中國事變發生，便再度從軍，後來因有所感，而烈烈的提唱「皇

〔註 123〕參見，〈祝辭與感言〉，《南方》133 期，1941.7.1，頁 4。

〔註 124〕龜山炎亭〈祝辭與感言〉，《南方》133 期，1941.7.1，頁 6。

民文學」以至于今日。這次的大東亞戰爭，以海軍報導班員，從軍

於印度洋方面。〔註125〕

文中提及「皇民文學」的字樣，這是此一詞語在《風月報》、《南方》系列雜
誌的首次出現，亦是「皇民文學」在漢文文藝界的發軔。四個月後，雜誌同
人召開編輯會議，制定了順應戰時體制的編輯方針，其內容如下：

一，宣揚日本文化的精粹，明徵國體的本義。

二，宣行教化，善導思想，期國民精神的醇化。

三，介紹南方事情，鼓舞南方進出，促成臺灣和南方各地域聯繫的
　　緊密化。

四，本刊為學術研究的公開發表機關，促成學術的大眾化。

五，做大眾文藝的公表機關，促進臺灣文藝界——特別是戰爭文
　　學，皇民文學，興亞文學的振興。〔註126〕

以上方針所提及的事項將文學報國的精神及行為，無限上綱到戰爭文學、皇
民文學、興亞文學的振興，這樣的思維模式，使得《風月報》和《南方》儼
然成為東亞戰爭、大東亞戰爭的代理戰場，而文藝創作者則成了以筆代槍的
「文學戰士」〔註127〕，軍人與文人，這兩種大相逕庭的人格被掛鉤在一起，
刊物的編輯方向也從《風月》的言情狹邪、《風月報》的市民休閒、婚戀敘事，
逐漸轉換為《南方》時期的歌詠軍國主義，第182～188期更以圖文並茂的封
面宣揚國策（見【圖3-6】），這份漢文綜合雜誌至此已然成為政治的傳聲筒。
在日本帝國主義的戰爭狂熱中，以漢文書寫的通俗文藝，便是如此陷溺於包
裹著層層「報國」偽裝的口號與論說之中。

〔註125〕引自，〈筆者略歷〉，《南方》151期，1942.5.1，頁8。

〔註126〕引自，〈編輯會議錄〉，《南方》159期，1942.9.1，頁11。

〔註127〕第159期的〈編輯委員會〉中，署名「霞」的作者，曾以「文學戰士」一詞
　　　　指稱當時的「文化人」：「大東亞戰爭勃發以來，帝國節節勝利，南方新佔領
　　　　地域，數倍於我本土，在此南方共榮圈建設之秋，我們後方民眾是該怎樣來
　　　　努力，共謀報國之道，我們尤應該以文化人的特長，描寫應付時代要求的文
　　　　學，貢獻於國家，我們是文學戰士的一役。」（《南方》159期，1942.9.1，頁
　　　　40。）

圖 3-6　第 182～188 期《南方》的封面

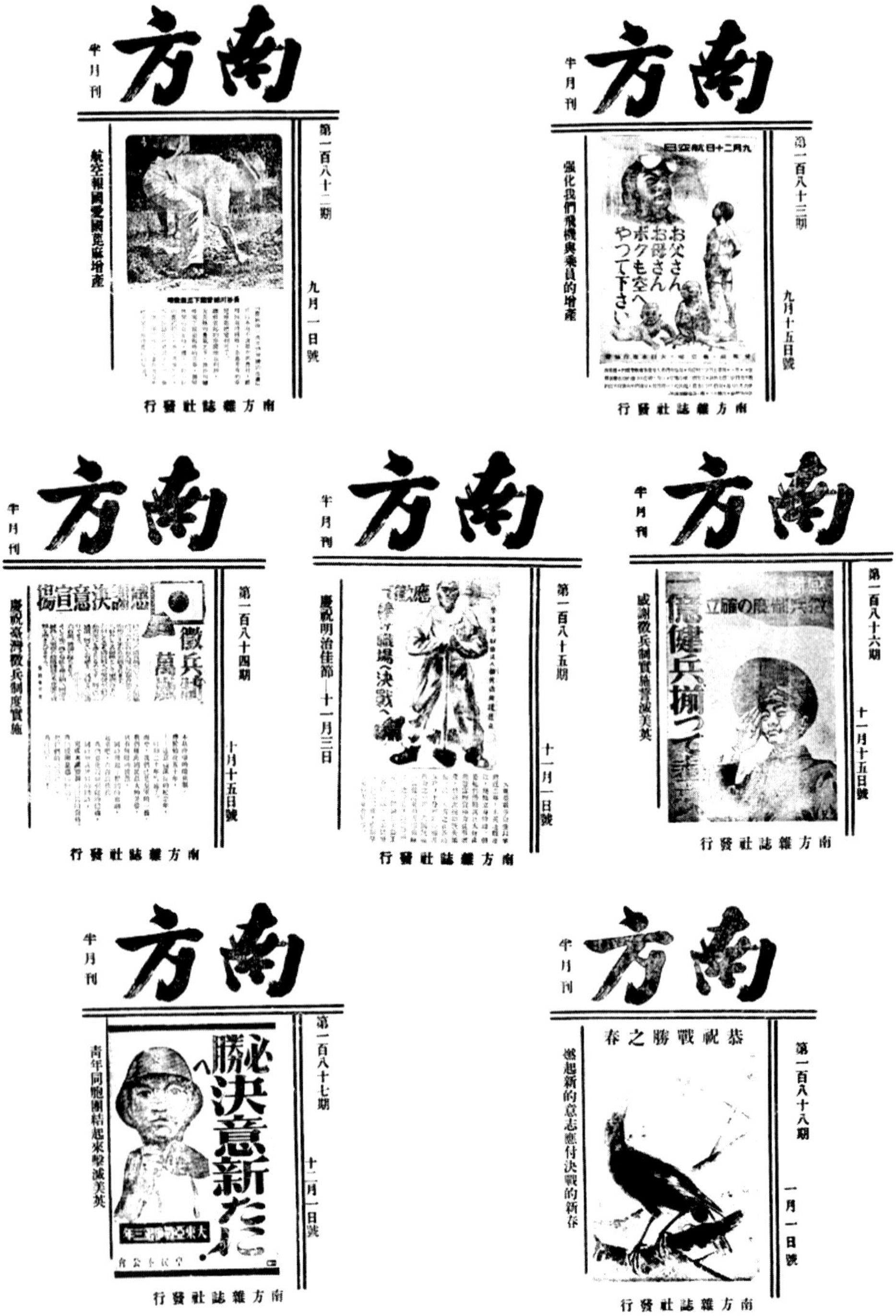

除了文藝青年被類推為文學戰士之外，代表著中國儒學傳統的宗師——孔子，也成為主要的唱頌對象。1942～1943 年間的《南方》雜誌上開始陸陸續續出現「古訓淪亡」、「道德淪喪」、「復興孔教」等以傳統漢文思想輔弼戰爭的言說。於是，12 世紀起在日本國內盛行的「神體儒用」論，重現於太平洋戰爭時期的殖民地臺灣島上，日本儒學中的工具性價值在台灣的土地上擴張了其實踐的空間。

刊於《南方》184 期的〈忠孝論〉〔註128〕，其作者為王則修。該文援引家喻戶曉的狄仁傑、岳飛等忠臣良相故事，將精忠報國的故事與明治天皇所頒佈的〈教育敕語〉中所提及的「克忠克孝」連結在一起，並特意強調「移孝作忠」、「捨身報國」、「盡忠孝於一身。報恩情於君父。」的忠孝觀。如此中、日不分的儒教倫理堂而皇之地刊登於當時的漢文雜誌，其為天皇獻身報國的「捨身取義」正是日本「神體儒用」〔註129〕精神結構的嫁接，透過日本殖民臺灣時的語言控制，其效益在戰爭末期的漢文傳媒上發揮到極致。

王則修以「捨身報國」來召喚台灣民眾的愛國心，日人井上壽老、中山久四郎、漢儒黃純青，則是利用異文化本身具有共性並且可以相互交流的特點，把傳統儒家社會中的精神導師——孔子，改造為倡導請纓殺敵、健民健兵、盡忠報國的「大東亞聖人」。

井上壽老曾為文駁斥「孔子不斥周武」的說法，認為「孔子之不必斥周武者。宋土國體使之然也。非孔子之罪也。」、「使孔子生於吾神州。必應輔翼萬世一系之皇統」、「議孔教即議皇道也。焉有為皇國之民。議皇道而可為也。然則崇孔子。即是崇皇朝也。奉孔教。即奉皇道也。」〔註130〕孔子在此

〔註128〕參見，王則修〈忠孝論〉，《南方》184 期，1943.10.15，頁 21。

〔註129〕日本的神道信仰，一方面構成了日本大和民族的精神底蘊和制導社會行為的理念本體；另一方面，它具有兩種社會文化功能：一是為以皇族血緣為核心的權力系統提供合法性支持；二是通過神譜的連結，使天照大神在世間的代表——天皇具有了凝聚人心和號召動員社會的能力。這兩種社會文化功能，始終在深層次上影響著日本的政治和社會生活。日本在政體和社會改革的過程中，援用了很多中國儒家的政治理念和社會思想，並將儒家文化定位於實用性或經驗性的層面，其引用和轉化實質上更加鞏固天皇集權的政治。因而，中國儒學在傳入日本後，失去原本的價值理念，也不再具有文化的生命力，轉變為實用性的日本儒學。對儒學的工具性定位和對神道信仰的主體性保有，構成了日本民族特有的「神體儒用」的精神結構。參見，王健《「神體儒用」的辨析：儒學在日本歷史上的文化命運》，鄭州：大象出版社，2002 年 9 月。

〔註130〕引自，莊玉波（選）、井上壽老（撰）〈孔子不斥周武辨〉，《南方》166 期，

成為輔佐天皇治理天下的賢臣，更成為濟世救民的救世主。

中山久四郎的〈日本之道與孔子之教〉〔註131〕中的孔子更成為提倡日華親善的大使。黃純青的〈孔子與現代生活〉〔註132〕，將《論語》中「見義勇為」、「殺身成仁」的理想典範，轉換成「義勇奉公」、「以死報國」的義行。台人鄭玉波則是引證孔孟學說以倡導戰時防諜、節約、增產的精神體制。〔註133〕儒學經典與孔教思想在此成為擴充天皇國家意識型態之主要媒介，勸說傳統文學家與儒學者身體力行以成就帝國國民道德之建構，而欲成就真正儒士的入世關懷，便是效法孔教論述中所塑造的孔子投筆從戎，成為沙場戰士。

隨著太平洋戰爭局勢日益深化，《風月報》與《南方》上對於文藝家、文學創作者、傳統學者的宣導也從文章報國逐漸延伸為從軍出征，維繫斯文也轉換成復興東亞文藝、移孝作忠及義勇奉公，刊物內容與編輯方針的遞嬗，體現出雜誌對於國策想像和讀者想像的變化，以及由此而產生的文藝編輯策略的轉向。

二、賢妻良母與「花木蘭」：「新女性」的再度登場

1940 到 1943 年間的《風月報》與《南方》，曾在小說、評論、散文、編後隨筆及卷頭語中，針對台灣民眾的戰爭動員、戰時新體制等問題表述意見，其中與女性讀者的對話便是這些文本主要訴求之一。

在第 114 期的《風月報》上，余若林（林荊南）便於連載作品〈哀戀追記〉中，描寫他閱讀小說〈從軍婦人歌〉後的感動心情。〈從軍婦人歌〉的主要故事內容為日籍看護婦信子因接受軍隊徵召忍痛與丈夫及稚子分別，臨行前信子於車站以母乳哺餵幼兒後便搭車前往北京。不久，丈夫隆造因出征受傷，意外與擔任看護工作的信子重逢，隆造住院療傷時，接獲交由町會〔註134〕撫養的幼兒庸子以五十音寫成的來信，隆造與信子夫妻倆得知原本不識字的庸子竟已能夠執筆問候，因而喜極而泣。作者花了數段篇幅詳述男性出征、婦人從軍的故事情節，而文本中「覺悟要從軍於大陸方面」的敘述者更以感

1943.1.1。

〔註131〕 參見，中山久四郎〈日本之道與孔子之教〉，《南方》174 期，1943.5.1。

〔註132〕 參見，黃純青〈孔子與現代生活〉，《南方》186 期，1943.11.15。

〔註133〕 參見，鄭玉波〈孔孟學說之於戰時國民〉，《南方》187 期，1943.12.1。

〔註134〕 日本習用的居民組織單位，作用大約如同現今的社區理事會，但約束力較大。

性的語調表示這個故事令他深受感動：「平常是硬心腸的我，瞧著這齣從軍婦人的環境，幾乎要吊（按：掉）下同情之淚哪！」〔註135〕經由上述描寫，可窺知作者所持有的立場，意即暗示奔赴前線、光榮出征、爲國家獻身奉公乃是國民應盡的義務，即便尚有家累，社區的町會組織亦會代爲照顧、教養，慈母之愛與國家之愛非但不相違背，反而在文本中交互映現。

類似鼓動女性共體時艱、參與國防活動的故事題材於其他通俗作家的小說創作中亦可找到如許跡象，例如洋洋〈愛物的觀念〉裡主角便自覺的說道：「先覺悟咱們女性的立場，將那一大注的金錢，去建立孤兒院，恤老懷幼和種種慈善事業，才是咱女性的精神氣魄，來完成新體制的女性之光呀！」〔註136〕；蔡必揚〈愛的蕾〉曾描寫到女主人公爲參加看護婦講習的朋友送行〔註137〕；程萬里的文言小說〈寒萱〉主角欲藉由成爲從軍看護婦揚眉吐氣，親友更設法籌措從軍費用〔註138〕；……此類將婦德修養與前線支援、後方後援等殖民統治思想聯繫在一起的文本，在《風月報》後期及《南方》中屢屢出現，這似乎透顯出這份漢文雜誌由通俗文藝取向，逐漸異變爲漢文同文主義論述的新興舞台〔註139〕，從精神到物質、思想到行動，各個方面形塑著閱讀者的戰時國民意識型態。

吳漫沙也於第117期發表〈卷頭語：秋風飄蕩下告訴女性的幾句話〉，表示對婦女從軍的肯定，鼓勵婦女加入前線部隊，他如是寫道：

> 親愛的姊妹！街頭立著的愛國婦人會的女鬥士們？不是分著傳單給你們，你們要向她們那樣的在街頭叫喊：「我們是國家現代的花木蘭，銃後的賢妻良母，打破繁華的迷夢，放開胭脂匣，丟掉長旗袍，脫下高跟鞋，穿起了國防色的衣裳，向著新體制的大陸邁進，聽著號令，作個完整時代的新女性！」〔註140〕

〔註135〕引自，余若林〈哀戀追記〉（三），《風月報》114期，1940.8.1，頁8。

〔註136〕洋洋〈愛物的觀念〉，《南方》133期，1941.7.1，頁18。

〔註137〕參見，蔡必揚〈愛的蕾〉，《南方》160期，1942.9.15，頁18。

〔註138〕參見，程萬里〈寒萱〉，《南方》163期，1942.11.1，頁27。

〔註139〕關於漢文同文主義出現的背景，及其經歷長期棄用後從「官製文化工具主義」變成「民製／語言工具主義」，而逐漸產生「自我同文主義」的變異過程，參見，柳書琴〈從官製到民製：自我同文主義與興亞文學（Taiwan,1937～1945）〉，前揭文，頁63～90。

〔註140〕引自，漫沙〈卷頭語：秋風飄蕩下告訴女性的幾句話〉，《風月報》117期，1940.9.17。

不同於《風月報》前期「（反）摩登敘事」的通俗文本中，對都市摩登新女性的批判與非議，要求婦女以婦德涵養為著眼點，主張女性應以利益家庭、社會為依歸，極力頌揚賢妻良母的主婦典型。1940 年之後的《風月報》除了持續倡導女子應如何扮演賢妻良母的角色，更通過宣傳以積極實踐新體制和後援國防為特徵的言論，賦予「新女性」一個新的內涵。上文中所謂「完整時代的新女性」指的則是新體制下的女性群體，吳漫沙在此將賢妻良母與出征沙場的花木蘭嫁接，將對於女性順從丈夫與家庭的教誨轉向要求婦女發揮「報國」精神，鼓勵女性走向戰場。而「花木蘭」一詞的使用，頗具暗示意味，亦即鼓勵女性走出家庭、褪盡風華、披上戰袍，如同戰場上保家衛國的男性士兵一般，將愛國赤誠付諸行動。

　　同一期的〈編後隨筆〉中，吳漫沙也指出婦女對應對時局應有所體認，捨棄奢華的物質享受：「新體制實施下的新秋，婦女們所應該認識和覺醒的，我們已在卷頭語有著特意的介紹和懇託，願女性們早點打破奢華之夢。」〔註 141〕吳漫沙透過誌面動員婦女從軍，以配合殖民政府當局對女性的教化宣撫工作。無論是站立街頭廣發傳單的日本愛國婦人會女鬥士，或披上戰袍遠征的花木蘭，皆是吳漫沙所欲塑造出的時代新女性典範。對於女性由家庭出走，吳漫沙已不再抱持批判的態度，而是將其轉化、誘導向為國服務的路上。

　　除了零星的雜記、隨筆外，吳漫沙執筆的長篇連載〈黎明了東亞〉亦藉由小說人物的對話，表示時代青年應認明自己所肩負之使命，協力國家建設：「我們的使命，是非常重大，這個時代，不是講戀愛的時代了，我們做這時代的青年；是要覺悟起來，向著建設改革的大路邁進，努力創造和平，這樣纔是東亞青年的本分！」〔註 142〕對於女性的戰時動員之重要性，他也不忘重申：

> 若論起日本女性的愛國熱誠，是很可敬佩的；而且世界無論那一國
> 都比不上她們。像日本的愛國婦人會，就是一個很完整的婦女團體，
> 她對於國家社會的貢獻是很大的，這些我都是由婦女雜誌裡面得來

〔註 141〕編者〈編後隨筆〉，《風月報》117 期，1940.9.17，頁 33。參照李宗慈所編〈吳漫沙「風月報」作品表〉(《吳漫沙的風與月》，板橋：北縣文化局，2002 年10 月，頁 194。)，可知此篇隨筆應是吳漫沙所作。

〔註 142〕引自，吳漫沙〈黎明了東亞〉，《南方》133 期，1941.7.1，頁 60。

的，……。〔註143〕

除了再次強調台灣的女性應向日本婦女學習其愛國、奉獻的生活面向，並企圖以日本婦女順從、忠誠的情操來帶動殖民地女性順化、獻身軍旅。

同時，在殖民統治滲透的愛國主義提倡下，泰雅族少女協助老師渡河赴征途而失足殉身的眞實故事「莎秧的鐘」，亦被吳漫沙改寫爲長篇小說並出版單行本。這是莎秧的事蹟自1937年發生後，經台灣總督長谷川清贈鐘表揚、旅台畫家鹽月桃甫以此爲畫作主題參展、台灣教育話劇協會搬演、歌手譜曲、拍攝電影、編入小學教科書教材，在這些風潮之後〔註144〕，莎秧再次以「忠君愛國少女」及「全島女性的龜鑑」之「理想樣式」重現於文學作品中。在此書的刊行前言，作者吳漫沙自述其成書意旨爲在紀念莎秧之餘，「能給這位少女的精神，再深一層銘在吾人的腦中。」〔註145〕此外，刊登於《南方》的新書廣告亦以「戰時體制下，島人不可不讀之良書」〔註146〕來介紹此書，明確指出戰時體制下女性應以此典範自醒自勵，隱然含有呼籲婦女發揚「報國」精神的意圖。

爲了進一步喚起婦女的自覺，並使他們感知自身所肩負的重大使命，《南方》上的「地方通訊」專欄，更刊登各地女性志願從軍的新聞，例如，第170‧171期「日婦支部幹部鍊成會開催　二十八日好成績修了」〔註147〕、第172期「名譽的白衣天使　臺北州合格者發表」、「高雄州看護助手合格者」、「新竹州看護助手合格者」〔註148〕等「婦人鍊成會」成辦、志願看護婦的消息。

第186期更刊出以描寫農村婦女組織日常集會、組織成員互動作爲主題的話劇劇本〈農村的女性〉〔註149〕，劇本中出現的幾位少女爲女子青年團成

〔註143〕同上註。

〔註144〕關於此事件的發生背景、流傳經過及其象徵意義，周婉窈曾爲文詳論之，參見，周婉窈〈「莎勇之鐘」的故事及其周邊波瀾〉，《海行兮的年代：日本殖民統治末期臺灣史論集》，頁13～31。

〔註145〕引自，吳漫沙〈「莎秧的鐘」小說刊行的前言〉，《南方》172期，1943.4.1，頁18。

〔註146〕參見，吳漫沙著、林海樹畫〈廣告：長篇小說《莎秧的鐘》(漢文版)〉，《南方》174期，1943.5.1，頁12。

〔註147〕「地方通訊」，《南方》170‧171期，1943.3.15，頁32。

〔註148〕「地方通訊」，《南方》172期，1943.4.1，頁30。

〔註149〕黃喬木〈農村的女性〉，《南方》186期，1943.11.15，頁26～27。

員，她們身著モンペ服、肩負鍬、手攜竹筐勤於播種，履行食糧增產、爲國奉仕之政策；工作之餘更群聚練習豐年舞、檢討耕作方式，而這一切的勤勞奉公皆被統攝在「堂堂建設大東亞共榮圈」的旗號下，幾位主角們也通過「勤勞奉仕」，體會到辛勤勞動的神聖和協力工作的喜悅。

在雜誌主編吳漫沙的勸誘下，愛國主義及婦女參軍的鼓吹深入到散文、雜記、小說、劇本等各種文類，干預著婦女的思想和行爲，企圖藉由媒體的傳播達到教化婦女、開展多種形式支援前線軍隊的活動，這些活動包括獻納積蓄、植稻鋤草、爲士兵縫補「千人針」〔註150〕、至醫院慰問傷兵，甚至是志願成爲看護。由上述例證可以推知，在軍國主義思想的推波助瀾下，「新女性」以「皇國女性」的姿態重新登場，更被通俗文藝創作者將之與代父從軍的花木蘭劃上等號，增強女性閱讀者的愛國意識，企圖達到全民皆兵的宣傳成效，此舉也透顯出《風月報》、《南方》爲了維持雜誌生存而沉浸在服膺國策、響應新體制運動的迷思中，極力提倡戰爭文學，幾乎已是刊物當時甚爲明確的主要目標。

小　結

各大報紙漢文版面遭廢止之後，《風月報》、《南方》通過嚴密的檢閱制度持續發刊，這一特許存在發行的認知，使編輯超越了雜誌創刊時不涉戰爭的初衷，轉向正面對戰爭的歌頌、中日和平親善的宣揚、孔孟形象的改造，以及對文人投筆從戎、女性參軍的鼓舞；文人不再是戰爭的旁觀者，而是戰爭的參與者和鼓動者，操作著有關大眾參戰的想像和論述，通俗文藝因此依附於政治之下。部分作家的角色，在自覺和半自覺的追求中逐漸發生質變，進而以戰爭邏輯取代文藝準則，使漢文通俗文藝成爲按照一定的政治意圖生產的宣傳品，表現戰爭成爲刊物的中心意識。文本雖也傾訴愛恨情愁、悲歡離合，然而筆觸卻指向鼓吹從軍和中日提攜。從《風月報》、《南方》的大眾想像到創作者起而召喚戰爭，反映了通俗作家由文人到文學戰士的角色轉變，以及國策文學創作的愈益深化。

大東亞戰爭時期《風月報》、《南方》上國策文學創作的熱潮，隱含著雜誌在生存利益驅動下向政治輸誠的意識，文藝的正確，意謂著某種程度的政

〔註150〕參見，《風月報》第50期首頁圖片，1937.10.16。。

治正確。文化和文學，被納入國家生死存亡的政治性考量框架中，也因而喪失了部分的獨立性。

刊物首先高分貝向文藝創作者精神喊話，呼籲大家以筆代鎗，成為文學戰士，以文學完成報國使命。與此同時，和中國地區及「滿洲國」的雜誌交流互換，非但《風月報》與《南方》曾經刊登從中國地區文藝雜誌轉載的文章，《風月報》集團的編輯、作家亦將作品投稿在諸如《興建月刊》、《華文大阪每日》等雜誌上。其中又以和親日的人型綜合性刊物《華文大阪每日》之間的互動最為頻繁，間接證實《風月報》、《南方》向國策傾斜的刊物性質。除此之外，對於孔孟形象的改造與重塑，亦是這份漢文文藝誌轉化大眾對於戰爭想像的策略之一，論述中將「孔教」等同於日本「皇道」，演繹出遵行日本皇道即是奉行聖人教法的謬論，孔子成為輔弼國策、忠勇報國的「大東亞聖人」。而隨著日本在太平洋的軍情告急，刊物上對學者、作家文章報國的勸導言說，也鼓舞他們投筆從戎，付諸實際行動。

其次，《風月報》與《南方》也賦予「新女性」形象新的內涵，在作家筆下，她們以「皇國女性」的姿態再度登場，用意在於鼓勵台灣婦女由家庭出走、拋開家庭事務，獻身軍旅為國服務。這部分的論述將傳統賢妻良母的良順與花木蘭的英姿颯爽作接合，敦促台灣婦女體現「大和撫子」、社會母親的角色，擁護日本的侵略政策，學習日本婦女為帝國主義戰爭效力的精神，支持「聖戰」。

在這些文本中，通俗文藝對大眾的想像，由資本主義下小資產階級的市民休閒與婚戀想像，轉化為戰爭體制下的群眾動員，表明了雜誌對政治議題的關注和有意識向國策題材靠攏的策略。雜誌編輯主題指向的決定作用，誘導了作家的創作思路和意識型態，因此文藝創作上的公式化傾向，成了難以避免的抉擇。

第四節　《南方》白話通俗小說的日常性與國策性

前　言

以往研究者論述《風月報》、《南方》的特點，止於通俗性、國策性，晚

近學者進而注意到漢文性問題。〔註 151〕而雜誌上所出現的白話短篇小說熱潮，正是觀察戰爭期漢文雜誌或漢文文藝之「漢文性」的一個適恰剖面。筆者認為這些漢文通俗作品，可說是 1920 年代肇始的台灣新文學運動之多元嘗試中，一個沉潛到日治末期才日益成熟的伏流，漢文通俗文藝足以反映語言政策變革對文藝生產引發的連鎖效應，最終甚至由個人的思想命題擴大為集體的聲音。準此，筆者試以《南方》為分析場域，觀察東亞戰爭及太平洋戰爭時期白話小說在這份雜誌上所映現的文藝火花。《風月報》時期的白話作品以婚戀小說為最大宗，內容主要展示都市生活中的男歡女愛、市民娛樂、流行議題、新舊交匯的價值觀，再現了大眾的戰時休閒，除了例常審查制度，當局並未過度干涉作品的題材及方向；到了 1941 年 7 月 1 日改題為《南方》之後，一如高調附和戰時國策的刊名，部分小說創作亦深染著時局色彩。

《南方》上的白話小說，從題材上大致可分為日常性與國策性兩個向度：在日常性的書寫方面〔註 152〕，是以描寫民眾之貧窮生活的作品為主，這類作品的共通特色是軍人形象的缺席，也鮮見關於戰爭場景描繪，小說主角多為貧苦大眾，代表創作有〈童心〉、〈第三次會〉、〈精神的創傷〉……等；另一類作品則是將青年男女置於戰時體制的氛圍中，揭示這些市民的心理狀態，如〈黎明了東亞〉、〈愛的菰〉、〈柳鶯〉、〈玲玲姑娘〉、〈志願兵〉……等作。以下筆者將由兩方面對之進行闡述。

〔註 151〕 分析刊物通俗性之研究，可參見，郭怡君《「風月報」與「南方」通俗性之研究》，台中：靜宜大學中文系碩士論文，2000 年，該文強調漢文文藝之「通俗性」。楊永彬〈從『風月』到『南方』——析論一份戰爭時期的中文文藝雜誌〉，《風月・風月報・南方・南方詩集》，台北：南天出版社，2001，頁 67～173，該文強調「國策性」。晚近柳書琴《《風月報》中的同文主義論述：殖民主義附身的悲劇》，「文學傳媒與文化視界國際學術研討會」宣讀論文，中正大學中國文學系主辦；〈從官製到民製：自我同文主義與興亞文學（Taiwan,1937～1945）〉，頁 63～90，二文則強調「漢文性」。施懿琳〈決戰時期台灣漢詩壇的國策宣傳與異聲——以《南方雜誌》（1941～1944）為觀察對象〉，「張文環及其同時代作家學術研討會」論文，靜宜大學中文系承辦，2003 年 10 月 18～19 日，一文，未特別提出「漢文性」的概念，但其關懷亦在檢討「漢文性」問題。

〔註 152〕 《南方》展現之日常性，可透過刊物上各種主題的小說作品加以分析，其中以對於貧窮生活之描述佔多數，限於篇幅，筆者僅就貧窮書寫進行探討，其餘作品有待他文討論。

一、通俗文藝中的貧窮書寫

　　從篇幅和敘述對象來說,《南方》的白話小說儘管無法提供 40 年代台灣社會生活的全景風貌,但卻展現出日治末期的戰亂氛圍中,部分民眾的心理側面,此份通俗文藝雜誌更扮演了仲介戰爭期台灣讀者學習中國語文的角色。

　　東亞戰爭期間,北京白話文的學習蔚然成風,此一社會現象尤其熱烈地反映於當時唯一的漢文綜合雜誌《南方》上,掀起一股「白話短篇小說」的書寫熱潮。由於短篇作品的體裁簡潔,大多一回即可刊完,以有限篇幅,介紹多位作家的作品,非特編輯喜聞樂見,對於有意學習中國白話文的讀者而言,短篇作品應是最易於吸收、仿作的文類;另外,短篇小說也是白話文學入門者的練習場,凡此皆造就了這麼一股形成於皇民日語運動高潮下的漢文書寫異數。

　　第 159 期的《南方》扉頁,刊出販售《標準中國語講義錄》的廣告,「北京語文」、「興亞讀本」成了時代新寵,與白話文熱潮交相輝映的是 133、136、142、148、149 期的白話文短篇創作特輯企劃。署名「蔚然」的作者於〈生之旅程〉的「前言」表示:「從來我的寫作,都是那些不完整的故事。尤其文法的技巧,更缺少修整和鍛鍊……都一樣脫不了寫作難的弊病……我底能力還是幼稚……希望諸同志和讀者先生不吝指教,使我得到相當的收穫」。〔註 153〕時下作家對於以白話文創作的熱忱和困擾,可見一斑了。執是之故,《風月報》、《南方》出現了許多嘗試白話文創作的新寫手,培育了若干新進作家及一作作家。

　　台灣 1920 年代發展起來的抗議文學傳統到了戰時未曾間斷,其控訴的力道由這份通俗文藝雜誌傳達著,雖幽微但明確。這些作品雜糅了 20 年代新文學運動以來寫實主義小說的兩大特徵——批判的現實主義與人道主義。如曾為無政府主義信仰者的新文學作家吳慶堂,他以「繪聲」的筆名發表了短篇〈童心〉,小說以近五千字的篇幅,記錄了一對祖孫「阿鐵叔」與「小泉」相依為命,以及「小泉」與友人「美子」兩小無猜的真摯情誼。吳慶堂一本創作初衷,故事植根於無產階級所遭遇的困境。當代表資本主義新興都市產品的日本內地玩偶出現在河畔小村,也暗示了現代性的輸入亦逐步造成人性荒漠,於是乎,阿鐵叔的媳婦拋夫棄子,私奔富少;兒子阿順不堪打擊,尋短自殺,衰老無告的阿鐵叔只好與孫子小泉拾荒度日。帝國主義往往以現代化

〔註 153〕蔚然〈生之旅程・前言〉(上),《南方》134 期,1941.7.19,頁 7。

為手段進入被殖民者的世界，生活型態的改變與物質文明的矛盾衝突致使家庭人倫破產，而帝國主義的殖民政策仍日益啃噬著所剩無幾的固有傳統。

小說中如此描寫年節的景象：

> 舊曆的新年，恰似東洋人忘掉不了的慈祥的老祖母般，扣著龍頭柺杖，躚著步兒，回來到人間，看一看她多撒潑的兒孫們。
>
> 於是可憐的人們，為著要歡迎她老人家，家家戶戶都謁（按：應為「竭」之誤）盡了挪移拮据的本領，做年糕了，年關的氣壓到處低迷著，更因皇軍突入新加坡的捷報，由新聞和佈聲機一報道，全市民的心兒，都躍躍地幾要脫腔飛出了。〔註154〕

反皇民化的呼聲隱微地穿插在宣傳皇軍戰捷的字裡行間，在《南方》傾向國家協力的時局文章裡，〈童心〉是少數存在的異聲。

小泉因一個偶然的機緣認識了家境富有的美子，真摯的童心泯除了階級懸殊的界線，兩人成為形影不離的總角之交。天真的小泉對美子母親向他示好的舉動深信不疑，但這位小布爾喬亞貴婦的施捨看似善意，其實暗藏著對無產者的輕蔑和侮辱，然而弱勢者阿鐵叔卻也只能無可如何地自忖：「他的孫兒雖然得到了一套新衣服和一雙鞋子，他的一套舊衣服，不是沒帶回來嗎？何嘗得到益處呢？那套舊衣服，放在他們那兒，還可以揩拭樓板，至於這套新衣服和鞋，他們不是吩咐要和他的小姐見面時才可拿起來用嗎？這不是一套和祭祀用的禮服一樣，不能夠實用嗎？益處在那裡？」〔註155〕乍看之下，小說似乎描繪了一個「童心無界」的樂園，但故事的肌理深處卻反射出資本主義對無產階級的壓迫。孩童間純真無邪的交往，竟淪為論斤計價的交易。

也許是因為戰爭時期的物資人力動員日益強化，貧窮因此成為日常生活中較為敏感的議題，故而「貧窮」作為一類小說主題，可說是《南方》的白話短篇創作中最引人注目的類型之一。

另一個較有代表性的例子就是蔡崇山的〈第三次會〉和〈精神的創傷〉。〈第三次會〉描述一牆之隔的貧富差距。〈精神的創傷〉所表現的是雖欲濟助他人，卻發現自己亦囊空如洗的悲哀。〈第三次會〉特別之處，在於小說以人物對話的方式呈現對比，使其欲表現的主題──對於資本主義的批判更為具

〔註154〕引自，繪聲〈童心〉，《南方》148期，1942.3.7，頁14。
〔註155〕同上註。

體。破敗的矮屋中，半明半滅的石油燈影下，籠罩著二個衣衫襤褸的夫婦和抱在懷裡的小孩。在對面的高樓上，一群紅男綠女鼓動著謔浪的狂調，划拳聲此起彼落、笑語喧嘩，甚至吆喝：「我們再去第三次會……」；而貧困夫妻，卻苦惱於家庭生計，在轉業及前赴南方之間徬徨。通過貧富階層的強烈對照，暴露出窮苦大眾的苦悶與徬徨，窮途末路之際，「南方」幽幽召喚著他們。蔡崇山的詩歌及短篇作品，皆精短而富於魅力，但往往寄寓強烈的批判，發出不平之鳴。

　　蔚然的〈生之旅程〉連載於第 134、135、136 期的《南方》上，這部作品對社會的公理正義提出了質疑。以會社職員「瑞明」為主要角色，詳細描寫了他求職、工作的經過、交友狀況及心路歷程。「瑞明」是以一個懷有滿腔熱血、忠誠勤幹的憤世青年形象登場，因無法漠視同僚的勞資協調不公，憤而離職，原本以為新的工作環境能夠就此安定生活，哪知這卻使瑞明再度面臨理想的幻滅。〈生之旅程〉篇末有一段話，十分真切地描繪出瑞明受制於東家的威壓迫害，並被現實中「戀情受阻、戀人將在一場買賣婚姻的交易中被犧牲」的挫折淹沒之經過：

> 「唉！世界終是黑暗！」
> 「到處的人類，都被黑暗罩住！」
> 「噫！何處是光明！」
> 瑞明竟如狂人一樣嘶喊著！
> 這時天上無數的繁星燦爛地閃耀，好像在說：「啊！光明在這裡……」
> 車子迅速地走著，慢慢地在遠遠消失。〔註156〕

　　一如多數日據時代小說中塑造的知識份子形象，對於現實生活中不論是曾經抱以理想憧憬的工作或戀情，瑞明都是一個徹底的敗逃者。「他起初願想卒業以後，已可得到種種學識，或者能得在社會上做些有益人類的事，那里料得到，他卻在做一個很低級的職員……，一切的事物都在無形中漸漸威脅他，包圍他，他終排脫不出，生活的桎梏。」〔註157〕一個學成畢業的知識青年，熱切投入工作的行列，卻遭遇挫敗，他以辭職發出抗議的悲鳴，但「會社自從瑞明辭退以後，並沒有什麼大不了，只不過事業上紊亂一點而已。」接續這個反諷而來的是，當他發現戀人的幸福被她的繼父犧牲時，並非伸出

〔註156〕蔚然〈生之旅程〉（下），《南方》136 期，1941.8.16，頁 8。
〔註157〕蔚然〈生之旅程〉（上），《南方》134 期，1941.7.19，頁 8。

援手，挺身而出為她解圍，反而心生從現實奔逃的衝動。這種心裡轉折，無疑是作者對當時儒弱無能的知識份子的一大嘲諷，瑞明這類落魄知識青年的形象塑造，應是深刻而貼近於日治末期充滿無力感的社會氛圍吧。

可與瑞明這個潰逃者形象相應的是署名「新光山人」〈病人〉裡的「金星」。小說一開始，便娓娓道來「檳樹寮」這個不及五十戶的小村落，百年來更迭的沒落歷史。故事中的檳樹寮，是清領時期繁華的山間市集，然而時移世易，居民遷居他處，村中那一條曾經負載昔時風華的石板路，現在卻因為政府的道路修改工程，被現代化的路面埋覆在地下，「每天從這路上自動車走過，車中的客人沒有一個知道這地下還有石板鋪著的呢。只有村口留著一個昔時燒字紙的石造的字紙亭，古色蒼然的孤立在荒草之間，好像留著昔時的『記念塔』。」〔註158〕惜字亭旁的一戶貧家裡，住著中年夫妻和一個久病的兒子「金星」。「金星」本也是個知識青年，畢業後由學校工友做起，而後兼任國語講師，這對身為本島人的金星而言，無疑是極大的恩寵，但當他看似逐漸平步青雲時卻病倒了。少年時希望當上教師的夢想雖然成真，但終究宛如曇花一現，只維持了數個月，夢想依舊是夢想，大病不起的他再度墜落到那個苦悶無出路的現實中。他最終只能像憑弔逝去光輝的惜字亭般，悼念心中那一幅「東洋畫一樣」的朝景。在「新光山人」的筆下，殖民地青年社會上昇出路狹仄的宿命，彷彿惜字亭一樣，機能極其有限。

二、國策文學的雙重想像

二戰期間，日本軍國主義侵略中國、「雄飛」南方，一時間文章報國的政策宣導，導致漢語通俗文學受到殖民主義的考驗與糾纏。日治時期的通俗文藝原本是與主流嚴肅文學相對的「小寫敘事」，卻在日治末期漢文性政治化的時代要求下，成了「大寫的文學」，它所強調、宏揚的是與帝國擴張及大東亞共榮圈相關的「宏大」敘事。

在大東亞戰爭期間逐漸畸變異化的漢文文藝生產秩序中，漢文文藝寫作者一方面是殖民主亟欲改造的對象，另一方面他們對於一般民眾也擁有話語支配權，部分作家緣於建設東亞文化的虛榮想像，在創作上訴求動員和民眾

〔註158〕引自，新光山人〈病人〉，《南方》143期，1941.12.8，頁7；另惜字亭原為早年儒生及民眾焚燒字紙的所在，昔日農業社會中，除了對知識份子表示尊敬外，也對文字產生敬畏和尊重，故只要書寫或刊印文字的廢紙，多會撿拾起來集中焚燒。

進出南方、銃後奉公、獻身報國。在這類作品中，舉其代表者有如吳漫沙的長篇連載作品〈黎明之歌〉、〈黎明了東亞〉，根據筆者翻查《風月報》發現，早在小說〈母性之光〉刊登時，其創作〈黎明了東亞〉的計畫便已成形，他在〈母性之光〉的尾聲如是提到：

> 前天又有一個朋友到我的家裡，問我「母性之光」完了，改題「南方」的時候，你要寫什麼？我說還沒有一定，想要寫一篇長篇的小說，題目已經想好了，是『黎明了東亞。』他說很好。我說材料不知在那裡？他覺得我太矛盾了，祇是笑了一笑。我自己也惘然！好在『南方』的發刊，還有一個月，我就慢慢來想它。〔註159〕

上述自白流露出主題先行的書寫策略，隱然之間，吳漫沙已自主地生產著復興東亞精神的作品，表明了吳漫沙對政治的關注和有意識向戰爭題材靠攏的傾向。以上文學主張亦直接表現於作品內容中，故事背景為東亞戰爭前後的中國社會，小說主要描寫一群中國青年學生如何在事變後走上戰線，而後又進行中日親善的「和平工作」，過程中交織著這群學生的戀愛故事。作者試圖燃起年輕族群的民族情感，文本中處處瀰漫著日本帝國主義的理想與虛幻。小說連載完畢不久即更名為《大地之春》集結成書出版，作者〈自序〉中頗自豪於此作之風行，認為「也許民眾都要理解中國的國家組織，和今日復興中的中國社會，所以對本書都熱烈地愛讀。」〔註160〕雜誌社同人吳醉蓮亦為之背書，表示「這部《大地之春》，實可做青年們的指南針，更可為南方開拓的精神，實非虛語，實非過獎的，是銃後奉公的新小說，是提倡武道精神的好材料，（中略）。」〔註161〕然而，這篇滿紙標語、口號，以愛國學生主動、自發性的挺身奮鬥於「保衛東亞」、「建設東亞新秩序」等皇民化運動的作品是《南方》上較為殊異的存在，其餘小說則呈現出不同層面的風景。

「新人」的作品〈冬夜〉〔註162〕敘述主人公「阿良」失去全家賴以維生的工作，又逢兒子罹病，生活的無助促使他幡然醒悟，唯有跟著南進的號角，到那裡去開闢新天地，因為那個地方沒有冬夜，為了家庭，他必須進出，南方成了開拓未來的基地，他將政策的口號當作救贖的話語。值得注意的

〔註159〕引自，吳漫沙〈母性之光——尾聲〉（八），《風月報》131 期，1941.6.1，頁 24。
〔註160〕引自，吳漫沙〈自序〉，《大地之春》，台北：前衛，1998 年 8 月，頁 15。
〔註161〕引自，吳醉蓮〈弁言〉，《大地之春》，台北：前衛，1998 年 8 月，頁 17。
〔註162〕參見，新人〈冬夜〉，《南方》148 期，1942.3.1，頁 19～20。

是，阿良以南進爲方法，以改善生活境況爲目的，他這麼做的用意，只是爲了活下去，改善物質生活，而非精神上的響應或認同。然而，當時編輯顯然十分樂見此類來稿，並表示「在南進聲中的現時代，是很需要這類作品的。」〔註163〕

〈冬夜〉刊出之後，另一位作家蔡必揚以〈愛的菢〉一文，提倡日華交流、建設東亞。故事講述一個日本中支派遣軍部隊裡的通譯「明志」，他說得一口流利而正確的中國話，七七事變五週年紀念時獲賞勳位，因母親病危返台，久別數年的故鄉雖令他思念，可是一回來幾天便感寂寞。作者寫道：

> 剛忘了悶的明志已再回復他在悶裡，他想他的母親病若痊好他是不願過這悶煞人生活，他是要再到大陸去的——不覺得腦海繞映印像最深的夫子廟宇紫金山，是他紮過軍隊的地方，他曾偷閑和軍屬們遊過名勝蘇州……他想到照片就去拿本在大陸帶回來的集照片簿子，逐頁地翻看清算攝影當時的情形，他自己也會笑出聲來，這本集照片簿子里的印蹟使他再到大陸去的火燃上昇，他最好能現在乘了飛機飛去，他是抱定要爲我們東亞建設共榮圈而奮鬥的——。〔註164〕

身在台灣，心遊大陸，明志心中燃燒著莫名強烈的「中國憧憬」。日本殖民台灣，發動侵華戰爭，這場戰爭改變了部分台灣人的心態，形塑了台灣青年的思維方式，明志的心理恰巧顯示其「祖國意識」正逐漸朝認同侵華戰爭的帝國意識上不自覺流動。這種「雄飛」心態，反映了以認同危機爲主的日文皇民文學之外，另類皇民世代的心靈迷思。

蔡必揚的另一作品〈僑夢〉，亦表現出殖民地青年內心徬徨無依，猶如失舵的船隻，茫然飄蕩的心境。小說敘述者「我」忽而高唱軍歌，追隨身著軍裝、手執日章旗的日本士兵隊伍，高喊「我們要擔負復興東亞的使命，發揚東亞民族的精神，建立東亞共榮圈。」〔註165〕群眾的狂熱鼓譟令他情緒激動、快樂難抑。忽而敘述者「我」又身著長袍馬掛出現於故鄉，與久未謀面的父親相擁而泣，故土親情溫暖了他的胸臆。

小說到了結尾才揭曉，原來這一切不過是敘述者「我」的夢境，夢醒後，他向窗外張望，「萬籟沈寂，是個黝黝的世界，只有那天空中的月亮露出一半

〔註163〕編者〈編輯室談話〉，《南方》148期，1942.3.7，頁36。
〔註164〕引自，蔡必揚〈愛的菢〉，《南方》160期，1942.9.15，頁17。
〔註165〕引自，蔡必揚〈僑夢〉，《南方》133期，頁25。

的臉兒，在萬層的雲裡掙扎。」〔註166〕他在虛假夢境中追尋自我，日本與中國、軍裝與長袍表徵著不同的國家與民族，而敘述者「我」卻處在這兩個國族的夾縫中，這一角色的尷尬處境，道出殖民地青年對於認同的徬徨與迷茫。

　　第180～188期〈柳鶯〉裡主要小說人物對皇民化認同的體現，更可謂淋漓盡致。主角楊氏兄妹兩人原本寄居在朋友家，當哥哥「柳塘」遭遇情場失意及友誼背叛後，他適時接獲陸軍志願兵的合格通知書，前往南方參加「聖戰」。臨行前，妹妹「柳鶯」給予他的祝語竟是：「哥哥！今日是你所期待而最光榮的一天，你要記著，這無邊的皇恩，要獻著你的身體，奮鬥報國，把你的血，灑到敵人的面前，我不希望你平安的凱旋，我希望他日到這裡來歡迎你的，是你無言的躺在木箱裡，或是穿著白衣的，這才是我的哥哥！」〔註167〕由柳鶯的這番言論來看，兄長出征，構成她所有懸念的似乎只有國家、皇恩與名譽，聖戰當前，哥哥的性命安危淪為次要。小說將柳塘形塑為英勇戰士，柳鶯的形象則彷彿是為戰爭犧牲奉獻的「大和撫子」，戰爭的神聖性在此被極度彰顯。

　　隨著戰爭局勢告急，日治末期興起於台灣文學界的這一類「報國八股」，謷謷喧嚷，然而我們不得不注意「柳塘」渴望以身殉國的行為，正如〈第三次會〉、〈冬夜〉所暗示的，主角順應國策的動機，皆是因為自我理想的幻滅、精神處境的焦慮、現實生活困窘及經濟危機所導致。換言之，儘管小說人物呈現的自我異化色彩不容否認；但是同樣地，亦需從苦悶青年心裡的幽黯面，思考台灣的歷史及政治動盪造成的迫害。

　　以上援引了幾篇小說，作為討論時局文章的參考，但並不意謂著其他相同主題的寫作，亦將附和國策當作逃避現實的寄託。這期間確實也出現了一些反映人民投向「大東亞聖戰」的篇章，比較典型的如連載於第152、153、155期《南方》的〈玲玲姑娘〉〔註168〕，主角「玲玲」於戰火兵燹中與家人失散，她因而流徙街頭賣花維生兼以尋親，在她經歷貧困、飢寒交迫的磨難後，獲救於昔日青梅竹馬的戀人，小說賦予這對久別重逢的戀人一個「光明」結尾：

〔註166〕同上註。
〔註167〕引自，茵茵〈柳鶯〉(5)，《南方》185期，1943.11.1，頁33。
〔註168〕〈玲玲姑娘〉之作者署名「凌鴻」，生平不詳，但小說結尾注明：「十七（按：昭和17年），六，十六脫稿於稻江」，故推測「凌鴻」或許是一活躍於大稻埕的文人之筆名。

　　我倆的幸福是誰賜的呢？

　　皆是我們的……和平之神的賜……

　　誠然，是和平之賜，和平是我們的！我們應盡和平分擔的義務！

　　玲！你說得不錯，我們雖赴火焰湯，都要盡和平的義務，拯救東亞
　　民族！

　　是，東亞民族起來吧！驅逐人類之敵的英美的種侵略 宣揚東方道義
　　精神！〔註169〕

　　日本殖民主義的國策教條，在戰爭需求下，驅逐英美的戰時國民義務，被罩上拯救東亞民族的和平面紗，並且極為生硬的與此類尋親、愛情物語連結，上述引文反映出小說作者自覺或不自覺的傾斜思維。

　　無獨有偶，描寫身體孱弱但「報國」意志堅定的台灣青年志願從戎的〈志願兵〉〔註170〕，呈顯出更為熾烈的「愛國」激情與迷思。文本中描寫患有肺癆的青年「德民」，「他是一個愛國熱血的青年，他自大東亞戰爭發生以來，每看見人家歡送軍夫或是軍屬的時候，使他異常的感激。他覺得這些勇士們得到前線為國家出力，是何等的榮譽，多麼的得意呀！」〔註171〕德民經常陷入體弱多病而無法請纓殺敵的焦慮，身體的衰弱令他不斷自我譴責，要不是生病，自己必定能夠成為軍夫，出盡死力為天皇陛下為國家盡國民義務。支持他活下去的理由是女友「碧霞」開導的共勉話語：「戰爭發生以來國家為要確保人的資源，極力獎勵生產，多一個，多增強了國家。所以我們現在的身體是天皇陛下的，國家的，若不好好的保全了身體，就是對天皇陛下，國家不忠不義的。」德民身陷日本「同文同種」的騙局而不自知，他滿懷熱誠地眺望身體復原與志願參戰的遠景。

　　以前述將南進、從軍作為自我救贖的短篇小說與凌鴻〈玲玲姑娘〉、簡安都的〈志願兵〉對照，前者反映的是殖民地下台灣人的生存壓力與精神危機，後者則是台灣人偏離主體認同、投向侵略戰爭之直接呈現。值得注意的是，在諸如〈黎明了東亞〉、〈愛的菡〉、〈柳鶯〉、〈玲玲姑娘〉、〈志願兵〉等文本

〔註169〕引自，凌鴻〈玲玲姑娘〉，《南方》155期，1942.7.1，頁28。
〔註170〕此篇作品原本被歸類為「長篇小說」，但因《南方》於1944年1月停刊，因此，〈志願兵〉僅連載兩回即遭腰斬，故筆者將之視為短篇小說的文本併入討論。
〔註171〕引自，簡安都〈志願兵〉（一），《南方》187期，1943.12.1，頁33。

中,皆出現「戰爭＋戀愛」的情節模式,尤以〈黎明了東亞〉更可視作此類模式的範本。故事中青年學生們因彼此相愛從而互相鼓舞、奔走,紛紛踏上建設「明朗的亞細亞」之路。〈志願兵〉裡身染重病的德民在自暴自棄的低迷情緒中無法自拔,女友勉力的一席話令他振作起為國奉獻犧牲的精神。〈玲玲姑娘〉中戰爭並未阻斷男女的戀情,失散情侶相會後衷心感謝「東亞和平」、「共存共榮」國策賜與二人再續前緣的機會,戰爭的殘酷被消解在情人重逢的喜悅中,國策成為愛情得以繼續的助力。在這些文本中,愛情成為戰爭的嚮導,然而當原本擅長描寫男女情感世界悲歡離合的通俗作家,他們最擅長描寫的男歡女愛與政治要求不符時,烽火中的愛情敘事隱然成為創作的一個公式。

從以上兩類不同傾向、不同取材的作品,可以看見《南方》漢文文藝的多樣性,不僅 1920 年代興起的台灣新文學運動,其批判社會黑暗面的寫作精神及形式,延續在《南方》的部分短篇小說裡,反之,殖民主義的曖昧與歧義性也呈現於標舉著東亞聯盟、民族協和的國策文學文本中。

除了前文所述,其餘值得注意的作品,略舉如下:有單寫倫理親情的〈南瓜〉,故事簡單刻畫瓜作豐收為農家帶來的溫暖與快樂。沒有高潮迭起的劇情,也沒有深遠的民族大義或家國敘事,只有純樸的農家生活以及和諧的田園景緻,故事溫馨而動人。〈母親〉描摹人子欲養而親不待的追思。霞儷的〈父與子〉,由主角的一封家書說起,帶出他對親子關係的疑惑。此外,鑑泉〈小園的月〉,行文流暢,是一篇嫻熟的中國白話文作品,猜測作者應是在台「華僑」。本土小說之外,1941 至 1944 年間,有數種小說譯介至《南方》。譬如,Bertha M.Clay 著,楊鏡秋譯〈青年的畫師〉,內容描述一對不同階級的男女突破重重困難、因愛結合;賽珍珠作,黃淑黛譯〈復歸〉、〈林太太〉(原名〈跳舞〉),小說中洋溢著賽珍珠筆下濃厚的「中國情結」;芥川龍之介原著,湘蘋翻譯,充滿偵探、懸疑氛圍的〈秋山圖〉;以及因應戰爭宣傳而興起的日本軍人傳記……等等。這些橫跨四年的短篇創作,由不同的角度,提供讀者思索日治末期的社會思潮,進而一窺小說藝術形式的多樣化,以及白話小說在戰爭動員時期的沉潛發展。

小 結

通俗文藝本身具有兩種功能,一是它替代或填補了民眾對文化娛樂性功

能的要求；二是它淺顯易懂，在不經意的娛樂中完成了教化目的，在需要的時候，它將反覆被利用，並由於闡發而增添新的意義。筆者認為，1937 年總督府廢止漢文欄的舉措，並未遏止漢文現代文藝的發展，而是使其轉折，衍生出更為複雜的風貌。或是繼承精英啓蒙話語重新創作，或以志願報國姿態吹響戰爭動員號角，此起彼伏的多重話語交織著現實的苦悶與未來的幻想，這一多樣性是閱讀《南方》時不應忽略的。

在上述討論中，筆者從日常性與國策性的角度，考察政府語言政策的變革對白話通俗小說生產所構成的影響。筆者發現，在戰爭軍事文學成為《南方》雜誌主旋律的創作氛圍中，也有部分作家和部分作品，以人道主義情懷挖掘市民大眾內心深處的矛盾和他們無奈的生存狀態，這些作品豐富了大東亞戰爭時期文學創作的內容，它們以中下階層的民眾為創作主體，在人道主義的關照下，對資本主義的批判、殖民地青年命運的思索、良知的呼喚，構成了《南方》白話小說日常性的主要特徵，它以特殊的方式延續自 1920 年代台灣新文學運動以來的現實主義批判精神。

另一類以書寫戰時體制下大眾對於自我出路的思考、面對戰事的心態為主軸的作品，則反映出漢文通俗文藝的國策性，其中，又以將戰爭與戀愛當作主體框架的「戰爭愛情故事」更是作家筆下反覆出現的情節模式，作品將「國難」與市民戀愛並置，知識份子因愛情而走上從軍、「報國」之路，情感的遭遇促使他們參與義勇奉公、協力戰爭，在「戰爭＋愛情」的夢囈中張揚澎湃的「愛國」激情。這類小說中，雖不無渲染犧牲、奉獻等愛國主義之作，但由文本的分析得知，小說主人公「光榮」出征、「雄飛」南方等行為背後，隱藏著為紓解生活或精神上的困境而順應國策的考量，如此一來，某種程度上便消解了戰爭與國策的神聖性。

日常性和國策性，是構成《南方》白話通俗小說的兩個重要向度，然而，不論是對於中下階層市民苦樂、階級矛盾的書寫，或戰時呈現雙重想像的國策文藝，這些東亞文學協同體制內的不同聲調雜音，書寫了一個被政治意識型態、戰爭話語鼓譟扭曲了的心靈世界，一個苦於尋找有效途徑解決己身困境的世界，這一切皆逆說著通俗作家試圖從文學政治化氛圍中的離逸和叛逃。

1930 年代中後期，左翼知識份子的啓蒙論述受挫，《南方》這樣無關宏旨的通俗刊物，不僅與激進的反動立場無關，其對於官方的妥協也緩解了漢語創作無處發表的窘境。只是，漢文文藝中流砥柱的優越感在雜誌編輯與作者

心中不斷膨脹，最終便導致了刊物中國家意識型態的日益深厚，諸如「漢文雄飛」、「文學興亞」等「漢文同文主義」的生成。大東亞共榮圈語境下，虛妄的政治神話「東亞和平」成了眾望所歸的信仰對象。而今，帝國戰時民眾動員的時代已過去，當初的迷思自然受到質疑與批判，新的文化領導權掌握在「政治正確」的主流話語中，在控訴或追問過往的同時，我們也該有所警覺，若忽略文藝生產或文化製作的政治性，將會是另一群迷失的自我異化者。

第四章　《風月報》、《南方》通俗文藝群體的文化圖景與美學傾向

第一節　通俗文學與新文學場域的對話

前　言

　　日治時期新文學與通俗文學的參照關係，是本節的基本關懷。筆者將由新文學作家與通俗文學作家對類似題材的不同書寫，進行簡單的比較，嘗試追索上述問題的解答。論述分兩部分展開：首先，考察新文學作家對於通俗作品的看法；其次，以小說家徐坤泉、吳漫沙及詹聰義為例，說明通俗文學對新文學的思辯與傚作。

　　筆者欲指出，日治時期此二場域的作家彼此似乎並未產生正面交鋒，但亦非全然沒有交集，兩場域間存在著某種引力。透過部分通俗作家的例證可見，通俗文學與新文學的關係並非全然隔閡，在通俗文學作家的視野下，新文學典律時隱時現，牽引著他們的創作思緒；然而也是由於對這樣的典律不能全然認同與滿足，使他們產生超越新文學限制之處的企圖。其中最顯著的，就是對閱讀大眾的正視與體恤。同樣的議題，類似的形式，經由通俗文學作家操作後，所產生的藝術效果與議題力道，有著顯著的差異。

一、不同文學場域的參照與借鑑

　　自小接受日語教育，以日語實踐文學書寫的新文學作家群，或是受過新

文學運動洗禮，以漢語書寫反帝反封建的純文藝創作者，是否與1930年代日益崛起的通俗文學場域有所隔膜，甚至隱然有某些競爭或對立關係？筆者認為，日治時期的新文學與通俗文學群體並不存在二元對立的膠著隔膜，反倒以各種形式交流對話。以下將由新文學作家與通俗文學作家對類似題材的不同書寫討論，來論證此一特點。

　　本節論述將分兩小段展開：首先，考察新文學作家對於通俗作品的看法，觀察他們對通俗文學的評價，以及在創作時對待通俗文學資產的態度。在此筆者欲指出，日治時期兩個場域的作家似乎並未產生正面而深入的交鋒，但也非全然沒有交集，存在於兩個場域之間的引力是什麼，值得探討。

　　《台灣民報》自1931年改為日刊，這份刊物長期以來與台灣新文學運動息息相關，新文學文壇的形成過程中發揮了極重要的催化作用。當時的知識份子藉此引介中國新文化運動和新文學主張，也參照日本、西方的現代文藝與文化思潮，在知識界展開現代文學的建設，同時對台灣民眾進行啟蒙。30年代各種文藝刊物陸續發行，《台灣新民報》仍是眾多新文學作家們發聲的園地。〔註1〕在這樣一個新文學運動發源地的副刊上連載通俗小說〈可愛的仇人〉，之後又由該報出版社出版，從文藝欄編輯走向和出版企劃對通俗文學接納的新趨向中，足以反映出一個具有吸引區別於純文學讀者群的通俗文學市場，已隱然成形。〔註2〕大眾通俗文藝替代舊有由新文學一枝獨秀的文學發表及出版空間，形成一個新的話語空間與文學場域，這樣的轉換帶給過去以此舞台為重要根據地的、以書寫嚴肅文學為主軸的新文學作家何等衝擊呢？然

〔註1〕　《台灣民報》自1931年發行日刊版後，報紙的消費性取向已較改版前明顯，其媒體特質之轉變經論文口試委員楊翠教授提點，謹此致謝。此外，《台灣新民報》後期因顧及讀書市場之變化，報紙走向亦日趨於通俗，如仲介日本綜合性的通俗雜誌《主婦之友》、《婦人公論》、《キング》、《富士》、《幼年俱樂部》、《少女俱樂部》、《少年俱樂部》、《婦人俱樂部》、《講談俱樂部》、《中央公論》、《雄辯》……，以及《性愛の技巧》（第790號）、《純裸體美人寫真》（第797號）、《男女性愛讀本》、《性慾の神秘》（第803號）、《性典》（第809號）、《結婚初夜》（第945號）……等情色書籍廣告的充斥便是一例。參見，由中島利郎教授贈與國立台灣文學館之《台灣新民報》光碟，1933.5.2～1933.11.30。

〔註2〕　當然，在此之前，已有建勳《京夜》（中央書局，1927年12月）、林煇焜《爭へぬ運命》（台灣新民報社，1933年4月）等中、日文通俗小說單行本的出現，但《可愛的仇人》一書的銷售佳績，顯露一個日益擴張的通俗小說的讀者群業已成形。

而此一引力隱微而綿密，需要以相當多線索作綿密而深入的分析，限於能力，在此僅能就初步的一些浮面現象先作考察。

由於部分《台灣新民報》散佚，因此筆者試圖藉由同時期新文學作家的文本，側面探究新文學與通俗文學的關係、新文學作家對於通俗文學的接受程度。以下，將以三個作家為例說明之。

（一）龍瑛宗——雅俗邂逅，貴雅賤俗

在日治時期台灣新文學小說中，龍瑛宗的〈趙夫人的戲畫〉是一篇極具實驗性的作品，作者運用了後設的手法，藉由文本中敘述者身分的轉換，穿插各個人物的回憶、自述、對話，以深入他們的心理狀態。借助於趙俊馬、趙夫人、男僕彭章郎、女僕多蘭這四個虛構出來的人物，龍瑛宗以多面向視角觀察通俗作品之於大眾愛情觀、婚姻觀，乃至於人生觀建構的影響。

由小說主人公「趙夫人」的自敘中得知，她自女學校時代起便耽讀諸如《珍珠夫人》〔註3〕之類的各式通俗小說，她甚至認為閱讀通俗文藝作品，是「做為知識階級必要的」。小說裡的優美人事物及夢幻瑰麗的故事情節，皆令她為之動容：

> 那些小說中的人物盡是美麗的人，純情的人，而且真是沉醉在純潔的幸福中，真是哀嘆著純潔的不幸的人。
>
> 我看著那些小說，深深感受到崇高的心情，並且一碰上主角的悲劇就深深地感覺到高尚的悲哀。
>
> 真叫人感到神氫氣爽，那才是真心的小說呀！〔註4〕

這一閱讀體驗深刻地影響著她的婚戀生活，在中學時代她經歷了一場「類乎小說的戀愛」，她心儀的對象是「宛如從她愛讀的戀愛小說中跑出來似的」人物，就像流行的通俗讀本裡所描寫的，這名王姓青年聰明優秀，眼神中蘊含著「令人心魂蕩漾的柔情」，就連家境也如同大多數書上的主人公一樣清貧，這段因彼此門戶懸殊無疾而終的戀情，一再的印證了通俗文本所演繹的，因門第觀念的偏見致使有情人難成眷屬的愛情悲劇。

〔註3〕 日本大眾文學作家菊池寬的作品，故事描述年輕寡婦琉璃子與情人杉野直也之間，迂迴曲折的苦戀。此書曾於《大阪每日新聞》、《東京日日新聞》兩大報連載，是日治時期十分膾炙人口的通俗小說。

〔註4〕 龍瑛宗（作）、葉笛（譯）〈趙夫人的戲畫〉，《文學台灣》第33期，2000.1.5，頁70～71。日文原作連載於《台灣新民報》1939.9.23～10.15。

富於反諷意味的是，戀情的破滅非但未使趙夫人傷心自憐，反讓她更對通俗文本的情節模式更加深信不疑。小説中如此描述她初見趙俊馬時的觀感：

> 趙俊馬的男性風采，給予她良好的印象，而由於耽讀通俗小説的影響，小説裡的主角，總是有體貼和正義，以及對婦人的憐恤，她想趙俊馬也一定會像那樣地有著溫柔和正義及對婦人的憐恤的。〔註5〕

婚後丈夫的放蕩不羈與不學無術方令她理解小説與現實生活的差異，當她規勸丈夫閲讀小説以提升自我情操，趙俊馬隨即反唇相譏：「眞對不起，我到底是當不成那種脱離現實的主角的，不過，我倒是現實社會裡道道地地的主角。」〔註6〕

作者讓故事中的主人公們都參與了這部小説的構築，並安排他塑造的角色與自己相遇：趙俊馬看了《趙夫人的戲畫》後，對於自己成爲書中角色不以爲意，他嘲諷道：「小説終究只是小説嘛。該輕蔑的是那叫做作者的蠢貨！」；趙夫人對此書亦大表輕蔑：「太多的虛構。這個作家一定是厚顏無恥的人。⋯⋯。這樣的東西到底算小説嗎？」；男僕彭章郎得空看了《趙夫人的戲畫》這本以他爲模特兒的小説，發覺文本與事實有所出入，對於這本小説及其作者感到畏懼；女僕冬蘭雖不知何謂小説，但卻隱約覺得自己與《趙夫人的戲畫》一書有所關聯。

小説以「戲畫」命名，此一詞語在日文用法中含有諷刺畫、滑稽畫之意，龍瑛宗藉由戲謔的筆法及虛構人物的命題來貫穿他的寫作嘗試〔註7〕，並採用這種文本策略嘲弄通俗小説的公式化情節，展示小説的敘述成規和創作過程，從而把通俗小説創作的人爲性和虛構性充分地揭示出來，以此提醒讀者——故事是虛構的。

此外，龍瑛宗於 1941 年創作的小説〈邂逅〉，首次將對菁英文化／流行文化及嚴肅文學／通俗文學的不同思考並呈於小説中討論。小説描述作家「劉石虎」與同庄資產家之子「楊名聲」於三等車廂上的偶遇，雙方透過對話，

〔註5〕 龍瑛宗（作）、葉笛（譯）〈趙夫人的戲畫〉，前揭文，頁79。
〔註6〕 龍瑛宗（作）、葉笛（譯）〈趙夫人的戲畫〉，前揭文，頁73。
〔註7〕 在〈趙夫人的戲畫〉一作於《台灣新民報》連載之前，該報曾刊有「新作預告」，當中龍瑛宗自言這篇作品在寫作技法與風格上頗費思索：「我想嘗試特殊的結構，並且以不存在的人物作爲角色，使小説虛構化。」參見，龍瑛宗〈趙夫人の戲畫：作者の言葉〉，《台灣新民報》，1939.9，原文爲日文，經陳萬益中譯刊於《文學台灣》第 33 期，2000.1.5，頁 59。

反映了文化認知、美學傾向、文學觀念的深刻分歧。

　　畢業於公學校、原擔任庄公所工友的劉石虎因創作小說〈鳳梨村〉獲得佳作，在文壇小有名氣，因而有機會到大稻埕的公司服務，他的寫作目的「並不是想寫通俗小說，是以更認眞的心情想爲台灣的文化而寫的。」〔註8〕戴著角帽的楊名聲是庄裡首富之子，他是信用公會會長，也是某有限公司的理事長，他激動地反駁：「文化？台灣的文化？你哪兒有台灣的文化？你是正經的嗎？低劣、卑俗，這不就是台灣的現狀嗎？」楊名聲內心是輕蔑小說家，也輕蔑台灣的，在他眼中的小說家不過比屠宰業者和理髮師好一點罷了，而他自己則是《國王》和《講談俱樂部》的愛讀者。他認爲，「看那些小說，覺得很好。寫那種小說，讓大眾感到快樂，是有必要的。」

　　文本中戴著角帽的楊名聲象徵知識精英，他輕蔑文學者，抱持著「小說家總是以女人和孩子爲對象的無聊的人，是去酒家喝酒爛醉，迷戀酒家女，不然就大哭大鬧的傢伙。」的觀點，卻又以閱讀《國王》、《講談雜誌》之類的通俗雜誌爲樂，並且認爲「沒有戀愛的小說家十分悲慘。不，不，那種人，根本就沒有小說家的資格了也說不定。」楊名聲這種矛盾而偏頗的想法，或許便是存在於當時上流社會知識菁英階層的某種文化傾向與文學認知吧？

　　相反地，如同劉石虎般在日本內地文壇展露頭角，身處戰雲籠罩下的殖民地作家，透過寫作純文學小說貢獻於台灣文化的建設，便是他努力的目標。劉石虎所代表的是一方面因爲出身階級、學歷感到自殘形穢，另一方面卻對自己的文化信念、文學使命充滿自負的作家。這位新文學中堅作家，其形象也代表了日治時期以文化創造、文化向上爲職志的新文學作家志向，劉石虎孤高的自負來自於要創造台灣文化的信念和使命感，至於那些娛樂大眾的通俗戀愛小說，他不屑爲之。誠如劉石虎所言：「戀愛小說不適合我寫，我是寫不出來的。」此處談及的「戀愛小說」基本上並非新文學運動脈絡下、個人主義式的自由戀愛話語，而是通俗小說脈絡下以戀愛作爲賣點、市場導向的敘事。選取嚴肅議題進行書寫，似乎是龍瑛宗用來劃分「雅／俗」、「台灣文化／非文化」的一個界線，藉此我們也可以略窺新文學作家對通俗文學不願恭維的基本態度。

〔註8〕　龍瑛宗（著）、陳千武（譯）〈邂逅〉，《午前的懸崖》，台北：蘭亭書店，1985.5.15。原載於《文藝台灣》2卷1期，1941.3.1。

（二）張文環——譯介通俗，修改通俗

1936 年 1 月，台灣新民報社發行《可愛的仇人》，1938 年 8 月 1 日，張文環將該作以日文翻譯出版，原作與譯作總販賣部數突破一萬以上。〔註9〕

徐坤泉《可愛的仇人》這部長達 18 萬字的通俗小說，以上一代男女主人公的悲戀為切入點，反映了當時中產階級生活的面容及掙扎在封建禮教中的男女愛情悲喜劇。遭逢喪妻之病的「志中」，獨自撫養幼子「萍兒」，昔日的變人「秋琴」帶著三名嗷嗷待哺的幼兒寡居，生活的重擔不斷煎熬著她。事業有成的志中獲悉秋琴的困境後，便以「夜行人」身分暗中資助秋琴一家人。鰥寡的兩人，一面將過往情感深埋內心，一面撫養他們的第二代，其子女也紛紛經歷了戀愛、求學、工作、婚姻，最後終於有了圓滿的結局。以上是《可愛的仇人》原作的梗概。

譯作與原作最大的差異，表現於被張文環大幅修改的第六章。〔註 10〕其中，排日風潮的小說背景、「麗茹」姊弟倆偶然獲救、志中的葬禮、兩對佳偶的婚禮、「君子」的產子與死亡，以及日本內地的新婚蜜月等段落遭到刪除。改編後，故事情節顯得扼要而集中，並且使得前五章的重要性相對突出，小說主題聚焦於志中和秋琴的苦戀，兩人以純樸的愛情，從容面對多舛的生活和變幻的命運。根據張文環當時表示，這一段在封建婚姻下不幸犧牲的戀情，也是讓他忘我地翻譯原作的原因。〔註 11〕另一方面，大幅改譯的事實，卻也顯示新文學作家張文環對當時炙手可熱的通俗文學作品，雖不排斥但也非全然認同，在他心中似存在著一個「貴雅賤俗」的文學美學天秤。翻譯，反映譯者對於原著的共鳴；改寫，則突出譯者對於小說架構模式及小說主題意識的不同主張。這固然是新文學作家與通俗作家敘事技巧的差異，更是他們兩者根植於嚴肅文學／通俗文學不同美學意識與文化態度上的根本分歧。

就《可愛的仇人》的例子而言，「新文學的修改」，對張文環本人抑或對這部通俗小說意味著什麼呢？這個問題或許從張文環在《風月報》的短暫編輯經驗中，能夠獲得解答。

1938 年 8 月至 10 月間，《風月報》上增加了「日文欄」版面，由剛返台

〔註9〕 參見，張文薰〈『可愛的仇人』と張文環〉，《天理台灣學會年報》12 號，2003 年 6 月，頁 63。

〔註10〕 相關論述詳見野間信幸〈關於張文環翻譯的《可愛的仇人》〉。收錄於《張文環全集》卷八，豐原：台中縣立文化中心，2002 年 3 月，頁 70～87。陳明台譯。

〔註11〕 參見，張文環〈譯者序〉，《可愛的仇人》，東京：綠蔭書房，2001 年。

的張文環就任編輯。除了給和文讀者「以率直的心情，表現自己生活的原貌。」的忠告之外，張文環曾自述：「我並不是讀過《徒然草》或《源氏物語》或《萬葉集》才開始寫日本國文。其實應該說，我是看過《金色夜叉》才想開始寫東西，這比較近於事實。」〔註12〕由此推測，比起那些嚴肅的文學經典，販售愛情與金錢故事的通俗作品《金色夜叉》〔註13〕所傳達的想法更接近張文環的文學心思。在廢止漢文欄時期，這份雜誌打出了「全島唯一的漢文雜誌」的旗幟，然而卻同時突然決定增刊 5 至 7 頁的和文文藝欄，可見廢止漢文欄以及日文文藝時代的來臨，對通俗文藝的經營也產生了若干影響。

在此時代背景下，正要在故鄉文壇邁開第一步的、甫自帝都歸台的新文學作家張文環出任編輯，以及和文版的出現，都反映《風月報》曾經一度希望達到和／漢雙語化，雅／俗多角化的目標。張文環儘管可能有感於通俗雜誌的侷限，但也充滿期待地期望在有限的空間下，妥善掌握話語生產權，對以新文學典律轉換《風月報》通俗話語的生產水準，隱然有過一番抱負。張文環在《風月報》日文欄曾說：

> 我們在國文研究上，自己提筆，把日常生活原貌地移入紙面上，覺得是最實際的國文研究方法。因而在這一意義上，我要說，也是內台融合的最好手段。……。
>
> 不只是要裝飾和文版面，在提昇國文的研究熱度和台灣文壇的水準上，我切實期待會員諸兄的聲援和投稿。……。〔註14〕

筆者在此無意討論張文環對國策的響應或妥協，上述引文不如視為他對通俗文藝的社會功能之樂觀期待。

然而，日文欄的嘗試，並未達到他預期中「內台融合」、「提昇國文研究熱」的冀望，反而出現「不適合刊登的作品很多，到底該怎麼辦讓我很徬徨。人家專程投來的稿件卻棄之不用也不忍心，但如果就此刊出，考慮了作者本身的立場，有些排字排好了還是割愛下來，像上個月的和文欄就成為冷清的

〔註12〕引自，張文環（著），陳千武（譯）〈我的文學心思〉，原載《興南新聞》，1943.8.16，譯文收錄於陳萬益主編《張文環全集》卷 6，豐原：中縣文化，2002 年 3 月，頁 164～169。

〔註13〕尾崎紅葉（1867～1903）的《金色夜叉》為日本明治時代的暢銷通俗小說。

〔註14〕轉引自，張文環（著），陳千武（譯）〈《風月報》前言——文章與生活〉，原載《風月報》69 期，1938.8，譯文收錄於陳萬益主編《張文環全集》卷 6，豐原：中縣文化，2002 年 3 月，頁 16。

情況。」〔註15〕可想而知，日文欄的實驗並不成功，這種敗北固然有許多因素，然而張文環轉換典律的企圖，嚴肅文學／通俗文學、日文文藝／漢文文藝牢不可破的界限，都是導致這個跨界編輯嘗試失敗的原因。1938 年 10 月 12 日，張文環以日文來稿大部分必須加以修飾才能刊出爲由，終於辭去了編輯一職。

1938 年結束日本的生涯，偕同妻子回台的張文環，正面臨求職問題，掙扎於理想與現實的兩難，這時他爲何放棄返台後的第一份文藝編輯工作？除了無法逐一修改稿件，佇立在《風月報》牢不可破的通俗取向前令他難有作爲，應該也是辭職的重要原因之一吧！

如前所述，對通俗文學所抱持的理解態度，也反應在他對《風月報》日文編輯一職的接受及期待上。因此，新文學作家張文環雖然信奉純文學主義，但是其文學養成過程，乃至返台在本土文壇上即將出發之際，並不排斥通俗文學的閱讀以及通俗文藝雜誌文化生產的可能性，他甚至在通俗文學中汲取了創作的養分。然而，歸根到底，當時的通俗文學文本或生產場域，無法全然滿足他的期待與更多的文學理想。

（三）呂赫若──通俗家族敘事的借鑑與改良

閱讀呂赫若 1942 年以後的作品，無論是描寫地主之家的〈財子壽〉、表現宗法家族潰敗與瓦解過程的〈合家平安〉，或是〈風水〉中對於家族倫常的剖析、〈月夜〉中對威權家庭裡女性處境的描寫，都可以發現將家族敘事的書寫落實於自然風土、道德禮教的檢討，是他 1940 年代的主要書寫主題之一〔註16〕，此一主題的發現爲他戰時苦悶的文學書寫，提供相當多靈感。事實上，呂赫若在留學東京時曾苦惱於書寫困境難以突破，並以日記寫下對創作靈感及題材的追索：

> 買雜誌《北支》兩冊。想把中國人的生活史、《紅樓夢》改寫成戲劇。
>
> （1942.3.3）〔註17〕

〔註15〕引自，張文環（著）、陳千武（譯）〈《風月報》和文編輯後記〉，原載《風月報》72 期，1938.10.1，頁 8，譯文收錄於陳萬益主編《張文環全集》卷 7，豐原：中縣文化，2002 年 3 月，頁 85。

〔註16〕參見，林瑞明〈呂赫若的「台灣家族史」與寫實風格〉，，《呂赫若作品研究──台灣第一才子》，台北：聯經，1997 年 11 月，頁 57～78。

〔註17〕本文中有關呂赫若日記的記事部分皆引自呂赫若（著），鍾瑞芳（譯）《呂赫若日記》，台南：國家台灣文學館，2005 年 1 月 21 日，頁 77。

　　動手翻譯自去年以來處於放棄狀態的《紅樓夢》。儘管費上十年工夫
　　也行，一定要把這傑作譯出來廣爲流傳。這是自己做爲一個台灣人
　　的義務。（1942.3.14）〔註18〕

　　晚上構想就緒，以「常遠堂主人」爲題，開始寫。想寫成好作品。
　　無論如何想描寫老人的心情。（1942.6.30）〔註19〕

　　除了上引記事外，日記中他也曾多次提及，爲了尋找創作靈感而閱讀中
國戲曲及通俗小說，譬如《桃花扇》、《還魂記》、《紅樓夢》、《京華煙雲》等。
研究者柳書琴亦曾指出，反覆閱讀《京華煙雲》期間（1942.6～7）與其著手
小說〈常遠堂主人〉的寫作時間相近，呂赫若似乎有意從這個描寫北京某大
家族故事的通俗小說中汲取家族書寫的養分。〔註20〕由此可知，當呂赫若在
寫作遇到瓶頸的關鍵時刻，曾以接受通俗文學著作的影響，作爲走出困境繼
續前行的策略之一。

　　1942年7月6日的日記裡，呂赫若提出了如是反省：「拿出《京華煙雲》
來看，惜其太過理性。」〔註21〕由此進一步推測，呂赫若雖以中國通俗小說
作爲創作的參考，然而其中仍有所取捨，通俗文本的藝術技巧、敘事手法並
未爲他全盤接受。

　　呂赫若的家族故事中，呈現了封建資產家庭由盛而衰的多重面向，家族
文化的豐富社會內蘊得以開闊地展示。舉凡傳統家庭由危機走向動搖乃至瀕
臨解體的窘境；家族內部的矛盾激化與衝突，家族成員由觀念上對舊家庭組
成的反叛，走向行動上對家庭倫理秩序的破壞顛覆……，在呂赫若的小說中
皆有精采的呈現，而這些書寫亦多少受惠於中國古典通俗小說或現代通俗小
說的啓示。

　　從文學接受的角度而言，呂赫若對通俗文學作品抱持欣賞與借鑑的態
度，但無惑於通俗熱流，以新文學作家自身的美學姿態加以借鑑、改良，在
戰爭期家族題材的書寫上加以實踐，並因而締造了個人文學創作的突破蛻
變。

　　除了上述所論新文學作家之外，黃得時曾譯寫古典通俗作品《水滸傳》，

〔註18〕引自，呂赫若（著），鍾瑞芳（譯）《呂赫若日記》，前揭書，頁84。
〔註19〕引自，呂赫若（著），鍾瑞芳（譯）《呂赫若日記》，前揭書，頁153。
〔註20〕參見，柳書琴〈再剝〈石榴〉──決戰時期呂赫若小說的創作母題〉，頁133。
〔註21〕引自，呂赫若（著），鍾瑞芳（譯）《呂赫若日記》，前揭書，頁157。

江肖梅改寫〈包公案〉，楊逵亦轉換其對於「大眾」的思辯位置，取逕通俗小說的路線，宣揚《水滸傳》、翻譯《三國志》〔註22〕，以之因應媒體實態之變化。這些作家皆曾嘗試以大眾取向的書寫策略，爭取「大眾」讀者。

綜合以上龍瑛宗、張文環、呂赫若的案例，日治時期的新文學作家對於通俗文學並無敵意，亦無彼此競爭的緊張關係，新文學作家反倒是在優越意識、改良意識之下，對通俗文學抱持理解而友善的態度。我們可以看見，新文學作家對於通俗文本作出不同程度的修飾、改寫，由此顯現新文學作家們不與通俗文學對立，但是卻「貴雅賤俗」的一種基本文學品味與態度。

二、如何不嚴肅？怎樣新文學？──通俗文學的思辯

通俗文學界對於新文學宏大敘事的典律，有著他們自己的思考。一方面他們更關注讀者的閱讀狀態與閱讀期待，而自有一套「不嚴肅」的主張；另一方面，他們積極從新文學作品中汲取養分，甚至把某些典範（canon）作爲磨筆、倣作的範本。因而，我們或許可以說假若沒有「那樣」的新文學，就不會產生吳漫沙「這樣」的通俗作家──日治時期通俗作家自信通俗書寫將比新文學的書寫更適於廣泛大眾的期待與閱讀。本節擬以通俗作家徐坤泉、吳漫沙及詹聰義爲例說明此一現象。

（一）徐坤泉──相同的取材，異樣的視線

1935 年春，《台灣新民報》的海外記者徐坤泉，調任台北本社，接任學藝部記者，並主編該報副刊「學藝欄」〔註23〕，在此一年多的編輯工作期間，除將長篇小說《可愛的仇人》、《靈肉之道》結集出版，他也發表了一系列雜文於「島都拾零」、「東寧碎錦」等專欄，文中記載了他對社會時勢的評論、對風俗掌故的介紹、對都會文化現象的批判，更不乏呼籲婦女堅守貞操的言論，這些作品集中展現了他對於 1930 年代台灣女性言行的觀察，大致可以歸納爲下列兩個特點：

第一，「養女」制度導致社會風氣敗壞。徐坤泉於文中提及「養女」制度是台灣北部最慘無人道的風俗，許多資本家將養女作爲斂財工具，令其習樂

〔註22〕 參見，陳培豐〈大眾的爭奪──《送報伕》、「國王」、《水滸傳》〉，「楊逵文學國際學術研討會」會議論文，國家台灣文學館主辦，靜宜大學台灣文學系承辦，2004 年 6 月。

〔註23〕 參見，吳舜鈞〈徐坤泉研究〉，東海大學歷史系碩士論文，1994 年 7 月，頁 46。

學曲成為藝旦、「酌婦」或是「貸座敷」，在政府嚴禁民間收養養女的制度施行後，掮客更仲介這些特殊職業女子至海外賣春，「養女」制度乃成為社會風俗淪喪的罪惡淵藪。〔註24〕

　　第二，台北的摩登女性是貪慕虛榮的代表。徐坤泉於一篇小品短文中，藉由洗衣婦之口道出他對於台北女性崇拜金錢主義的擔憂：「當今台北的社會女子，真的變得太不成樣子了，就是高女畢業的，也要踏入煙花界」〔註25〕對於那些即便擁有高等學歷，卻仍為了物質享受甘願淪落風塵的女子，徐坤泉透過紙面大加撻伐，批評其不守婦道、傷風敗俗：

> 就是連正式嫁娶的亦不能順人家教，往往抱著莫大的不平鳴，吃飽
> 無所事是，惟樂是求，尚且怨翁姑，罵夫婿，終日與鏡子作對敵，
> 十次，二十次，胭脂水粉，大抹而特抹，葫蘆形的長衣洋裝，高跟
> 皮鞋，花紅柳綠，飄飄然的嫣然微笑，徘徊於街頭巷尾，使一般的
> 男子大垂其涎，追逐不已，使人混亂，難以辨別，是「人家女」還
> 是「煙花女」，噫！臺灣之婦女，你們假若長此以往，毫不回頭是岸，
> 則永遠是男子的玩具罷！〔註26〕

徐坤泉認為這些極富挑透性的摩登女子是都會亂源所在，「許多學子青年，雖明知其害，亦難免走入迷途，被之腐化」〔註27〕，台北在欲望消費的主宰下幾成「阿修羅之世界」，一個令人畏懼而又難以提防身心遭受腐化的風月場所。

　　身兼《風月報》新文學主編、小說家、虎標萬金油產品代理商數職的徐坤泉，善從婚戀角度取材，將女性的命運置於兩性關係中鋪展。他筆下的女性都渴望愛情，女主人公大多寬容大度、溫婉可人，為了愛情、家庭的和諧忍辱求全、犧牲退讓；反之，被他塑造成負面形象的藝旦、女給、舞女等歡場女子則精於世故、工於心計、唯利是圖，幾乎不擇手段地周旋在男女關係中，試圖於愛情遊戲裡，尋求具有經濟保障的婚姻關係以求得安身立命之所，

〔註24〕參見，徐坤泉〈談養女〉，《暗礁》，土城：文帥，1988年2月，頁119～121。
　　　　此文原載於《台灣新民報》「學藝欄」，1937年4月與小說〈暗礁〉一同收錄
　　　　於單行本《暗礁》，由台灣新民報社發行。
〔註25〕引自，徐坤泉〈淡水河邊〉，《暗礁》，土城：文帥，1988年2月，頁117～119。
〔註26〕引自，徐坤泉〈臺灣目下的婦女〉，《暗礁》，土城：文帥，1988年2月，頁144～145。
〔註27〕引自，徐坤泉〈閒談島都〉，《暗礁》，土城：文帥，1988年2月，頁124。

為此這些女子每每成為風俗倫常的破壞者，例如《可愛的仇人》中，富裕卻又不甘寂寞的年輕寡婦「君子」，為了覓得大學生作如意郎君，不惜以舞女的身分色誘男主人公。〔註 28〕《靈肉之道》中因遭受失戀打擊而墮入風塵的咖啡館女給「梅子」，男主人公在她的迷惑下中斷醫專學業。連載於《風月報》、《南方》的長篇小說〈新孟母〉中，自女子中學肄業的上海娼妓「艷秋」，被作者形容為如同「毒蜘蛛」般，佈下天羅地網計誘有婦之夫「清德」。徐坤泉描摹的風塵女子形象其生理特徵極為明顯，豐乳、肥臀、白腿等，成了女性的主要標誌，它們共同譜寫了一首感官的狂想曲。

由上述文本中顯而易見的是，男性威權中心的道德觀念佔據著主導的強勢地位。對於這些因沉溺於物欲追求而在花街柳巷裡穿梭、破壞家庭生活、摧毀社會良善風俗的煙花女子，徐坤泉略帶同情但仍著重批判其利欲薰心、出賣肉體的行徑，在他看來，女子墮落的主要原因乃是在於她們貪慕奢華、咎由自取。

反觀同樣關注藝旦、媳婦仔〔註 29〕議題的新文學作家張文環，則是通過座談會、雜文、小說，提出他對此議題的思索。〔註 30〕張文環認為衍生這些問題的根本核心，源於媳婦仔制度遭投機份子惡用的歪風〔註 31〕，因此他倡言媳婦仔應爭取婚姻自由、經濟獨立，並提出藉由政府的介入徹底改善藝旦等特殊職業女性的生活，提升整體都市文化之見解。小說〈藝旦之家〉便是張文環取材於藝旦的作品，刻劃媳婦仔「采雲」身不由己的藝旦生涯。采雲在養母的設計下出賣貞操、成為藝旦，肩負家中經濟重擔，爾後即使遇見真愛卻仍缺乏婚姻自主的自由，無法脫離家庭的掌控。

〔註 28〕 參見，徐坤泉《可愛的仇人》（上）（下），台北：前衛，1998 年 8 月。

〔註 29〕 張文環筆下的「媳婦仔」類同於徐坤泉論述中所指涉的養女。張文環曾於其雜文中簡述「童養媳」、「媳婦仔」、「養女」的分別：台灣中南部家庭收養女孩，作為兒子成人後的婚配對象，稱為「媳婦仔」或「童養媳」；「養女」則是由缺少女兒的家庭收養，待其長大後，另擇對象出嫁；但台灣北部則一律稱「童養媳」及「養女」為「媳婦仔」。參見，張文環〈老娼消滅論〉，原載《民俗台灣》3 卷 11 號，1943 年 11 月，後收錄於陳萬益主編《張文環全集》卷 6，豐原：台中縣立文化中心，2002 年 3 月，頁 184。

〔註 30〕 參見，張文薰〈評論家／小說家的雙面張文環：以藝旦・媳婦仔問題為中心〉，《台灣文學學報》第 3 期，2002 年 12 月，頁 209～228。

〔註 31〕 參見，張文環〈老娼消滅論〉，原載《民俗台灣》3 卷 11 號，1943 年 11 月，譯文收錄於陳萬益主編《張文環全集》卷 6，豐原：台中縣立文化中心，2002 年 3 月，頁 184～187。

　　張文環曾自述創作這篇小說的意圖：「我所寫的是重情義的規矩女人，不甘墮落於藝妲的世界，進而指責此一社會的缺陷，若把它視爲同情藝妲階級的小說，那就太讓我感到困惑了。」〔註 32〕透過文本的書寫，張文環反應了藝旦的處境及媳婦仔制度的弊病，對於那些女性，秉持著揭弊、尋求改善之法但不同情的原則。

　　由上文討論可知徐坤泉與張文環對藝旦及養女、媳婦仔問題的認識與態度，有著不同的關懷焦點及表現方式，兩人皆力陳時弊，並以歡場文化作爲小說題材，但徐坤泉將藝旦、女給塑造爲婚姻的破壞者，甚至賦予她們悲劇性的命運遭際，故事背後的道德寓意在於以此訓誡女性讀者歡場之道不可行，勿因一晌貪歡步入歧途。張文環的著眼點，則是關注社會制度不公及於女性處境的影響，透過雜文呼籲政府導正社會風氣，在他筆下，小說中的藝旦並非情感關係的第三者，反成爲媳婦仔制度惡化下的犧牲者，愛情與婚姻皆不能如願。相同的創作取材，在通俗作家及新文學作家筆下呈現的面貌卻迥然相異。

（二）吳漫沙──同樣的鄉土，不同的敘事

　　根據吳瑩眞對於吳漫沙的研究得知，中國古典章回小說如《水滸傳》、《三國演義》、《封神榜》、《紅樓夢》等，皆是吳漫沙曾經涉獵的讀本，此外，魯迅、巴金、沈從文等新文學作家的作品也深受他喜愛。〔註 33〕

　　古典文學名著《紅樓夢》曾使呂赫若獲得啓發，其中的「家族」主題更成爲他戰爭期的創作母題；然而，同樣身爲《紅樓夢》讀者的吳漫沙，卻讓《韮菜花》裡的貴婦「月嬌」引用第三十回「寶玉」和「金釧兒」調情的對話，挑逗少年「智明」。呂赫若與吳漫沙曾有過相同的《紅樓夢》閱讀經驗，在相同的讀本中汲取自己的創作養分，卻在不同的素材選擇與運用下，寫出風格殊異的小說。這種差異也正反映出新文學作家與通俗文學作家不同的審美態度與文學接受。

　　另外，不同於新文學才子呂赫若偏好以家族題材實踐鄉土書寫，通俗作家吳漫沙雖也贊同鄉土藝術的提倡，但如以他的視角來看作家的社會責任和

〔註 32〕引自，張文環〈無藥可救的人們〉，原載《民俗台灣》2 卷 6 號，1942 年 6 月，譯文收錄於《張文環全集》卷 6，頁 116。

〔註 33〕吳瑩眞〈吳漫沙生平及其日治時期大眾小說研究〉，南華大學文學所碩士論文，2002 年 1 月，頁 53。

時代任務，卻有很大的不同。他曾說：「一個作家，處在這新舊交替思想過渡的時代，是有莫大的困難，因爲一篇小說或一部劇本，都要有時代創作的生命，都要含蓄著幽默的意味，才是時代的要求，才是作家本身所希求的產物。」〔註34〕那麼，何謂「時代的要求」呢？對吳漫沙而言，富有生命力的創作顯然必須具備揭露新舊社會變遷、批判舊社會的「時代」議題，但作家的難爲則在於，那樣的嚴肅作品無法全然符合讀者有時相當瑣碎、慣性、日常化的期待視閾。

他說：「譬如大眾的心理是好觀家庭悲劇的，但，誰都知道，家庭悲劇是很幼稚的藝術，很少有時代的生命。」〔註35〕，更令他非議的是「那些『封神榜』，『西遊記』，『江湖奇俠傳』，『再生緣』之類的作品，卻大受人們歡迎，讀到廢寢忘食，大讚美而特讚美，大崇拜而特崇拜，這是多麼可憐的事？」〔註36〕儘管吳漫沙在決戰時期也曾應「時代的要求」寫出《黎明之歌》、《大地之春》等宏大敘事，但是基本上他認同的仍是奇遇、兒女、女性物語、家庭倫理悲劇等通俗敘事，而古典或白話通俗小說也提供了他重要的文學養分。由此可見，通俗文學帶給吳漫沙的影響，是與呂赫若截然不同的另一種姿態與情調。吳漫沙對嚴肅文學／通俗文學、「大寫」／「小寫」的創作分野，不同類型讀者（包含評論家及多樣化的一般讀者）的閱讀期待，有著清楚的意識。相較於以「藝術的追求」、「文化的創造」爲職志的新文學作家呂赫若、張文環，吳漫沙更關心、遷就的不是藝術層次的自我挑戰，或台灣文化的創造與易讀，而是閱讀大眾「類藝術」的精神消費需求，他們的文藝品味與期待。這也正是通俗文學創作者有別於新文學作家的一大特徵。

透過吳漫沙的例子可見，通俗文學與新文學的關係並非全然隔閡，在通俗文學作家的視野下，新文學典律時隱時現，牽引著他們的創作思緒；然而也是由於對這樣的典律不能全然認同與滿足，使他們產生了企圖超越新文學限制之處，其中最顯著的，就是對閱讀大眾的正視與體恤。同樣的議題，類似的形式，經由通俗文學作家操作後，所產生的藝術效果與議題力道，自然有顯著的差異。

〔註34〕引自，吳漫沙〈卷頭語〉，《風月報》81 期，1939.3.1。
〔註35〕同上註。
〔註36〕同上註。

（三）詹聰義──類似的敘事，失焦的前進

第 139 期《南方》刊出新秀作家詹聰義〔註37〕的短篇小說〈夜行人〉，重要情節如下：

> 他為什麼獨自一人在這黑夜中走呢？他自己也不知道。
>
> 他不打算走到某一個村莊去投宿嗎？恐怕也是沒有這樣計劃著的。每一個村莊裡的每一個人，他都認識。也都認識了他們的心。他與他們見面時，他們的一顰一笑，他都能夠預先料得到。他從他們中間，得不到什麼，他以為他們都是空虛的。他以為世界上再也沒有一個不空虛的人，所以他也就不再想與任何人會面……他為什麼走？走向那裡去？他都不知道。〔註38〕

〈夜行人〉全篇以白話文寫作，故事場景是一個廣大的曠野，時間是「不要說月光，就是星光都一點也沒有」的深夜，人心的虛偽致使一個青年絕望地踏上未知的旅程，「他為什麼走？走向那裡去？他都不知道。」疑惑反覆出現，但是即便如此，主人公仍踏著緩慢的步伐孤獨地前行著。

詹聰義的〈夜行人〉很容易令人聯想到賴和的〈前進〉，比較兩文，可以看出〈夜行人〉一文有多處向〈前進〉借鑑的痕跡。原載於 1928 年 5 月 7 日《台灣大眾時報》創刊號的〈前進〉，以兩個失怙的孩童離家出走，盲目地在黑夜中行進揭開序幕。小說背景同是深夜「暗黑的氣氛，濃濃密密把空間充塞著，不讓星星的光明，漏射到地上；那黑暗雖在幾百層的地底，也是經驗不到，是未曾有過駭人的黑暗。」〔註39〕全文採用第三人稱敘事觀點，這兩個被時代母親遺棄的孩童，不股慄不內怯，泰然前進，「向著那不知到著處的道上。」賴和以奮勇前進的孩童象徵反殖革命的先知，以黑夜象徵黑暗無光的殖民地台灣。研究者林瑞明教授也曾指出：標題〈前進〉點明了賴和前進時代的悲壯心志，文中把他在文化協會時參與新文協的路線轉折充分表現出來，而文化協會內部共識的破裂，代表了知識份子文化意識型態的深刻分歧。〔註40〕

〔註37〕 詹聰義，1918 年生，稻江人，時為早稻田大學法律系學生，對於文學多所涉獵，曾於第 146 期的《南方》上介紹世界文藝讀物，可見他應是十分留意當時的文壇動向，對於台灣的文學作品、文藝刊物可能也不陌生。

〔註38〕 引自，詹聰義〈夜行人〉，《南方》139 期，1941.10.5，頁 10～11。

〔註39〕 引自，懶雲〈前進〉，《賴和全集》2 新詩散文卷，台北：前衛，2000 年 6 月，頁 249。

〔註40〕 林瑞明〈賴和的文學及其精神〉，《台灣文學與時代精神──賴和研究論集》，

從〈前進〉到〈夜行人〉，儘管兩位作家的背景、世代有異，關懷視野未必相同，但他們的作品卻同樣有高度隱喻的晦暗敘事模式，只不過發表於通俗文藝誌的〈夜行人〉，除了在創作手法上明顯稚嫩之外，社會運動的大背景模糊了、抗爭色調也淡化了，因此失去了賴和文化運動寓言的具體批判。然而儘管如此，詹聰義以近似的敘事手法，抒發夜行青年對這個社會的絕望與憎惡，譴責人心的偽善，仍有一定的批判力道。以詹聰義為例，可以發現日治末期的新秀作家對 1920 年代以來，新文學運動文化抗爭的訴求，時代先行者孤憤的心志，仍有某種繼承。〔註41〕

徐坤泉與張文環關注相同的社會議題，但同樣以歡場女性為題材的小說卻有著迴異的風貌，徐坤泉的作品隱含了有關女性操守的道德倫理訓誡，張文環則是針對「媳婦仔」制度的缺陷、風化業問題，提出檢討並尋求政府支援改善。吳漫沙與呂赫若在類似的鄉土素材中，擷取各自的創作靈感，兩者的小說呈現出不同的敘事風格，其中的差異反映出通俗作家和新文學作家不同的關注層面。而詹聰義與賴和的作品雖有相同的敘事，但詹聰義小說中的議題卻顯得模糊而失焦，可見通俗文學作家在寫作的藝術技巧、對議題的駕馭、社會觀察的深度方面，仍較新文學作家遜色。

小　結

新文學與通俗文學這兩個群體時而擁有各自的論述空間，互不交涉，但有時卻又相互影響、映照，因此，倘若把通俗文學／新文學的劃分絕對化，存在著一定程度的盲目，因為兩者之間的界線常常是相互滲透的，雅俗文學場域是相互鏈接的。

戰爭期可視為台灣文學場域的一個轉型期，1920 年代以降由少數菁英主導文化生產的局面逐漸產生變化，取而代之的是各種不同取向的文化型態多音交響的局面，在文化資本主義機制的操作下，只要行銷策略得宜，通俗作家也能成為民眾的啟蒙者和現代社會的代言人。

然而，通俗文學的生成與興起，究竟對當時的台灣文化界或文學界產生了什麼樣的影響，仍待更多更精緻的考察，本節僅是一個粗淺的起步。

台北：允晨文化，1993.8，頁 342。

〔註41〕根據筆者參照賴和諸多先行研究推測，詹聰義所關切的問題、人群、立場以及情感，聯繫了賴和、魯迅等一代知識份子的人道關懷。

第二節　漢文復興〔註42〕、藝術向上：《風月報》、《南方》文化關懷與社會責任之展現

前　言

一般而言，通俗作家雖不似新文學作家具有嚴肅顯著之文化批判態度，但在通俗化的文學表現與雜誌經營方式之中，仍有其特殊的審美傾向與文化責任。面對讀者大眾與戰爭時勢的變異，《風月報》、《南方》上的通俗文藝工作者，其美學特性與文化責任如何展現？當外在環境與文學理念出現分歧時，他們有何種相應態度？本節將就這些問題略作探討。

一、指導被指導者：《風月報》、《南方》的文化關懷

1938 年 3 月甫就任《風月報》新文學主筆的徐坤泉，發表〈臺灣的藝術界為何不能向上？〉〔註43〕一文，文中論及台灣的文藝界存有如下陋習：一、文學程度貧弱，其程度遠不及朝鮮；二、台灣民眾缺乏繳納報費的觀念，經濟若有餘裕寧可花天酒地而不願贊助文藝刊物，這些缺失將阻礙台灣的藝術向上、文化進步。他並以此呼籲有心之士以實際行動援助《風月報》，「使之絢爛」、「切不可使之成為不純不粹的文藝雜誌」。徐坤泉的想法在確認大眾對雜誌存廢的責任之餘，將《風月報》的刊物取向定位為「純粹」的文藝雜誌，

〔註42〕　殖民地時期的台灣，以漢文書寫的作品文類包含：詩、詞、雜文、小說……，每一階段皆有其質性之衍變，1937 年 4 月，總督府廢止報紙漢文欄之後，《風月報》、《南方》中的漢文質變更甚以往，此處所談及的「漢文復興」，乃是指《風月報》、《南方》上所提出的一種文學主張及口號，其中參雜許多分歧的概念及意涵。相關討論參見，柳書琴〈從官製到民製：自我同文主義與興亞文學（Taiwan1937〜1945）〉（收錄於王德威、黃錦樹編《想像的本邦：現代文學十五問》，台北：麥田，2005 年 5 月，頁 63〜90。）柳書琴〈《風月報》中的同文主義論述：殖民主義附身的悲劇〉（「文學傳媒與文化視界國際學術研討會」宣讀論文，中正大學中文系主辦，2003 年 11 月 7〜8 日。）另外，施懿琳亦曾由「話中有話」、「各說各話」、「矛盾的組詩與文本的分裂」三方面，來論述《南方》雜誌中「非官方意識形態」的漢詩書寫策略。參見，施懿琳〈決戰時期台灣漢詩壇的國策宣傳與異聲——以《南方雜誌》（1941〜1944）為觀察對象〉，「張文環及其同時代作家學術研討會」論文集，國家台灣文學館、國立文化資產保存研究中心籌備處主辦，靜宜大學中文系、台文系協辦，2003 年 10 月 18〜19 日。
〔註43〕　參見，老徐〈卷頭語——臺灣的藝術界為何不能向上？〉，《風月報》59 期，1938.3.1。

指出雜誌的投稿作品數量已累積足夠，唯作品的素質尚須提升，他甚至認為台灣已存在支持文藝消費的文化條件，因此贊助台灣本土刊物發行，以及培養閱讀、創作的習慣與品味是大眾應盡的義務。

另一位編輯吳漫沙則指出，一份刊物若要能引起閱讀者的興趣，需要「有充實的內容，每一篇的文字，都要適合大眾的心理和社會的需求」〔註44〕，顯示他已意識到「大眾」對於刊物實際運作的重要性，編輯／作家／讀者三者之間在相互牽制、相互影響的共生結構下緊密聯繫，才可共同滋養助長，培植出「純粹超然的文藝之花」，而作家創作文藝作品的使命，便在於「以寫實的精神來表現人生，以新浪漫的方法來批評人生，以未來的目標來指導人生」〔註45〕，這也是刊物本身的自我期許和目標。至於文中所謂「新浪漫」的表現手法，依其相關言論可知，指的乃是吳漫沙筆下那些蘊含教忠教孝、訓誡婦德婦言等具有醒世意味的通俗言情作品，通過這些風月篇章的社會教化功能，寄寓通俗作家批評人生的淑世理想與文化責任。

除了對「讀者大眾」的注意，以及提倡「新浪漫」的表現手法之外，吳漫沙對於台灣文藝消費的問題也十分關注。他曾在連載小說受歡迎之後，有感而發地表示即使作品廣受讀者歡迎，但整體台灣文藝環境之蕭條仍無法寬慰作家心靈，其〈楊柳樓臺〉中如下描寫：

> 小說家和妓女都是現代社會上的兩個大問題，若以目前的形勢觀之，妓女是比小說家來得受人愛護的，你看，目今臺灣的文藝界，是一天一天地消沉下去，為什麼呢？因為看報或看雜誌的人，都不明瞭文藝是指導社會的重要機關，不納報費，使雜誌社難以經營，辦（按：辦）報辦雜誌的，和做小說的，犧牲盡了心血，對他徵收報費，總是一天一天地延著，甚至說他沒有讀的必要，這是什麼道理？可是他們可以在你們（按：指妓女）身上整千整萬地花下去，總是喜笑地，甘心地，不說一聲，叫一個妓女的局錢，可以買一年的雜誌，這樣的看下去，雜誌和作家不是比妓女還不如嗎？〔註46〕

〔註44〕引自，漫沙〈卷頭語〉，《風月報》62期，1938.4.15。

〔註45〕同上註。

〔註46〕引自，簡荷生〈楊柳樓臺〉（四），《風月報》81期，1939.3.1，頁15。《風月報》上署名「簡荷生」的文稿，傳統詩作除外，多為吳漫沙代筆，此作亦是其一，參見，李宗慈《吳漫沙的風與月》，板橋：北縣文化局，2002年10月，頁74、81。

吳漫沙對台灣消費文化環境與讀書市場的想法，與徐坤泉略有雷同，恰恰顯示台灣中上階層的市民大眾雖已具備一定的經濟能力，但文藝消費的意願、風氣與讀書習慣，仍普遍低落。此處體現通俗文人對文化消費與讀書風氣等問題之關懷，文中不自覺流露文學、藝術無法融入現代市民文化與市民生活的感慨，以至於甚至將通俗小說家類比為如同妓女般取悅眾人的工具性角色，認為其被消費、被輕忽的低廉程度甚至比不上歡場文化。

爾後，從吳漫沙在雜誌上發表的若干文字看來，他更進一步將其文化觀察與編輯策略聯結，嘗試在大眾閱讀品味與通俗文藝自身的美學判準之間找到切入點。例如，因長篇鄉土小說具有吸引讀者的魅力，即使他認為此類「大眾化的文學」不若言情敘物、描摹社會中心議題的短篇小說富有文學價值，仍在衡量讀者大眾的需求下，編排大量的長篇連載版面，長篇小說也由於編輯關注讀者興趣、小說家考量此型態創作易於書寫的因素，因而有著蓬勃卻流於「畸形」的發展。〔註47〕

〈無論哪一種文藝都要去檢討聲援〉一文，更可看出他對文藝與社會、政治意識形態間互動聯帶關係的體認：

> 尤其文藝是比時代更進一步的，有負著領導人類矯正社會生活的重大使命，我們知道，文學是進步不是退化的。像本島讀者好鄉土語的作品，雖然是比較的快明瞭篇中的故事，但對於文學上是無甚裨益的，而且還會使文藝向後轉。所以有幾位富有文學素養的同志，曾寫信來責備我們，說我們報上的作品，用鄉土語寫作的很多，罵我們是開倒車。我們祇有慚愧，因為多數的讀者都那樣的要求，我們不得不那樣地幹，今後或者能漸漸地改良，希望文藝同志特別的寬諒。

> 今年來我們的內容，已有了刷新改變，質和量都很了充實可觀，就是封面上的寫真也是順應國策。（在這日華親善的高浪中）介紹著中華江南的風光——西湖的名勝，這當然是諸位讀者所歡喜去鑑賞的

〔註47〕 吳漫沙指出：「長篇小說——以鄉土文學而構造的長篇小說，似乎富有使讀者注意的魅力，這種所謂大眾化的文學，已經佔著相當的地位了，這是本島文學界一個畸形的發展，在世界文學史上，是沒有批評的價值。可是，作者雖然知道這是畸型的發展，但，為多數讀者的要求，就不得不這樣幹了！同時也因為長篇小說比較快著名，所以有很多作者喜歡去寫。其實短篇創作，才有文學價值，它是描寫社會中心的斷片，構造時比長篇小說為難，也許是長篇小說容易寫，所以多數人喜歡去寫吧？」參見，漫沙〈卷頭語：文藝創作欄的開場白〉，《風月報》114 期，1940.8.1。

吧。〔註48〕

由以上吳漫沙的論述，可推論出下列邏輯：正因爲「文學／文化／大眾／社會」之間有著緊密的關聯性，文學之於社會、大眾的責任便愈形重要，可謂文明思想革新的先導。故而，若欲以刊物教化民眾，對於讀者大眾的喜好興趣與國策則不能不加以重視，有了政策的容認與閱讀者的支持，刊物才得以存在，通俗文人也才能承擔此育民要務。這可說是他從事通俗創作與通俗雜誌編輯的核心想法。

其後「文藝趣味生」亦曾發表重視讀者反應的言談，他在〈談談紫珊室主的作品〉一文中表達對林紫珊作品的看法，他表示：

> 本來批評文學的好壞，是沒有絕對的表準的，描寫笑的文章，能引起讀者的歡笑；描寫哭的文章，能引起讀者的悲哀；這樣的作品，我們當然可以說是到了藝術成就的地（按：地步）了。假如紫珊君這篇小說，就能夠受一般讀者的注目，或譽美或反對，或愛慕，或輕視，這豈不是愈證明紫珊君藝術成功的表現嗎？〔註49〕

上述引文透顯出「文藝趣味生」的文學見地，他認爲讀者反應是作品成敗的要素，只要能引起讀者注目，不論毀譽，就是一篇成功的作品。在通俗文人反覆商榷編輯策略與確立刊物取向的過程中，其對於文藝美學的認定和標準也日漸明晰。只不過，在兩人之間亦顯出吳對於配合國策仍有一定之看重，而「文藝趣味生」則全然關注讀者反應之立場差異。

第 109・110 期封底的〈投稿簡章〉除明列投稿體例與注意事項外，其中，對於小品文字的內容特色之要求，則由以往的「滑稽有趣味」改爲「以有鄉土色彩者爲合格」。〔註50〕凡此皆說明了帶有「鄉土色彩」的小品雜文應該是獲致了讀的肯定，此後《風月報》具有此種特色的作品疊出，即意味著在通俗雜誌編輯與主要執筆人的多次鼓吹與創作示範之下，此一創作領域與創作美學逐漸展開。

〔註48〕引自，〈卷頭語：無論哪一種文藝都要去檢討聲援〉，《風月報》105 期，1940.3.15。此篇文章未註明作者，經研究者吳瑩眞的訪談考察得知，此文乃吳漫沙所作，參見，吳瑩眞輯錄「吳漫沙生平及創作簡表」，〈吳漫沙生平及其日治時期大眾小說研究〉附錄，頁 16。

〔註49〕引自，文藝趣味生〈談談紫珊室主的作品〉，《風月報》116 期，1940.9.1，頁 16。

〔註50〕風月報編輯部〈投稿簡章〉，《風月報》109・110 期，1940.6.1，封底頁。

　　第 113 期便揭載了一篇由署名為「冷心莊主人」所作的雜文〈白虎湯〉，
作者極力提倡藉由小說寫作宣揚戀愛思想，文中有謂：

> 今者戀愛提唱時代。不分等地。是以現中央文壇中之諸大健將。皆
> 極力用小說而為愛者普遍宣傳。發表其大傑作於諸雜誌上。以祈三
> 尺童蒙。亦可曉戀愛之奧義。試思之。吾儕乃欲挽島內文化向上之
> 高舉。應宜與中央文壇諸先生協力。用臺文以達其的。以祈戀愛之
> 文化。內地同贊。東洋齊唱。使不可亞於歐美也。〔註51〕

觀諸作者言論，大有以婚戀寫作提振台灣文化向上之意涵。論者認為，耽溺
於言情書寫的卿卿我我或許缺乏針砭時弊的批判力道，實則如此反而更為貼
近市民大眾的生活悲喜及情感趣味。

　　正是在諸多類似的審美特性與文化關懷思維之下，《風月報》、《南方》上
興起了通俗言情小說的書寫熱潮，不論是市井商賈與茶室歡場的風花雪月，
抑或是現代青年男女愛恨糾葛的情海波瀾，在在觸及市民生活中男女共同登
場、凡俗議題擾攘的面向。此一通俗曉暢的文類，具備易讀易寫的特色，除
了吸引閱讀者購讀，無疑地也為部分白話文新手拓展其寫作疆域。

　　在《風月報》、《南方》此一文藝群體逐步確立自身美學典律的過程中，
簡荷生、楊錦標、洪秋山、林荊南、陳蔚然、林紫珊……等人，相繼在雜誌
上發表文藝與社會關係的言論，而他們相當一致地將刊物置於文化面向上來
思考其社會貢獻，並肯定唯有漢文文藝誌《風月報》、《南方》才能擔負革新
時弊、提升創作質量、發揚延續漢文的責任。這番思考，顯見通俗文人在嬉
笑怒罵、風花雪月、談情說愛之外，為了迎合讀者的文化消費傾向與能力，
亦考量本土大眾閱讀品味，在順應社會與時局的變化中，進行通俗層次的文
學實踐與文學精神普及。

　　《風月報》營業主任簡荷生發表的〈旅中隨筆〉一文，陳述經營刊物的
理念，其言論如下：

> 蓋際此文明時代，科學昌明之年頭，倘無一二涵養精神之雜誌，陶
> 冶性情，使之向軌道上邁進，則無以挽救時弊，故本報之存續，殊
> 為重大而深有意義矣，（中略）。〔註52〕

此處說明有感於時代變動，面對西方文明以排山倒海之勢輸入台灣，本土文

〔註51〕引自，冷心莊主人〈白虎湯〉，《風月報》113 期，1940.7.15，頁 19。
〔註52〕引自，簡荷生〈旅中隨筆〉，《風月報》89 期，1939.7.7，頁 17。

化、文學未能與時俱進，以致民眾精神荒蕪，《風月報》文人亟思通過漢文文藝刊物捍衛傳統、教育讀者的因應態度。而雜誌撰稿者林紫珊於百期紀念號所寫的祝賀文章則重申經營者／編輯者／投稿者／購讀者間的互動關係，並肯定刊物的價值及定位：

> 其提倡文風。發揚藝苑。皆以維持世道爲主體。以指導民眾爲依歸。
> 冶言文爲一爐。涯百川而成海。廣結墨緣。何止吟風咏月。鼓吹思
> 潮。直欲振興文化。〔註53〕

又如編輯林荊南也對於刊物的發行與運作寄予厚望，並勉勵文壇新進積極創作、前輩作家捲土重來指導新人寫作〔註54〕，盼群策群力，「啓發竝促進孤島的文藝界，一邊要儘力提高文學創作的水準，清潔藝術園中的污穢！一心一德，涵養指導者的資格」。〔註55〕凡此均顯現通俗文藝工作者特有的一種文化關懷態度。

在林紫珊、林荊南的敘述中，說明了《風月報》集團文人乃是以民眾的「指導者」自居，以振興漢文、指導大眾爲己任，並隱含著改造台灣文壇弊端的企圖，其自詡爲文學渣滓的清道夫、台灣文藝創作的指導者，藉由刊物凝聚共識、互通聲氣、交流意見，希望能夠形成輿論與思潮，產生「啓民」、「育民」、「新民」的效用；而透由刊登於雜誌上的數則讀者投書，亦可發現部份閱讀者感念《風月報》扮演指導者的角色，啓示與指引青年邁向光明的文藝之路，如宜蘭讀者馮焜鍈與台中一讀者所述：

> 風月報是含有社會文藝的特殊，給我們青年男女開拓一線之光，使
> 我們永久地能夠向著光明之路上邁進著，這是我深深地由衷心而感
> 謝的呀！〔註56〕

> 我自讀了風月報以來，已快一年了，覺得內中的一篇一字，都能給
> 與我們細細研究咀嚼不厭，好像吃橄欖的樣子，愈嚼愈甜，它實在
> 是社會的南針、青年的導師，……。〔註57〕

來自台南的陳敬儒〈我的使命〉一詩則自覺地表述將雜誌興衰視爲己任，並決意創作不懈來豐富誌面：

〔註53〕引自，紫珊室主〈風姨月姊百壽記〉，《風月報》100期，1940.1.1，頁4。
〔註54〕參見，南〈編輯後記〉，《風月報》111期，1940.6.15，頁43。
〔註55〕引自，荊南〈第三者的話〉，《風月報》100期，1940.1.1，頁8。
〔註56〕馮焜鍈〈異口同聲讚風月〉，《風月報》60期，1938.3.15，頁25。
〔註57〕臺中一讀者〈異口同聲讚風月〉，《風月報》60期，1938.3.15，頁25。。

　　我的使命——讀風月報感作——〔註58〕

　　風姨！月姊！

　　你倆的心芽兒已長了，心花兒也放大了；

　　來罷！我願永久的擁護你的新生命，

　　我願絞我的腦汁嘔我的心血來灌溉你；

　　使你吐出『新文藝之花』

　　爛熳於美麗的蕃薯島！

　　萬古不謝；

　　風姨！月姊！

　　這是我對你倆的使命。

類似的思想與言論，在誌面上反覆重述，日治時期的《風月報》、《南方》無疑成為一個戰時漢文文藝的想像共同體，透過編輯／書寫／出版／閱讀的機制，編者、作者與讀者一同參與、履行了具有都會特徵的早期大眾文化建構。

　　如上所述，由於辦刊方針、編輯理想、讀者反應及市場效益的通盤考量，取悅大眾、順應國策成為他們不得不然的抉擇，具有鄉土色彩的「新浪漫」文藝，以及「大眾化」長篇小說的寫作試驗，便是此抉擇與思索之呈現。再者，由於時代的際遇、發皇漢文的使命與通俗文人自身的內在要求，促使他們以一種指導被指導者的姿態，展現其通俗文化人的群體精神與文懷關懷，敦促大眾盡己之力維繫雜誌生存，呼籲寫作者相互交流、增進彼此文藝創作之能力。通俗文人以《風月報》、《南方》為核心，凝聚一致的社群集體思想意識，形塑獨特的文學品味和追求，其文化影響亦是值得關注的。

二、通俗文藝策略之修正與《南國文藝》的刊行

　　1941 年 5 月，第 130 期的《風月報》上刊登了「復刊五週年紀念改題特大號」的預告，表示為了順應國策，雜誌刊名將變更為「南方」，同時標舉「南方文化宣傳！本刊的新出發！」〔註59〕的口號，顯現在戰爭局勢下刊物方向之修正。同號的〈小啓〉也針對改題作出說明：「我們應時代的要求，決定把內容刷新，做點日華文化親善的課題，這已是成為我們不可稍緩的急務

〔註58〕陳敬儒〈我的使命——讀風月報感作〉，《風月報》124 期，1941.2.15，頁 14。
〔註59〕風月報編輯部〈豫告：復刊五週年紀念改題特大號〉，《風月報》130 期，1941.5.15，頁 11。

了！」、「此後我們愿做點東亞共存共榮的宣傳工作，以名副其實，發揮我們南方的眞使命。」〔註60〕文中突顯漢文通俗文藝順應時勢之潮流，與國家文藝政策接軌的現象，爲此之故，不能不轉變與調整刊物走向。

同樣的改革聲音，也出現在林荊南的回憶文字〈經過與將來〉〔註61〕一文中，作者加重了更換刊物名稱以應時局之必要性，並提及雖然編輯同人長久以來便亟思鼎新革舊，卻礙於會員的輿論而遲遲未有所行動，經過營業主任簡荷生南下徵詢諸會員意見後，方始確定將刊名由「風月報」改爲「南方」、發行所由「風月俱樂部」改爲「南方雜誌社」、原先採取會報形式的會員制度也改爲讀者制。

在這篇看似高調附和國策的作品中，實則隱微地透顯出刊物方針的制定，是圍繞著各種意識型態而進行的，隨著文學的時代性愈受重視，時局與文學間的互動也愈密切。然而，對於雜誌編輯同仁來說，即使胸懷指導、教化讀者大眾的文化理念與社會關懷，但既無法改變向國策傾斜的態勢，又不能違逆讀者及會員的閱讀期待，也就不難預見雜誌社成員間對於刊物方向的意見分歧了。事實上，觀察《風月報》末期的內容安排可以發現，文學作品的版面已大幅減少，較諸吳漫沙主筆初期即樹立的「開拓純粹的藝術園地 提倡現代的文學創作」〔註62〕的刊物旨趣，末期《風月報》及《南方》毋寧已成爲一份綜合性期刊，文藝篇幅日益減少，加上日漸偏離文學軌道的編輯走向，似乎引起部分同仁與撰稿者對於雜誌的經營心生倦怠，而有了另闢蹊徑創辦其他文藝雜誌的想法。〔註63〕

《南方》第139期的〈編輯室談話〉曾揭露相關訊息，表示林荊南忙於創辦新刊，長篇小說〈漁村〉因其無暇執筆而中止連載。〔註64〕爾後，1941年12月1日，時值太平洋戰爭前夕，《南方》編輯之一的林荊南，集結了相同理念的文學同好創辦漢文文藝雜誌《南國文藝》〔註65〕，創刊號在扉頁刊

〔註60〕〈小啓〉，《風月報》130期，1941.5.15，頁11。
〔註61〕參見，林荊南〈經過與將來〉，《南方》133期，1941.7.1，頁11。
〔註62〕這兩句標語式的雜誌宗旨，可見於第90期之後的《風月報》封面上，但改題爲《南方》後，則不復見此表述。
〔註63〕林荊南曾於作品中坦言：「……跑到南方雜誌社，這間兩個年來和我最有緣的雜誌，卻是亂七八遭（按：糟）的幹得有些倦了！還有甚麼可說？……」參見，余若林〈我的生活斷片〉，《南國文藝》創刊號，1941.12.1，頁37。
〔註64〕參見，編者〈編輯室談話〉，《南方》139期，1941.10.5，頁36。
〔註65〕與《風月報》、《南方》保持密切交流互動的中國地區綜合性期刊《華文大阪每日》也於專欄「世界文化消息」中揭載《南國文藝》的創刊訊息，參見，

出類同發刊辭的短文〈血書〉，此文由林荊南所作，隱晦地體現了該刊成立宗旨：

> 我立意要發刊這個小東西，就有我的知友對我說：你該三思而後行，臺灣有再創刊漢文雜誌的必要嗎？我答道：我不是認定有必要而行的，也不是只爲臺灣之有必要與否？而行的，我不是要獎勵人們來讀漢文；也竝不要給讀漢文的人們來讀；我也沒有甚麼叫做有目的底行動，我只知道我自己所做得到的事情我應該加了馬力去做，做出來是有益還是無益，我也是談不到的；東亞新秩序的建設，文化人對於文化方面的工作的使命，我在想，文化人都有這個文化工作的義務。
>
> 況且，臺灣未整理的文獻（考古學上的文學）還是很多，這要叫甚麼人來整理？這個可不是我們文化人應該去關心的事實？。
>
> 我竝不是以整個東亞人爲目的，不是以整個我們大日本帝國國民爲目的，又不是以整個臺灣島民爲目的，我所希望的是甚麼？我所以爲對眾的是甚麼？……，我的希望是在我血液還在流動的時候，有一個人出來說：這個工作是有必要的。〔註66〕

此篇宣言中，林荊南首先詰問此漢文雜誌創刊對台灣之必要性，隨即否認其目的是爲鼓勵漢文閱讀；後又謂辦刊缺乏「有目的底行動」，然卻深感自己應加速執行；他將東亞新秩序的建設視爲文化人的使命與義務，卻又直言雜誌創刊與東亞及日本帝國無涉。在這些正言若反、反覆辨證的文句中，林荊南對於《南國文藝》的成辦看似經營隨興，然而文末不飾眞情的自白：「我的希望是在我血液還在流動的時候，有一個人出來說：這個工作是有必要的。」浮顯出林荊南實則有所爲而爲的文化理想，如此一來，前文的疑問及正言反說似乎皆有了明確的答案：漢文雜誌的創刊實屬必要；發行《南國文藝》的目的在於鼓吹漢文閱讀的風氣、整理台灣的史料文獻；其教化對象是台灣民眾，甚至推及日本、東亞居民。刊物取名「南國」，當有其時勢考量〔註67〕，

景「世界文化消息」，《華文大阪每日》7：10，1941.11.15，頁50；以及本書附錄的「《華文大阪每日》中《風月報》、《南方》及台灣文學相關記事」。

〔註66〕引自，南〈血書〉，《南國文藝》創刊號，1941.12.1。

〔註67〕參見，林荊南〈窮與罪〉，收錄於施懿琳（編）《林荊南作品選集——小說卷（一）》，彰化：彰化縣立文化中心，1998年12月，頁255。〈窮與罪〉爲林荊南寫於1978年的自傳性長篇小說，其中小說主人公「丁滌英」即作者的化身。

然而探究其創刊旨意與雜誌內容編排，必然也承擔起某種維繫漢文斯道的文化使命。只是，迫於戰時情勢和皇民化日文當道的文化情勢，因而說來悲觀、隱藏，充滿無奈而已。

《南國文藝》為月刊形式，十六開本，約六十頁上下，南國文藝社發行，編輯兼發行人為林為富，也就是林荊南，作家吳慶堂亦為雜誌社同仁。創刊號發行後，旋即因為主編林荊南撰寫日文小說《鄭成功（閩海の王者）》，書後收錄多首漢詩，有宣揚漢民族思想之嫌﹝註68﹞；加上在〈編輯室日記〉出現紀念「日蝕之日」的字眼﹝註69﹞，並介紹中國無政府主義作家巴金的作品〈雨〉等種種因素，遭總督府查禁﹝註70﹞，這份才剛誕生的漢文文藝刊物就此停刊。

圖4-1 《南國文藝》創刊號封面

雖然《南國文藝》的壽命極短暫，但內容頗為豐厚。其撰稿者囊括屢次在《風月報》發表作品的吳漫沙、林荊南、吳醉蓮、王養源、莊文夫、楊鏡秋、陳蔚然、吳慶堂（筆名繪聲）、東方散人……等作家，並試圖延攬新文學作家楊守愚﹝註71﹞、周定山﹝註72﹞，譯介托爾斯泰、多田道子，以及《堤中

﹝註68﹞ 參見，林荊南〈窮與罪〉，前揭文，頁255～259；施懿琳〈林荊南生平及寫作年表〉，收錄於施懿琳（編）《林荊南作品選集——雜文‧詩歌卷》，彰化：彰化縣立文化中心，1998年12月，頁901。

﹝註69﹞ 林荊南在九月二十一日的記事中，提及同仁將「南國文藝社」的招牌掛起，當天除了是雜誌社開始進行文化工作的紀念日，「最可記憶的這天是臺灣三百六十年來祇一次的日蝕之日。」參見，南〈編輯室日記〉，《南國文藝》創刊號，1941.12.1，頁56。

﹝註70﹞ 關於《南國文藝》停刊之因，吳慶堂作品的研究者呂興忠亦曾約略述及，參見，呂興忠〈吳慶堂戰後初期的五首新詩遺稿初探〉，收錄於呂興忠（編）《繪聲的世界——吳慶堂作品集》，彰化：彰化縣立文化中心，1997年7月，頁231。

﹝註71﹞ 楊守愚曾致信表示若身體康復，將為《南國文藝》撰稿，詳見，南〈編輯室日記〉，《南國文藝》創刊號，1941.12.1，頁56。

﹝註72﹞ 《南國文藝》上刊載周定山答覆林荊南邀其入社意願的信件，表示因未見《南國文藝》明訂具體編輯方針，恐內容無法負起革新精神，故未敢應承此工作，

納言物語》〔註73〕的小說，介紹巴金的創作。刊載的作品文體採文白並容的形式，但以白話創作佔多數，類別包含小說、新詩、散文，以及漢詩選錄；既有現實批判精神強烈之作，又有感性的抒情小品。整體而言，刊物採取了一種既不冒政治風險，又可保有文學自身審美判準，且裨益於文化事業的中間文藝路線，依違於國策與文學理想之間。

值得注意的是，刊物上以「介紹中國著名創作」的標題節錄中國無政府主義作家巴金的小說〈雨〉。巴金原作〈雨〉屬中篇小說，發表於 1933 年《良友》雜誌，描繪 30 年代中國知識青年的革命工作與情感故事，呈現個人情愛世界與外在階級社會的衝突關係，揭示個人無法自外於社會，以及革命的必要性。小說中女子若華因積極參與社會運動而遭拘補、生死難測。末了，痛失摯友的打擊令主角「煌」重新體會到，面對社會的不合理制度，個人安危是何等無關緊要，其內心獨白透露將獻身運動、積極反抗：

> 我不能夠再忍受下去。我的腳顫得厲害，牠（按：它）要第一個反
> 抗了。不管宇和別的朋友警告過的話，不怕我也會得著那樣的運命，
> 我不再躲在房間裡隱匿的生活了。我要出去做一點事情，免得到了
> 太遲的時候。〔註74〕

小說結束於煌堅決昂然，近乎慷慨就義的話語：「這麼的雨算得甚麼。我們走！」轉介這類以描寫知識份子奮起抗爭為主題的文本，在日治時期的通俗文學雜誌中實屬罕見，然而，對照主編林荊南發表在《風月報》、《南方》的若干言論，不難看出他敏感的政治嗅覺。〔註75〕因此，於大東亞戰爭前夕揭

並批評有些刊物不擇來稿，是不負責任的作法：「每個月六○頁的雜誌，倘若像『××』的有稿即登，不擇內容的，卻也沒有甚麼問題呢，假如稍存糧新的責任觀，原稿實在是頂難為的了。所以根本問題那解決，我才敢負起責任。因為這非我個人的關係，其他，像懶雲守愚盧谷少奇等的作家，倘我進出，他們於情誼上，當然要動員出馬的，那是沒有具體方針和精神內容，一味蒙昧接承，我是敢謝不敏的！」參見，周定山〈一封信〉，《南國文藝》創刊號，1941.12.1，頁 22～23。

〔註73〕林荊南以「懶糸」的筆名譯介《堤中納言物語》中的作品〈愛蟲公主〉。《堤中納言物語》是十一世紀中旬，日本平安時代的短篇小說集，編者與作者均難以考證。〈愛蟲公主〉（或譯為〈蟲姬〉）是書中最有名氣的作品，小說主要描述一位貴族女子，其言行滑稽、不合時代風潮。

〔註74〕引自，巴金〈雨〉，《南國文藝》創刊號，1941.12.1，頁 51。

〔註75〕例如林荊南曾節譯火野葦平《麥與兵隊》，於《風月報》上連載其譯作〈血戰孫圩城〉，亦曾以「中島道明」之名，發表歌頌日軍英勇無畏精神的戰爭小說

載巴金此篇不合時代要求的作品，其背後所隱含的文學革新意識也不容忽視，亦顯現即使《風月報》、《南方》文人間存在政治認同與文藝路線的分歧，但是他們對於提昇文化、普及文學的關懷，則大體上是一致的。

承上所論，《風月報》、《南方》為了肆應時勢變化，修正其刊物方向，縮減文藝版面，以林荊南為首的雜誌社同仁轉而創辦另一文藝期刊《南國文藝》，刊名與時局有所呼應，但內容編排以文藝創作為主，其中寄寓了接續中國新文學批判精神，宣揚漢文乃至潛藏若干民族意識思維，值得注目。

三、未竟的文學志業

1944 年 1 月 1 日，《南方》雜誌刊行最後一期，此後，僅保留漢詩部分，改以《南方詩集》的刊名繼續發行，但只維持兩期旋告終止。1944 年 3 月 25 日，這份歷時十年的漢文通俗文藝刊物遂在戰火中劃下休止符。1945 年 8 月，日本結束在台的殖民統治，國民黨政府接收台灣，此後《風月報》、《南方》的白話通俗作家們或是以古體詩作紓悶怡情、詠時記事；或是整理文獻史遺；或是投入報刊雜誌的編輯、記者工作，刊物終結、時代巨變並未使這些通俗作家全然停止書寫，而是嘗試以各種形式持續其文學實踐。以下僅就筆者調查所知，簡要整理如下：

（一）徐坤泉

1945 年末，徐氏因涉嫌參加「八一五獨立運動」〔註76〕遭到台灣警備總司令逮捕，後獲判無罪開釋。1950 年受聘於台灣省文獻委員會，編纂《台灣省通志稿學藝志文學篇》。任職期間，曾發表〈台灣早期文學史話〉於《文獻專刊》；其後 1960 年代投稿〈牛〉、〈鐵匠的夢〉等作於《豐年》、《學友》雜誌。〔註77〕

（二）吳漫沙

戰後吳漫沙仍持續創作不輟，除創辦月刊《時潮》，主編《新風》雜誌，

〈九軍神〉於《南方》雜誌。

〔註76〕1945 年 8 月 15 日，日本青年軍官聯合數位台籍士紳，草擬「台灣自治草案」，計畫成立自治協會，但不久後日本總督安藤利吉獲悉，於 8 月 24 日出面阻止，這場獨立運動因而流產，此事件中，辜政甫、許丙、徐坤泉皆因涉嫌遭補。參見，吳舜鈞〈徐坤泉研究〉，東海大學歷史系碩士論文，1994 年 7 月，頁 75～80。

〔註77〕參見，一剛〈徐坤泉先生去世〉，《台北文物》3 卷 2 期，頁 136。

並先後擔任《新生報》、《公論報》記者，陸續發表連載小說、民間故事、散文、新詩於各報紙期刊，《民族晚報》、《創作》、《聯合報》、《更生日報》、《華報》、《笠》、《台灣時報》常見其作品登載，80 年代起亦偶有古典詩作發表，但大致上仍以新文學作品爲主，著作甚豐。〔註78〕

（三）林荊南

戰後初期任《民報》副刊編輯，1946 年參與《民聲報》、《和平日報》創刊事宜；同年，散文〈賽珍珠女士的中國觀〉刊於《台灣文化》創刊號。1949年發行《臺灣詩學叢刊》，昔日《風月報》同仁簡荷生、王養源亦參與編務，其後陸續接任花蓮《東台日報》、台中《民權導報》、彰化《詩文之友》編輯，1978 年撰寫自傳性的長篇小說《窮與罪》，戰後的作品以傳統漢詩佔多數。〔註79〕

其餘作家，如吳慶堂，筆名繪聲、孤丁，戰後初期創作新詩〈回憶〉、〈友情〉、〈黃昏〉、〈老鼠〉。二度擔任學校教職，任職期間，完成兒童話劇劇本《遠足的前一天》、《悔悟》、《父歸》，後參加「詩文之友社」的擊鉢吟唱，改以漢詩寫作爲主。陳炳煌，筆名雞籠生，1951 年進入豐年社，負責《豐年》雜誌的編輯工作，日治時期舊作《海外見聞錄》於 1954、1959 年再版，1962 年出版《傻瓜集》。周傳枝，後改名爲周青，曾任《中外日報》記者，1947 年短篇小說〈灰色的追憶〉〔註80〕發表於《新新》，後赴中國大陸就職中國社會科學院台灣研究所研究員、中國作家協會會員，在大陸的周青，筆耕不輟，先後發表了小說《小相撲》、《農民曲》和《鷹哥石之霧》等。林錫牙，字爾崇，連任中華民國傳統詩學會第二、三任理事長及天籟吟社社長，著有《讀父書樓詩集》。

《風月報》、《南方》的作家有許多人當時署以筆名發表，因而背景資料難以考察，筆者在此只能稍作掠影，透過翻查與匯整一些殘存文獻中的雪泥鴻爪，試圖追索他們戰後的文學軌跡與文化活動。總體而言，刊物的作家群在台灣光復後的創作，除吳漫沙之外，作品數量大抵不如日治時期，但其文筆未輟，文化關懷的精神猶在，漢詩創作尤爲這一群歷經時代翻騰之文人的

〔註78〕 參見，吳瑩真〈吳漫沙生平及其日治時期大眾小說研究〉。
〔註79〕 參見，施懿琳〈林荊南生平及寫作年表〉，收錄於施懿琳（編）《林荊南作品選集——雜文・詩歌卷》，頁 896～911。
〔註80〕 參見，周傳枝〈灰色的追憶〉，《新新》第 2 卷第 1 期，1947 年 1 月 5 日，頁 19、21。

共同選項。

小　結

　　綜上所述，《風月報》、《南方》的文人群體對於台灣的文藝環境與市民文化有其觀察，他們以指導者的姿態指導讀者的文藝閱讀與文化觀念，希望一般市民讀者大眾能善盡責任，支持台灣的文化事業與文藝雜誌。此外，他們也將文化觀察與編輯策略聯結，試圖於讀者的喜好與自身的審美準則間尋求切入點，以「新浪漫」、具有「鄉土色彩」、「大眾化」的寫作，承載批評人生、指導人生的訴求，使創作得以貼近市民生活及休閒趣味。

　　藉由《風月報》、《南方》此漢文文藝的想像共同體，通俗文人逐步確立美學典律，凝聚集體思想意識與漢文教化的理想，此過程中亦曾出現部份分歧的聲音。林荊南於太平洋戰爭前夕，創辦《南國文藝》月刊，雜誌內容編排有別於《風月報》末期及《南方》的多元紛雜，改以文學創作為主線，並蘊含深刻的民族與文化意識。參照通俗作家在刊物走入歷史後，仍然持續進行書寫的創作活動，凡此皆浮顯出通俗作家力求漢文復興、藝術向上的文化思索。

第五章　結　論

　　日治時期報刊雜誌、書籍出版、書刊進口、廣播、學校教育……等現代傳播媒介的萌芽，形塑了知識份子的文化、文學素養及一般市民大眾的閱讀習慣，並且構築了台灣近代以來初次形成的大眾閱讀空間。在文化消費及知識產業逐步發展提升的外緣環境下，1930 年代台灣文化場域產生了三個重要變異：一、台灣由農業社會過渡到初級工業社會，早期都會文化興起，文化消費之閱讀人口浮現，爲現代通俗文學的興起提供了基本條件。二、印刷資本主義的日益興盛，報刊書籍大量生產、複製、進口，文學商品化的條件逐漸成熟，通俗文學單行本相繼問世，構成一股新興的閱讀熱潮。三、漢文台灣文學場域分化爲性質多樣的傳統文學、純文學、通俗文學等多元場域，以休閒娛樂性質爲重的文藝雜誌陸續發行，因而產生通俗小說的創作高峰。

　　《風月》、《風月報》、《南方》、《南方詩集》，一系列文藝雜誌的生產與暢銷正是此大背景下的產物之一，在 1935～1945 年將近十年的發刊期間，雜誌名稱歷經四次變革圖新，刊載的作品包含漢詩、民俗歌謠、花狐奇譚、科學新知、娼妓小傳、戰場紀實、俠義章回以及白話短篇……等等不一而足，體裁、形式多元紛繁；不同的編輯風格、文化態度、政治認同與意識型態激盪交錯，形成舊學與新學、文言與白話、傳統與現代、保守與激進、休閒與報國、親日與抵殖，多音交響，眾聲喧嘩的文學氛圍與文化語境。

　　爲使雜誌普及於不同年齡層、不同喜好的讀者，這份漢文文藝刊物屢次修正編輯策略與刊物方向。由初期《風月》的休閒狎邪、無涉政治；到《風月報》轉型爲文藝取向的蛻變革新；再到《南方》時期力求既深刻反映戰爭現實、又兼容文藝創作的嘗試，刊物的通俗性與部分異化、附和戰時國策的

言論，使該誌雖然有其爭議性，卻也成為戰時得以通過總督府嚴密的書籍檢閱制度，持續承載漢文文藝維繫與更生的一個重要舞台。

除了政治因素之外，對「讀者大眾」的想像、開發與迎合亦成為報刊主要編輯徐坤泉、吳漫沙決定刊物內容、走向時衡量的關鍵之一，同時更是作家們在執筆小說時的重要創作元素。由《風月》、《風月報》、《南方》各階段內容改革、方向修正透顯出，編輯者與創作者已逐漸意識到讀者「大眾」的存在，而必須揣想讀者的閱讀品味與文學好惡，採取有別於過去的敘寫姿態，藉此達成創造更廣泛閱讀人口的目標。同時，「大眾想像」也成為通俗作家對大眾的、市民的、都會的書寫方式，作家藉此來述說當時都會的各種姿態及風采，讀者則通過作品與都會、流行文化接軌。「大眾想像」因此成為《風月報》與《南方》通俗小說重要的主題之一。這一連串雜誌內部自我革新的現象，蘊藏了「大眾想像」被列為文藝創作、經營與發行的主要參考座標，故而這種大眾市民取向的雜誌之出現，有其不可忽略的重要社會意涵。

此外，隨著台灣的都市化進程加速，引發了通俗文學的都市審美探尋，透過公共空間與日常生活的書寫傳遞新興城市生活的不同面向。在這種背景下，具有象徵意義的、獨特的、通俗小說中的公園、圓山、咖啡店、電影院、百貨店等空間便藉由書寫／閱讀／想像的機制進入市民的現代想像之中。而當這些名勝景點、公共園地，與虛擬的通俗故事中動人的男女情愛結合在一起時，它們已然不只是一個普通的空間，更是形構市民都會生活風尚、集體現代想像與公眾記憶的容器。

在《風月》、《風月報》、《南方》雜誌上，以台北為中心的 1930、40 年代台灣現代都市情愛與性別流行議題的書寫，佔據極大份量。其中，男性作家評議都會女性爭逐流行時尚的（反）摩登論述，大多是以父權中心的觀點提示現代新女性的人生使命與社會角色之扮演，試圖參與並主導都市「新女性」典範的塑造。此類論述中呈現二元對立的男是女非的評價，都市女性往往被妖魔化、罪行化。其次，在婚戀論述中，通俗作家們藉由雜誌向讀者提供了關於婚戀體驗與戀愛道德準繩的典範性文本，於評述婚戀價值的同時，將戀愛與道德並置相比，在父權凌駕婦德的保守觀點操作下，指導女性閱讀者的婚戀生活，流露出希望女性婚戀自主，但同時又希望她們被教育並接受指導的矛盾，最終推演出「婦德至上、戀愛其次」的教條式結論。

另外，白話通俗小說則多以臉譜化的人物及固定的腔調，展演程式化的

婚戀故事，知識份子與摩登女性在這些文本中，分別扮演著男性指導者／救贖者與女性被指導者／被救贖者的角色，在小說作者渲染這些女性「為何墮落」及男性「如何救贖」的過程中，女性成為被男性欣賞、悲憫，同時也是接受男性批判、教化的對象。這些以市民婚戀為題材的論述及小說作品，負載著多元的新興價值與時代精神，反映了當時部份市民男女的愛情觀。

太平洋戰事升高後，通俗文藝對大眾的想像由資本主義下小資產階級的市民休閒與婚戀想像，轉化為戰爭體制下的群眾動員，雜誌上的戰爭色彩益加深化。編輯者操縱著與大眾相關的想像及論述，除正面歌頌戰爭、宣揚中日和平親善、號召作家投筆從戎，更利用日本神道信仰與中國傳統儒學兩者間的共性，改造孔孟形象為戰爭英雄，日益引導刊物轉換方向，以達成戰爭動員的宣傳目標，表現戰爭遂成為刊物的中心意識。此時，通俗作家的角色由文人轉變為文學戰士，成為戰爭的鼓動者和參與者。在軍國主義思想的推波助瀾下，「新女性」也被賦予「皇國女性」的新內涵，與代父從軍、征戰沙場的花木蘭劃上等號，由此透顯出《風月報》、《南方》為了維持雜誌生存，在誌面風格設計與白話小說的創作上，不得不考量到服膺國策、響應新體制運動的必要。

殖民政府語言政策變革對文藝生產引發的連鎖效應，反映於《南方》中東亞戰爭及太平洋戰爭時期的白話小說上，呈現出「庶民性」和「國策性」兩個重要向度。在庶民性方面，部分作家作品以人道主義的筆觸，觀照市民大眾內心深處的矛盾和無奈，以及殖民地青年對於命運的思索。另一類以書寫戰時體制下大眾對於自我出路的思考、面對戰事的心態為主軸的作品，則反映出漢文通俗文藝的國策性，在這類小說中，雖不無渲染犧牲、奉獻等愛國主義之作，但由分析得知，小說主人公「光榮出征」、「雄飛南方」等行為背後，多隱藏著為紓解生活或精神困境而順應時局的無奈考量。如此一來，便在某種程度上消解了戰爭與國策的神聖性，這些作品也豐富了大東亞戰爭時期文學創作的內容。

總結正文所論，通俗作家們將充溢內心的現代感觸與流行文化訊息投射到文本的骨肉細縫間，編織成通俗言情敘事，書寫了那個年代某一面向的台北歷史，並演繹著自我的文學生命，透過小說閱讀與想像的過程向讀者進行傳遞與感染。財富、欲望、流行、休閒、都會認同，重新成為人們激情的聚焦點。正是在這一點上，通俗敘事和以反殖、抗暴、社會主義改造等作為中

心語彙的意識型態話語體系畫出了鮮明的界線。然而，《風月報》、《南方》儘管與台灣新文學嚴肅的文化批判精神相背離，卻從不同的角度反映了以島都台北為主的台灣初期近代都會中繁複多采的社會現實，以不同的藝術風格滿足了不同層次、審美趣味的讀者需求。

通俗作家站在菁英知識份子言說的邊緣，以「大眾化」的方式展開敘述，反而觸及了菁英言說所未能觸及或者有意迴避的一些問題，比如：飲食男女、城市體驗與時尚文化等。「大眾化」取向拓展了敘事的空間，關注了農工以外的都市邊緣人群、更貼近市民的生存現實以及與此相關聯的情感、趣味等問題。正是在此基礎上，1930、40 年代產生了白話通俗小說的讀寫熱潮，標誌著這類文本在讀書市場上的需求已經增大，而作家的創作也已趨於成熟。

《南方》時期，通俗文人一方面繼續關注都市的世風人情，另一方面由於反應時代要求，以指導者的姿態教化、訓誡讀者大眾，也力行發皇漢文斯道、提升藝術質量的文學實踐，並試圖於讀者品味與內在審美標準間尋求切入點。他們用都會市民的婚戀故事引領讀者走過交錯在市集與風景名勝間的電影院、咖啡館、公園、神社、明治橋……等流行空間，見識在休閒消費文化中生產的風韻。

綜而言之，根據本論文的考察，在殖民、家國等宏大敘述之外，通俗文學亦有其內在的文化關懷與社會使命，時而反映出通俗文學特有的生產和消費模式，並對漢文文藝的興衰維繫提出一些深刻辯證；時而以文本體現國策色彩，在一定程度上折射出不同意識型態間的潛在衝突。漢文文藝雜誌《風月報》、《南方》消閒性、通俗性的定位，以及貼近市民的價值觀、大眾化的藝術思路，在在蘊積了多元豐富的文化能量，構成日治時期台灣文學史與文化史中的獨特群落，從而在台灣近代大眾文化興起的過程中產生別具一格的意義。

參考文獻

一、日治時期雜誌、報紙

1. 《風月》、《風月報》、《南方》、《南方詩集》覆刻本，台北：南天出版社，2001 年 6 月。
2. 《南國文藝》，南國文藝社，1941 年 12 月 1 日。
3. 《台灣新民報》，台灣新民報社。
4. 《華文大阪每日》，大阪每日新聞社。
5. 《新民會文存》，新民會，第二輯，1929 年 3 月 1 日。

二、文　集

1. 呂赫若（著）；鍾瑞芳（譯）《呂赫若日記》，台南，國家文學館，2004 年 12 月。
2. 吳漫沙《追昔集》，板橋：台北縣政府文化局，2002 年 12 月。
3. 中島利郎編《台灣通俗文學集一》，東京：綠蔭書房，2002 年 11 月。
4. 中島利郎編《台灣通俗文學集二》，東京：綠蔭書房，2002 年 11 月。
5. 陳萬益主編《張文環全集》卷 6，豐原：台中縣立文化中心，2002 年 3 月。
6. 陳萬益主編《張文環全集》卷 7，豐原：台中縣立文化中心，2002 年 3 月。
7. 賴和《賴和全集》2 新詩散文卷，台北：前衛，2000 年 6 月。
8. 彭小妍主編《楊逵全集》第六卷・小說卷（Ⅲ），台南：國立文化資產保存中心籌備處，2000 年 12 月。
9. 彭小妍主編《楊逵全集》第七卷・小說卷（Ⅳ），台南：國立文化資產保存中心籌備處，2000 年 12 月。

10. 陳垂映《暖流寒流》，豐原，中縣文化，1999 年。

11. 葦顏碧霞（著）；邱振瑞（譯）《流》，台北：草根出版社，1999 年 4 月。

12. 鍾肇政《鍾肇政回憶錄（一）：徬徨與掙扎》，台北：前衛，1998 年 4 月。

13. 吳漫沙《大地之春》，台北：南方雜誌社，1942 年；重新排印：台北：前衛，1998 年 8 月。

14. 吳漫沙《黎明之歌》，台北：南方雜誌社，1942 年；重新排印：台北：前衛，1998 年 8 月。

15. 吳漫沙《韮菜花》，台北：台灣新民報社，1939 年；重新排印：台北：前衛，1998 年 8 月。

16. 建勳、林萬生《京夜·命運》，中央書局，1927 年 12 月；重新排印：台北：前衛，1998 年 8 月。

17. 林煇焜（著）、邱振瑞（譯）《命運難違》（上）（下），台北：前衛，1998 年 8 月。

18. 阿 Q 之弟（徐坤泉）《可愛的仇人》，台北：台灣新民報社，1936 年；重新排印：阿 Q 之弟《可愛的仇人》（上）（下），台北：前衛出版社，1998 年 8 月。

19. 阿 Q 之弟（著）、張文環（譯）《可愛的仇人》，台北：台灣新民報社，1938 年。

20. 阿 Q 之弟（徐坤泉）《靈肉之道》，台北：台灣新民報社，1937 年；重新排印：阿 Q 之弟《靈肉之道》（上）（下），台北：前衛，1998 年 8 月。

21. 阿 Q 之弟（徐坤泉）《暗礁》，土城：文帥出版社，1988 年 2 月。

22. 施懿琳編《林荊南作品選集——小說卷（一）》，彰化：彰化縣立文化中心，1998 年 12 月。

23. 施懿琳編《林荊南作品選集——小說卷（二）》，彰化：彰化縣立文化中心，1998 年 12 月。

24. 施懿琳編《林荊南作品選集——詩歌·雜文卷》，彰化：彰化縣立文化中心，1998 年 12 月。

25. 許丙丁《許丙丁作品集》（上）（下），呂興昌編校，台南：文化中心，1996 年 5 月初版。

26. 石川達三（著）、劉慕沙（譯）《活著的兵士》，台北：麥田，1995 年 10 月。

27. 呂赫若《呂赫若小說全集》，台北：聯經，1995 年。

28. 龍瑛宗《午前的懸崖》，台北：蘭亭書店，1985 年。

29. 丁寅生《孔子演義》（上）（下），中和：廣文書局，1978 年 7 月。

三、專　著

1. 陳柔縉《台灣西方文明初體驗》，台北：麥田，2005 年 7 月。

2. Dominic Stgrinati（著）；張茵蕙、袁千雯、林育如（譯）《通俗文化理論》，台北：韋伯文化，2005 年 1 月。

3. 黃美娥《重層現代性鏡像：日治時代臺灣傳統文人的文化視域與文學想像》，台北：麥田，2004 年 12 月。

4. 周海波、楊慶東《傳媒與現代文學之間》，北京：中國社會科學出版社，2004 年 12 月。

5. 宋莉華《明清時期的小說傳播》，北京：中國社會科學出版社，2004 年 7 月。

6. 陳芳明《殖民地摩登：現代性與台灣史觀》，台北：麥田，2004 年 6 月。

7. 河原功（著）；莫素微（譯）《台灣新文學運動的展開——與日本文學的接點》，台北：全華，2004 年 3 月。

8. 孟繁華《傳媒與文化領導權》，濟南：山東教育出版社，2003 年 12 月。

9. 小森陽一（著）、陳多友（譯）《日本近代國語批判》，長春：吉林人民出版社，2003 年 12 月。

10. 倪偉《“民族”想像與國家統制》，上海：上海教育出版社，2003 年 9 月。

11. 黃美娥《日治時期台北地區文學作品目錄》（上）（下），北市：台北市文獻委員會，2003 年 2 月。

12. 范伯群、孔慶東主編《通俗文學十五講》，北京：北京大學出版社，2003 年 1 月。

13. 李郁蕙《日本語文學與台灣：去邊緣化的軌跡》，台北：前衛，2002 年 7 月。

14. 周婉窈《海行兮的年代——日本殖民統治末期台灣史論集》，北市：允晨文化，2002 年 7 月。

15. 三澤眞美惠《殖民地下的「銀幕」：台灣總督府電影政策之研究（1895—1942）》，前衛，2002 年。

16. 趙孝萱《鴛鴦蝴蝶派新論》，宜蘭：佛光人文社會學院，2002 年，初版。

17. 李郁蕙《日本語文學與台灣：去邊緣化的軌跡》，台北：前衛，2002 年。

18. 李宗慈《吳漫沙的風與月》，板橋：北縣文化局，2002 年 10 月。

19. 王健《『神體儒用』的辨析：儒學在日本歷史上的文化命運》，鄭州：大象出版社，2002 年 9 月。

20. 劉禾（著）；宋偉杰等（譯）《跨語際實踐——文學，民族文化與被譯介的現代性》，北京：三聯書店，2002 年 6 月。

21. 李歐梵（著）；毛尖（譯）《上海摩登——一種新都市文化在中國 1930～1945》，北京：北京大學出版社，2001 年 12 月。

22. 劉秀美《五十年來的台灣通俗小說》，台北：文津出版社，2001 年。

23. 陳培豐《「同化」の同床異夢：日本統治下台灣の國語教育史再考》，日本：三元社，2001 年。

24. （法）布迪厄（著）；劉暉（譯）《藝術的法則：文學場的生成和結構》，北京：中央編譯，2001 年 3 月。

25. John. Storey（著）；楊竹山等（譯）《文化理論與通俗文化導論》，南京：南京大學出版社，2001 年 1 月。

26. 井手勇《決戰時期台灣的日人作家與「皇民文學」》，台南：台南市立圖書館，2001 年。

27. 朱家慧《兩個太陽下的台灣作家——龍瑛宗與呂赫若研究》，台南：台南市立圖書館，2000 年。

28. 范伯群《中國近現代通俗文學史》，南京：江蘇教育出版社，2000 年 4 月。

29. 邱旭伶《台灣藝妲風華》，台北：玉山社，1999 年 4 月。

30. 范伯群主編《中國近代通俗文學史》，南京：江蘇教育出版社，1999 年。

31. 班納迪克‧安德森（著）、吳叡人（譯）《想像的共同體：民族主義的起源與散布》，台北：時報，1999 年 4 月。

32. 哈伯馬斯（著）、曹衛東等（譯）《公共領域的結構轉型》，上海：學林出版社，1999 年 1 月。

33. 孔慶東《超越雅俗——抗戰時期的通俗小說》，北京：北京大學出版社，1998 年。

34. 藤井省三《台灣文學この百年》，東京：東方書店，1998 年。

35. 曾秋美《台灣媳婦仔的生活世界》，台北：玉山社，1998 年 6 月。

36. 呂紹理《水螺響起——日治時期台灣社會的生活作息》，北市：遠流出版社，1998 年 3 月。

37. 劉炳澤、王春桂《中國通俗小說概論》，台北：志一，1998 年 2 月初版。

38. 許俊雅《台灣寫實詩作之抗日精神研究》，台北：國立編譯館，1997 年 4 月。

39. 駒込武《殖民地帝國日本の文化統合》，日本：岩波書店，1996 年。

40. 許俊雅《日據時期臺灣小說研究》，台北：文史哲，1995 年 2 月，初版。

41. 楊翠《日據時期台灣婦女解放運動》，台北：時報文化，1993 年 5 月。

42. 吳文星《日據時期臺灣社會領導階層之研究》，台北：正中書局，1992 年 3 月。

43. Raymond Williams（著）、彭淮棟（譯）《文化與社會：一七八〇年至一九

五〇年英國文化觀念之發展》，北市：聯經，1985 年 12 月。

44. 李瞻（編）《中國新聞史》，台北：臺灣學生，1979 年 9 月。

45. 蜂矢宣朗，《南方憧憬——佐藤春夫と中村地平》，台北：鴻儒堂，1991 年 5 月。

四、單篇論文

1. 王惠珍〈殖民地作家的文化素養問題——以龍瑛宗爲例〉，收錄於柳書琴、邱貴芬主編《後殖民的東亞在地化思考：臺灣文學場域》，台南：國家臺灣文學館，2006 年 4 月。

2. 垂水千惠（著）；王俊文（譯）〈爲了台灣普羅大眾文學的確立——楊逵的一個嘗試〉，收錄於柳書琴・邱貴芬主編《後殖民的東亞在地化思考：臺灣文學場域》，台南：國家臺灣文學館，2006 年 4 月，頁 113～130。

3. 李承機〈從清治到日治時期的〈紙虎〉變遷史——將緊張關係訴諸「輿論大眾」的社會文化史〉，收錄於柳書琴・邱貴芬主編《後殖民的東亞在地化思考：臺灣文學場域》，台南：國家臺灣文學館，2006 年 4 月，頁 15～44。

4. 陳培豐〈日治時期的漢詩文、國民性與皇民文學——在流通與切斷過程中走向純正歸一〉，「跨領域的台灣文學研究學術研討會」論文，國家台灣文學館主辦，成功大學台灣文學系，2005 年 10 月 15～16 日。

5. 姚人多〈「文學的輪子是向前跑」：日據時代新舊文學論戰中的非文學「化身」〉，「跨領域的台灣文學研究學術研討會」論文，國家台灣文學館主辦，成功大學台灣文學系，2005 年 10 月 15～16 日。

6. 柳書琴〈從官製到民製：自我同文主義與興亞文學（Taiwan1937～1945）〉，收錄於王德威、黃錦樹編《想像的本邦：現代文學十五問》，台北：麥田，2005 年 5 月，頁 63～90。

7. 翁聖峰〈國教宗教辨——以《孔教報》爲論述中心〉，台灣大學東亞文明研究中心，《「台灣儒學文獻研討會」會議論文集》，2005 年 5 月 28 日，頁 1～12。

8. 柳書琴〈傳統文人及其衍生世代：台灣漢文通俗文藝的發展與延異（1930～1941）〉，「日本台灣學會第 7 回學術大會」論文，天理大學主辦，2005 年 6 月。

9. 朱雙一〈日據末期《風月報》新舊文學論爭述評——關於"台灣詩人七大毛病"的論戰〉，《台灣研究集刊》，84 期，2004 年第 2 期，頁 89～98。

10. 朱雙一〈趨向祖國認同的心路歷程——朱天順早年的文學創作〉，《現代台灣文學研究》，2004 年第 1 期。

11. 柳書琴〈通俗作爲一種位置：《三六九小報》與 1930 年代台灣的讀書市

場〉，《中外文學》，第 33 卷，第 7 期，2004 年 12 月，頁 20～56。

12. 翁聖峰〈江亢虎遊台爭議與《臺遊追記》書寫〉，《臺北師院語文集刊》第 9 期，2004 年 11 月。

13. 陳建忠〈大東亞黎明前的羅曼史——吳漫沙小說中的愛情與戰爭修辭〉，《日據時期台灣作家論—現代性、本土性、殖民性》，台北：五南，2004 年 8 月，頁 209～250。

14. 陳平原〈現代中國文學的生產機制及傳播方式——以 1890 年代至 1930 年代的報章為中心〉，《文學的周邊》，北京：新世界出版社，2004 年 7 月。

15. 陳蕙如〈在菁英與大眾之間—論徐坤泉「可愛的仇人」的革新意識及其通俗呈現〉，《育達人文社會學報》，2004 年 7 月，頁 245～256。

16. 施淑〈大東亞文學共榮圈——《華文大阪每日》與日本在華占領區的文學統制〉，「楊逵文學國際學術研討會」，國家台灣文學館主辦，靜宜大學台灣文學系承辦，2004 年 6 月。

17. 陳培豐〈大眾的爭奪——《送報伕》、「國王」、《水滸傳》〉，「楊逵文學國際學術研討會」會議論文，國家台灣文學館主辦，靜宜大學台灣文學系承辦，2004 年 6 月。

18. 李承機〈殖民地臺灣媒體使用語言的重層構造——「民族主義」與「近代性」的分裂〉，《跨界的臺灣史研究——與東亞史的交錯》，台北：傳播者文化有限公司，2004 年 4 月，頁 201～239。

19. 林淑慧〈日治末期《風月報》、《南方》所載女性議題小說的文化意涵〉，《臺灣文獻》，55：1，2004 年 3 月，頁 205～237。

20. 柳書琴〈《風月報》中的同文主義論述：殖民主義附身的悲劇〉，「文學傳媒與文化視界國際學術研討會」宣讀論文，中正大學中文系主辦，2003 年 11 月 7～8 日。

21. 毛文芳〈情慾、瑣屑與詼諧：三六九小報的書寫視界〉，「文學傳媒與文化視界國際學術研討會」，嘉義：中正大學人文研究中心暨中文系主辦，2003 年。

22. 潘建國〈清末上海地區的書局與晚清小說〉，「文學傳媒與文化視界國際學術研討會」，嘉義：中正大學人文研究中心暨中文系主辦，2003 年。

23. 中島利郎〈日據時代台灣文學：關於台灣的「大眾文學」〉。「文學傳媒與文化視界國際學術研討會」宣讀論文，嘉義：中正大學人文研究中心暨中文系主辦，2003 年。

24. 施懿琳〈決戰時期台灣漢詩壇的國策宣傳與異聲——以《南方雜誌》(1941～1944) 為觀察對象〉，「張文環及其同時代作家學術研討會」論文集，國家台灣文學館、國立文化資產保存研究中心籌備處主辦，靜宜大學中文系、台文系協辦，2003 年 10 月 18～19 日。

25. 張文薰〈『可愛的仇人』と張文環〉，收錄於《天理台灣學會年報》12 號，2003 年。

26. 岡田英樹〈中國語による大東亞共榮圈〉，「殖民主義與現代性的再檢討」國際學術研討會論文，中央研究院台灣史研究所籌備處，2002.12.23。

27. 江寶釵〈日治臺灣藝旦的教育書寫及其文化視野：以「三六九小報花系列」為觀察場域〉（抽印本），臺灣大學：「晚清──四○年代文化場域與教育視界」國際學術研討會，2002 年 11 月 7 日。

28. 中島利郎〈日本統治期台灣の「大眾文學」〉，收錄於氏編《台灣通俗文學集一》，東京：綠蔭書房，2002 年 11 月。

29. 中島利郎〈日本統治期台灣文學台灣偵探小說史稿〉，《歧阜聖德學園大學外國語學部中國語學科紀要》，第 5 號，2002 年 3 月 31 日，頁 1～30。

30. 中島利郎編〈台灣偵探小說年表〉，《歧阜聖德學園大學外國語學部中國語學科紀要》，第 5 號，2002 年 3 月 31 日，頁 31～39。

31. 河原功〈雜誌『台灣藝術』と江肖梅〉，《成蹊論叢》39 號，2002 年 3 月 10 日。

32. 野間信幸（著）；陳明台（譯）〈關於張文環翻譯的《可愛的仇人》〉，收錄於《張文環全集》卷八，豐原：台中縣立文化中心，2002 年 3 月，頁 70 ～87。

33. 張文薰〈評論家／小說家的雙面張文環：以藝旦・媳婦仔問題為中心〉，《台灣文學學報》第 3 期，2002 年 12 月，頁 209～228。

34. 小森陽一〈"文學"和民族主義〉，《東亞現代性的曲折與展開》，長春：吉林人民出版社，2002 年 1 月，頁 327～341。

35. 河原功〈解說『台灣出版警察報』〉，台灣總督府警務局保安課《台灣出版警察報》複刻版，東京：不二出版社，2001 年。

36. 向麗頻〈「三六九小報」「花叢小記」所呈現的臺灣藝旦風情〉，《中國文化月刊》261 期，2001 年 12 月。

37. 楊永彬〈從《風月》到《南方》──論析一份戰爭期的中文文藝雜誌〉，《風月・風月報・南方・南方詩集總目錄專論著者索引》，台北：南天書局，2001 年 6 月，頁 67～173。

38. 雷蒙・威廉斯〈文化分析〉，收錄於羅綱、劉象愚主編《文化研究讀本》，北京：中國社會科學出版社，2000 年 9 月。

39. 洪郁如〈日本統治初期士紳階層女性觀之轉變〉，收於若林正丈、吳密察、王慧芬合編《台灣重層近代化論文集》，台北：播種者文化，2000 年，頁 255～281。

40. 黃英哲、下村作次郎〈戰前臺灣大眾文學初探（一九二七年～一九四七年）〉，收入彭小妍編《文藝理論與通俗文化》（上），台北：中央研究院中

國文哲研究所籌備處，1999 年，頁 231～254。

41. 河原功（著）、黃安妮（譯）〈《臺灣藝術》雜誌與江肖梅〉，收錄於彭小妍編《文藝理論與通俗文化》（上），台北：中央研究院中國文哲研究所籌備處，1999 年，頁 255～278。

42. 王昶雄〈序「流」——貼心之作，其流淙淨〉，見辜顏碧霞《流》，台北：草根，1999 年 4 月。

43. 黃英哲、下村作次郎〈台灣大眾文學緒論〉，收錄於阿Q之弟《可愛的仇人》，台北：前衛，1998 年 8 月，頁 1～12。

44. 黃美娥〈日治時代台灣詩社林立現象的社會考察〉，《臺灣風物》47 卷 3 期，1997 年 9 月。

45. 翁聖峰〈日據末期的台灣儒學——以「孔教報」為論述中心〉，《第 1 屆台灣儒學研究國際學術研討會論文集》，台南：成大中文系，1997 年 4 月 11 日，頁 27～50。

46. 柳書琴〈再剝〈石榴〉——決戰時期呂赫若小說的創作母題（1945～45）〉，收錄於《呂赫若作品研究——台灣第一才子》，台北：聯合文學，1997 年。

47. 許俊雅〈日據時期台灣小說中的婦女問題〉，《台灣文學論——從現代到當代》，台北：南天書局，1997 年，頁 29～60。

48. 星名宏修〈汪精衛政權期の上海文學〉，《太田進先生退休記念中国文學論集》，1995 年 8 月 1 日，大阪：中国文芸研究會，頁 21～40。

49. 葉石濤〈日據時代新文學作家的文學教育〉，《中外文學》23：8，1995 年 1 月。

50. 林瑞明〈賴和的文學及其精神〉，《台灣文學與時代精神——賴和研究論集》，台北：允晨文化，1993 年。

51. 楊雅慧〈日據末期的台灣女性與皇民化運動〉，《台灣風物》43：2，1993 年。

52. 張良澤〈徐坤泉（阿Q之弟）作品目錄〉，收錄於《台灣學術研究會誌》，1987 年。

53. 陳鏡波〈軟派文學與拙作〉，《臺北文物》，3 卷 3 期，1954 年 12 月，頁 68～69。

54. 一剛〈徐坤泉先生去世〉，《臺北文物》，第三卷第二期，1954 年 8 月 20 日，頁 136。

55.. 施淑，〈大東亞文學共榮圈：《華文大阪每日》與日本在華占領區的文學統制〉，《新地文學》1，2007 年 9 月。

56. 施淑，〈文藝復興與文學進路——《華文大阪每日》與日本在華占領區的文學統制（二）〉，《新地文學》4，2008 年 6 月。

57. 柳書琴，〈文化遺產與知識鬥爭：戰爭期漢文現代文學雜誌《南國文藝》

的創刊〉,《台灣文學研究學報》5,2007 年 10 月。

五、學位論文

1. 陳春美〈決戰《南方》——戰爭體制下的新舊文學論爭〉,國立台北師範學院台灣文學研究所碩士論文,2005 年 1 月。

2. 呂淳鈺〈日治時期台灣偵探敘事的發生與形成:一個通俗文學新文類的考察〉,政治大學中國文學系碩士論文,2004 年 7 月。

3. 李承機〈台湾近代メディア史研究所所序説——殖民地とメディア〉,東京大学大学院総合文化研究科博士論文,2004 年 5 月。

4. 江昆峰〈《三六九小報》之研究〉,銘傳大學應用中國文學系碩士論文,2003年。

5. 柯喬文〈《三六九小報》古典小説研究〉,南華大學文學所碩士論文,2003年 6 月。

6. 翁聖峰〈日據時期臺灣新舊文學論爭新探〉,輔仁大學中國文學研究所博士論文,2002 年 7 月。

7. 李陸梅〈鄭坤五《鯤島逸史》研究〉,東海大學中國文學系碩士論文,2002年 6 月。

8. 呂明純〈徘徊於私語與秩序之間——日據時期台灣新文學女性創作研究〉,淡江大學中文系碩士論文,2002 年 2 月。

9. 吳瑩眞〈吳漫沙生平及其日治時期大眾小説研究〉,南華大學文學所碩士論文,2002 年 2 月。

10. 邱雅芳〈聖戰與聖女——以皇民化文學作品的女性形象爲中心(1937～1945)〉,靜宜大學中國文學系碩士論文,2001 年 6 月。

11. 郭怡君〈《風月報》與《南方》通俗性之研究〉,靜宜大學中國文學系碩士論文,2000 年 7 月。

12. 吳舜鈞〈徐坤泉研究〉,東海大學歷史學系碩士論文,1994 年 7 月。

13. 楊雅慧〈戰時體制下的台灣婦女:日本殖民政府的教化與動員〉,清華大學歷史學系碩士論文,1994 年。

附　錄

附錄一　《風月》、《風月報》、《南方》出刊異常表

一、《風月》

期數	日　期	版	狀　況	說　明
2	1935.5.16	—	延後出刊	第一期 1935.5.9 發行，第二期則爲 1935.5.13 印刷、1935.5.16 發行。
11	1935.6.19	—	延後出刊	第 10 號 1935.6.13，第 11 號延後三天發行，原因不明。
17	1935.7.13	—	延後出刊	第 16 號 1935.7.6，本期延後三天出刊。
18	1935.8.3	—	延後出刊	第 17 號 1935.7.13，相隔半月才出刊。
19	1935.8.9	—	延後出刊	延後三天。
30	1935.9.19	—	延後出刊	第 29 號 1935.9.13 出刊，本期延後三天。
34	1935.10.26	—	延後出刊	第 33 號 1935.9.29 出刊，第 34 號相隔近一月出刊。
35	1935.12.14	—	延後出刊	第 34 號 1935.10.26 出刊，二個月後甫出刊 35 號，且一改以往每月三、六、九日刊行的慣例，改爲「每土曜日刊行」，轉爲週刊。
36	1935.12.21	—	部費、廣告料調整	於第一版公佈部費、廣告料調整之價目，廣告料是創刊號時的半價，部費亦較便宜（單價相同，但長期定價則較便宜）。
37	1935.12.29	—	延後出刊	延後一天出刊。
38	1936.1.3	—	恢復三、六、九日出刊	第二版〈花選啓〉附啓：「本部爲主催新春美人人氣投票，依舊每逢三六九日，發刊風月志。」

| 44 | 1936.2.8 | — | 延後出刊，且又改爲诶土曜日刊行 | 第 43 號於 1936.1.19 出刊，第 44 號卻延至 1936.2.8，相隔半個月；且花選活動之第二回開票原定於 1 月 20 日，第三回爲 1 月 30 日，但於第 44 號上，僅刊出第二回票選結果，並註明：「花選因有種種關係，經暫中止。」 |

二、《風月報》

期數	日　期	版	狀　況	說　　　明
45	1937.7.20	—	改名《風月報》	相隔近半年才復刊，且更名爲《風月報》，每月朔望兩日發行，爲半月刊，增刊 26 頁，人事亦有所變動。另，會員制與零售並行，會費前納，廣告刊登費漲四倍。
49		—	休刊	
50	1937.10.16	【34】	自本期起改爲半月刊	訂定往後的發刊日期爲每月一日、十五日。
54	1937.12.15		休刊	第 53 號〈編輯部特別啓示〉：「本部之十二月號卷下，因欲準備『新年增刊號』決定休刊」。
55	1938.1.1	—	新年號特別增刊	增爲 48 頁。
56	1938.1.16	—	延後出刊	延後一天。【19】〈部告〉：「今後將改爲會員制」。
57	1938.1.30	—	提前出刊	
58	1938.1.15	—	印刷日及發行日有誤	誤刊爲：「昭和十三年一月十二日印刷；昭和十三年一月十五日印刷」。
67	1938.7.1	—	休刊	原因不明，但編者曾屢次提及近年物價暴漲、印刷、紙價倍增，且會費經常逾期繳納，故停刊或許與經濟因素有關。
69	1938.8.1	—	增刊和文文藝欄	第 68 期編者按：因許多和文讀者要求，決定增加和文文藝的篇幅，由張文環主編。69 期和文部分包括〈卷頭語〉、第三、四、五版。 第 68 期〈部告〉：吳漫沙因個人因素，無法擔任編輯，故自 69 期起〈桃花江〉亦停刊。
70	1938.8.16	—	延後出刊；和文文藝欄增加	延後一天。和文文藝增加第五、六兩版。
72	1938.9.15	—	和文文藝欄增加	本期和文文藝欄共包括〈卷頭語〉、第三、四、五、六、七、八版。

73	1938.10.1	—	和文文藝欄增加	本期和文文藝欄共包括〈卷頭語〉、第三、四、五、六、七版。
76	1938.12.1	封底頁	十二月上下號合刊	〈本俱樂部啓事〉：「本報擬於本月，實行發刊改正，每月二回，改爲每月一回（每月一日發行）頁數增加重倍，……。」
77	1939.1.1	—	發刊改正	再次修正每月發刊次數，此後仍維持每月兩回。
82、83	1939.3.31	—	延後發刊，兩期合併	因內容刷新，兩期合併爲一。
84	1939.4.24	封底頁	延後發刊	因印刷變更，忙於製版準備，故不能準期發行。
85、86	1939.5.14	—	延後發刊，兩期合併	
88	1939.6.17	—	延後發刊	延後兩天
89	1939.7.7	—	延後發刊	延後六天
90	1939.7.24	—	延後發刊	延後九天
91、92	1939.8.15	—	延後發刊，8月號上下卷合刊	
94、95	1939.9.28	24	延後發刊，兩期合併，增加篇幅，部分頁數檢閱刪除	〈編輯部啓事〉：「本報此次因印刷所再變更。諸般準備。故此九十四・九十五兩期合併。特別增加篇幅。……。」此期25～28頁，遭檢閱刪除。
96	1939.10.16	—	延後發刊	延後發刊，十月號僅出一期。
97	1939.11.6	—	延後發刊	
98	1939.11.21	—	延後發刊	
99	1939.12.12	32	提前發刊	〈部告〉：「……爲籌備皇紀二千六百年及本報第壹百期竝昭和十五年正月紀念號。本十二月號上卷停刊。下卷（九十九期）提前發刊。……。」
103	1940.2.17	—	延後發刊	
104	1939.3.4	—	延後發刊	因印刷工廠業務繁忙之故，是以延至三月四日發行。
108	1940.5.5	—	延後發刊	
109、110	1940.6.1	—	兩期合併；延後發行	印刷工廠及代理主編林荊南業務繁忙，故兩期合併出刊。
115	1940.8.15	—	延後發刊	
116	1940.8.29	—	延後發刊	
118	1940.10.1	—	延後發刊，部分頁數檢閱刪除	11～12、17～18頁遭檢閱刪除。

119、120	1940.11.15	—	延後發刊；增加頁數，11 月號上下合併發行	「爲順應實踐新體制，對于內部之組織及本報篇幅之刷新，編輯同人經數番考慮與修正，十月號下卷休刊，而十一月之上下兩卷則增加頁數，合併發行。」
122	1941.1.19	—	延後出刊	因新民報社印刷部的工作忙碌而延誤發刊。
125	1941.3.3	—	延後出刊	
127	1941.4.2	—	延後出刊	
130	1941.5.15	—	部分頁數檢閱刪除	第 5～6 頁檢閱刪除。

三、《南方》

期數	日　期	版	狀　況	說　　明
133	1941.7.1	—	特別增刊	《風月報》復刊五週年，改題《南方》，增刊頁。
137	1941.9.1	【36】		〈編輯室談話〉提及：本期因爲印刷工場的工作忙碌，所以慢了幾天才發行。但卷首上載明的發行日期爲昭和十六年九月一日，並無延宕。
140、141	1941.11.1	—	兩期合刊並增加頁數	1941.10.15 因防空演習及集中討論稿件之關係而停刊，此期（140.141）合刊、增加頁數。
142	1941.11.19	—	延後出刊	印刷工場趕製南方雜誌社出版的《孔子演義》及《桃花江》，故延期發刊。
144	1942.1.1	—	新年號延後出刊並增加頁數	南方雜誌社放年假半月，故本應於 1941.12.15 發行的 144 期休刊，延至 1941.12.30 發行。
148	1942.3.7	—	延後出刊	因稿件遲交及印刷所無法如期付印。
149	1942.4.2	—	延後出刊	1942.4.1 出版法改正，《南方》依令提出許可申請，故原本 1942.3.15 的 149 期延至 4 月 2 日發刊。
150	1942.4.16	—	延後出刊、擴大篇幅；部分頁數檢閱刪除	〈編輯室談話〉提及：本期爲本刊蒙當局許可發行的特大號。第 10～13 頁遭檢閱刪除。
153	1942.6.1	—	增加頁數	自本期起，《南方》價格調漲，並增加頁數發行。
162	1942.10.15	—	禁刊	因內容關係，納本未通過檢閱制度。
170、171	1943.3.15	—	兩期合刊	慶祝陸軍紀念日紀念號。
180、181	1943.8.15	—	兩期合刊	

附錄二　《風月報》白話小說總表

篇　　名	作　者	期號，日期，頁數	備　註
怪函（一）	風	46，1937.8.10，12	
怪函（二）	風	47，1937.9.2，10	
怪函（三）	風	48，1937.9.21，8	未刊完
新孟母（一）	阿 Q 之弟	50，1937.10.16，30～32	
妻	小 G	51，1937.11.1，17～18	
他倆的信（第一封）	曉風	51，1937.11.1，19	
新孟母（二）	阿 Q 之弟	51，1937.11.1，36～38	
桃花江（一）	沙丁	52，1937.11.15，13～16	
他倆的信（第二封）	曉風	52，1937.11.15，16～17	
新孟母（三）	阿 Q 之弟	52，1937.11.15，18～20	
桃花江（二）	沙丁	53，1937.12.1，11～14	
新孟母（四）	阿 Q 之弟	53，1937.12.1，16～18	
新年	漫沙	55，1938.1.1，19	
桃花江（三）	沙丁	55，1938.1.1，20～23	
新孟母（五）	阿 Q 之弟	55，1938.1.1，24～27	
何必當初	徐卓呆	56，1938.1.16，13～16	滑稽小說；未刊完
新孟母（六）	阿 Q 之弟	56，1938.1.16，17～19	
南島之春（一）	王文都	57，1938.1.30，7～8	
桃花江（四）	沙丁	57，1938.1.30，11～15	
新孟母（七）	阿 Q 之弟	57，1938.1.30，20～23	
南島之春（二）	王文都	58，1938.2.15，9～11	
靈魂的謳歌	黃問白	58，1938.2.15，12～13	
桃花江（五）	沙丁	58，1938.2.15，13～16	
新孟母（八）	阿 Q 之弟	58，1938.2.15，17～19	
遇合	蔡榮華	59，1938.3.1，9～15	
他的悔悟	林萬生	59，1938.3.1，16	
桃花江（六）	沙丁	59，1938.3.1，18～21	
新孟母（九）	阿 Q 之弟	59，1938.3.1，22～24	

彈力	蔡榮華	60，1938.3.15，7～12	
桃花江（七）	沙丁	60，1938.3.15，17～20	
新孟母（十）	阿 Q 之弟	60，1938.3.15，21～24	
桃花江（八）	沙丁	61，1938.4.1，13～17	
新孟母（十一）	阿 Q 之弟	61，1938.4.1，18～21	
人財兩失	黃華生	62，1938.4.15，8	
桃花江（九）	沙丁	62，1938.4.15，12～16	
新孟母（十二）	阿 Q 之弟	62，1938.4.15，19～22	
桃花江（十）	沙丁	63，1938.5.1，11～15	
天國從良	笨伯	63，1938.5.1，17～19	
新孟母（十三）	阿 Q 之弟	63，1938.5.1，20～23	
桃花江（十一）	沙丁	64，1938.5.15，15～18	
新孟母（十四）	阿 Q 之弟	64，1938.5.15，19～22	
海濱（上）	蔡榮華	65，1938.6.1，5～6	
桃花江（十二）	沙丁	65，1938.6.1，8～11	
新孟母（十五）	阿 Q 之弟	65，1938.6.1，15～18	
海濱（下）	蔡榮華	66，1938.6.15，5～7	
桃花江（十三）	沙丁	66，1938.6.15，11～14	
新孟母（十六）	阿 Q 之弟	66，1938.6.15，15～18	
暴雨孤鶯	小吳	68，1938.7.15，5～6	
桃花江（十四）	沙丁	68，1938.7.15，7～10	
新孟母（十七）	阿 Q 之弟	68，1938.7.15，13～16	
有一夜	金沂	69，1938.8.1，7	
第二世（上）	蔡榮華	69，1938.8.1，9～11	未刊完
家花不如野花香（上）	林萬生	69，1938.8.1，11～12	
新孟母（十八）	阿 Q 之弟	69，1938.8.1，15～18	
幼女	蔡榮華	70，1938.8.16，11～13	
新孟母（十九）	阿 Q 之弟	70，1938.8.16，15～18	
新孟母（二十）	阿 Q 之弟	71，1938.9.1，11～13	
新孟母（二十一）	阿 Q 之弟	72，1938.9.15，13～17	
她的影兒	堃	73，1938.10.1，10	
新孟母（二十二）	阿 Q 之弟	73，1938.10.1，14～15	

新孟母（二十三）	阿Q之弟	74，1938.10.17，14～17	
阮玲玉哀史（一）	C・T	75，1938.11.5，10～14	
新孟母（二十四）	阿Q之弟	75，1938.11.5，17～20	
阮玲玉哀史（二）	C・T	76，1938.12.1，13～17	
無緣的情侶	馮鯤鋏	76，1938.12.1，20～21	
破鏡重圓	林萬生	76，1938.12.1，22～25	
新孟母（二十五）	阿Q之弟	76，1938.12.1，33～37	
最後的面具（一）	愚夫（萬生）	77，1939.1.1，10～11	未刊完
桃花江（十五）	吳漫沙	77，1939.1.1，14～16	
阮玲玉哀史（三）	C・T	78，1939.1.15，5～7	
江濱	曉風	78，1939.1.15，7	
楊柳樓臺（一）	簡荷生	78，1939.1.15，10～11	
桃花江（十六）	吳漫沙	78，1939.1.15，12～14	
新孟母（二十六）	阿Q之弟	78，1939.1.15，15～16	
阮玲玉哀史（四）	C・T	79，1939.2.1，5～7	
最後的一封信	馬冀	79，1939.2.1，9～10	
楊柳樓臺（二）	簡荷生	79，1939.2.1，10～11	
桃花江（十七）	吳漫沙	79，1939.2.1，19～21	
春天的一夜	唐五	80，1939.2.15，4～5	
無母的孩子	曉風	80，1939.2.15，5	
楊柳樓臺（三）	簡荷生	80，1939.2.15，6～7	
日曜日（上）	呂人白	80，1939.2.15，8～10	
初戀書信	麗影	80，1939.2.15，13～14	
桃花江（十八）	吳漫沙	80，1939.2.15，17～20	
日曜日（下）	呂人白	81，1939.3.1，4～6	
遊子	國楨	81，1939.3.1，8～9	
未完的舊債	恨我	81，1939.3.1，10	
楊柳樓臺（四）	簡荷生	81，1939.3.1，15	
桃花江（十九）	吳漫沙	81，1939.3.1，16～19	
阮玲玉哀史（五）	C・T	82・83，1939.3.31，5～6	
楊柳樓臺（五）	簡荷生	82・83，1939.3.31，11～12	
桃花江（二十）	吳漫沙	82・83，1939.3.31，14～17	

阮玲玉哀史（六）	C・T	84，1939.4.24，4～5	
楊柳樓臺（六）	簡荷生	84，1939.4.24，9～10	
桃花江（二十一）	吳漫沙	84，1939.4.24，11～14	
俠女探險記（一）	曉風（譯）	85・86，1939.5.14，5～6	譯作
楊柳樓臺（七）	簡荷生	85・86，1939.5.14，10～11	
她的悲哀	秀鵑女士	85・86，1939.5.14，12	
桃花江（二十二）	吳漫沙	85・86，1939.5.14，15～19	
俠女探險記（二）	曉風（譯）	87，1939.6.1，5～6	譯作
梅雨時節	漫沙	87，1939.6.1，8～9	
一個迷離的夢	韞英女士	87，1939.6.1，10	
可敬的金豹	凌漫	87，1939.6.1，12	
楊柳樓臺（八）	簡荷生	87，1939.6.1，15～16	
失戀	朱天順	87，1939.6.1，17	
二十年後	國楨	87，1939.6.1，18	
桃花江（二十三）	吳漫沙	87，1939.6.1，20～23	
俠女探險記（三）	曉風（譯）	88，1939.6.17，5～6	譯作
薄命花（上）	映清	88，1939.6.17，11～12	
桃花江（二十四）	吳漫沙	88，1939.6.17，19～23	
俠女探險記（四）	曉風（譯）	89，1939.7.7，6～8	譯作
薄命花（下）	映清	89，1939.7.7，10～11	
斯遠的復讐	沈日輝（譯）	89，1939.7.7，12～13	譯作
桃花江（二十五）	吳漫沙	89，1939.7.7，18～22	
黃昏	雨帆	90，1939.7.24，8	
俠女探險記（五）	曉風（譯）	90，1939.7.24，9～10	譯作
月明之夜	陳蔚然	90，1939.7.24，11～12	
天眞之愛（一）	唐五	90，1939.7.24，19～20	
花非花（一）	吳漫沙	90，1939.7.24，21～23	
愛的使命（一）	南佳女士	90，1939.7.24，25	
俠女探險記（六）	曉風（譯）	91・92，1939.8.15，7～8	譯作；未刊完
愛的使命（二）	南佳女士	91・92，1939.8.15，11	
故鄉的憧憬	雨帆	91・92，1939.8.15，12	
天眞之愛（二）	唐五	91・92，1939.8.15，15	

學生時代的回憶	蔚然	91‧92，1939.8.15，20～21	
花非花（二）	吳漫沙	91‧92，1939.8.15，29～31	
脫離	沈日輝	93，1939.9.1，7～9	
花非花（三）	吳漫沙	93，1939.9.1，14～16	
黎明之歌（一）	吳漫沙	93，1939.9.1，25～28	
臨去秋波	笨伯	93，1939.9.1，28	
毀滅	雨帆	94‧95，1939.9.28，9～10	
寄給她一封信	小松	94‧95，1939.9.28，19	
愛的使命（三）	南佳女士	94‧95，1939.9.28，20～21	
水晶處女（一）	陳世慶	94‧95，1939.9.28，22～24	
水晶處女（二）	陳世慶	96，1939.10.16，12～16	
黎明之歌（二）	吳漫沙	96，1939.10.16，23～25	
大都會的珍風景——請惜卿妹來坐電車的信	余若林	97，1939.11.6，8～9	
水晶處女（三）	陳世慶	97，1939.11.6，10～11	
往事的追想	雨帆	97，1939.11.6，12～13	
黎明之歌（三）	吳漫沙	97，1939.11.6，20～22	
牧童時代	余若林	98，1939.11.21，6～7	
愛的使命（四）	南佳女士	98，1939.11.21，8	
水晶處女（四）	陳世慶	98，1939.11.21，9～11	
霧夜	朱天順	98，1939.11.21，12	
月光曲	鷔西恨人	98，1939.11.21，17～18	
黎明之歌（四）	吳漫沙	98，1939.11.21，19～21	
愛的使命（五）	南佳女士	99，1939.12.12，8～9	
水晶處女（五）	陳世慶	99，1939.12.12，10～12	
黎明之歌（五）	吳漫沙	99，1939.12.12，23～25	
覺悟	雨帆	100，1940.1.1，13～15	
愛的使命（六）	南佳女士	100，1940.1.1，20～21	
水晶處女（六）	陳世慶	100，1940.1.1，26～27	
黎明之歌（六）	吳漫沙	100，1940.1.1，32～34	
水晶處女（七）	陳世慶	101，1940.1.15，13～14	
黎明之歌（七）	吳漫沙	101，1940.1.15，21～23	

愛的使命（七）	南佳女士	102，1940.2.1，8	
水晶處女（八）	陳世慶	102，1940.2.1，9～10	
黎明之歌（八）	吳漫沙	102，1940.2.1，16～18	
血戰孫圩城（一）	火野葦平（著）；荊南（譯）	103，1940.2.17，12～14	譯作
黎明之歌（九）	吳漫沙	103，1940.2.17，21～23	
愛的使命（八）	南佳女士	104，1940.3.4，9	
水晶處女（九）	陳世慶	104，1940.3.4，10	
血戰孫圩城（二）	火野葦平（著）；荊南（譯）	104，1940.3.4，15～17	譯作
黎明之歌（十）	吳漫沙	104，1940.3.4，22～24	
愛的使命（九）	南佳女士	105，1940.3.15，6～7	
水晶處女（十）	陳世慶	105，1940.3.15，10～11	
血戰孫圩城（三）	火野葦平（著）；荊南（譯）	105，1940.3.15，14～16	譯作
黎明之歌（十一）	吳漫沙	105，1940.3.15，22～24	
水晶處女（十一）	陳世慶	106，1940.4.1，7	
愛的使命（十）	南佳女士	106，1940.4.1，8	
血戰孫圩城（四）	火野葦平（著）；荊南（譯）	106，1940.4.1，16～18	譯作
黎明之歌（十二）	吳漫沙	106，1940.4.1，23～25	
水晶處女（十二）	陳世慶	107，1940.4.15，11～12	
愛的使命（十一）	南佳女士	107，1940.4.15，12～13	
血戰孫圩城（五）	火野葦平（著）；荊南（譯）	107，1940.4.15，14～16	譯作
黎明之歌（十三）	吳漫沙	107，1940.4.15，21～23	
黎明之歌（十四）	吳漫沙	108，1940.5.5，3～5	
血戰孫圩城（六）	火野葦平（著）；荊南（譯）	108，1940.5.5，10～12	譯作
水晶處女（十三）	陳世慶	108，1940.5.5，14～15	
愛的使命（十二）	南佳女士	108，1940.5.5，20～21	
黎明之歌（十五）	吳漫沙	109．110，1940.6.1，3～5	
血戰孫圩城（七）	火野葦平（著）；荊南（譯）	109．110，1940.6.1，9～11	譯作

水晶處女（十四）	陳世慶	109．110，1940.6.1，12～13	
愛的使命（十三）	南佳女士	109．110，1940.6.1，14～15	
黎明之歌（十六）	吳漫沙	111，1940.6.15，3～5	
血戰孫圩城（八）	火野葦平（著）；荊南（譯）	111，1940.6.15，9～11	譯作
水晶處女（十五）	陳世慶	111，1940.6.15，15～16	
草花	莊文兒	111，1940.6.15，20～21	
夜	李雲舟	111，1940.6.15，20～21	
有一天的日記	必揚	111，1940.6.15，23～24	
不失望不悲觀的淚光	林春水	111，1940.6.15，25	
黎明之歌（十七）	吳漫沙	112，1940.7.1，3～5	
哀戀追記（一）	余若林	112，1940.7.1，9～10	
水晶處女（十六）	陳世慶	112，1940.7.1，11	
愛的使命（十四）	南佳女士	112，1940.7.1，12	
黎明之歌（十八）	吳漫沙	113，1940.7.15，3～5	
哀戀追記（二）	余若林	113，1940.7.15，9～11	
水晶處女（十七）	陳世慶	113，1940.7.15，12	
愛的使命（十五）	南佳女士	113，1940.7.15，13～14	
黎明之歌（十九）	吳漫沙	114，1940.8.1，3～5	
哀戀追記（三）	余若林	114，1940.8.1，6～8	
愛的使命（十六）	南佳女士	114，1940.8.1，11～12	
小鳳	漫沙	114，1940.8.1，14～16	
黎明之歌（二十）	吳漫沙	115，1940.8.15，3～5	
哀戀追記（四）	余若林	115，1940.8.15，6～8	
愛的使命（十七）	南佳女士	115，1940.8.15，10～12	
合葬	林荊南	115，1940.8.15，13～15	
給一位看護婦	黃淵清	115，1940.8.15，16	
風雪之夜（上）	蔚然	115，1940.8.15，23～24	
黎明之歌（二十一）	吳漫沙	116，1940.8.29，3～5	
愛的使命（十八）	南佳女士	116，1940.8.29，6～8	
明治橋上	恨我	116，1940.8.29，10～11	
情別之夜	洋洋	116，1940.8.29，12	

最後的要求	彗星	116，1940.8.29，13	
風雪之夜（下）	蔚然	116，1940.8.29，14～15	
黎明之歌（二十二）	吳漫沙	117，1940.8.14，3～5	
哀戀追記（五）	余若林	117，1940.8.14，6～9	
愛的使命（十九）	南佳女士	117，1940.8.14，10～12	
秋	曼娜	117，1940.8.14，13	
哀戀追記（六）	余若林	118，1940.10.1，5～7	
愛的使命（二十）	南佳女士	118，1940.10.1，8～10	
仲秋之夜	曼娜	118，1940.10.1，14～15	
半個鐘頭的姻緣	必揚	118，1940.10.1，16	
女兒淚（上）	漫沙	118，1940.10.1，19～20	第 18 頁內容遭檢閱刪除。
黎明之歌（二十三）	吳漫沙	118，1940.10.1，23～25	
愛的使命（二十一）	南佳女士	119、120，1940.11.15，6～7	
女兒淚（下）	漫沙	119、120，1940.11.15，9～11	
女兒淚（上）	漫沙	119、120，1940.11.15，12	本文為原第 118 期遭檢閱刪除之第 18 頁。
秋夜	曾光毅	119、120，1940.11.15，15～16	
黎明之歌（二十四）	吳漫沙	119、120，1940.11.15，26～28	
愛的使命（二十二）	南佳女士	121，1941.1.1，6～7	
黎明之歌（二十五）	吳漫沙	121，1941.1.1，20～22	
愛的使命（二十三）	南佳女士	122，1941.1.15，7～8	
黎明之歌（二十六）	吳漫沙	122，1941.1.15，19～21	
愛的使命（二十四）	南佳女士	123，1941.2.1，6～7	
一個不幸的兒童	夢痕	123，1941.2.1，8～9	
黎明之歌（二十七）	吳漫沙	123，1941.2.1，21～24	
愛的使命（二十五）	南佳女士	124，1941.2.15，4～5	
未完成的夢	余若林	124，1941.2.15，15～16	
除夕之夜	曉風	124，1941.2.15，17～18	
他的勝利（上）	蔚然	124，1941.2.15，19～20	
母性之光（一）	吳漫沙	124，1941.2.15，21～23	

早春（一）	林靜子	125，1941.3.3，11～12	
他的勝利（下）	蔚然	125，1941.3.3，18～19	
漁村（一）	荊南	125，1941.3.3，21～23	
母性之光（二）	吳漫沙	125，1941.3.3，26～28	
醫生的兒子	李作三	126，1941.3.15，9～10	
三年後的她	必揚	126，1941.3.15，10～11	
薄命的華麗	蔚然	126，1941.3.15，12～13	
早春（二）	林靜了	126，1941.3.15，14～15	
漁村（二）	荊南	126，1941.3.15，21～23	
母性之光（三）	吳漫沙	126，1941.3.15，24～26	
早春（三）	林靜子	127，1941.4.2，12～13	
漁村（三）	荊南	127，1941.4.2，20～22	
母性之光（四）	吳漫沙	127，1941.4.2，23～25	
隔膜	蔚然	128，1941.4.15，7～8	
漁村（四）	荊南	128，1941.4.15，17～19	
母性之光（五）	吳漫沙	128，1941.4.15，20～22	
愛的偵探	必揚	129，1941.5.1，4～6	
未忘人	蔚然	129，1941.5.1，6～8	
早春（四）	林靜子	129，1941.5.1，9～10	
她的哀音	春代女士	129，1941.5.1，11～12	
姊的犧牲	洋洋	129，1941.5.1，16～17	
漁村（五）	荊南	129，1941.5.1，18～20	
母性之光（六）	吳漫沙	129，1941.5.1，21～23	
肉痕	蔚然	130，1941.5.15，13～14	
漁村（六）	荊南	130，1941.5.15，19～21	
母性之光（七）	吳漫沙	130，1941.5.15，22～24	
環境	蔚然	131，1941.6.1，14～15	
漁村（七）	荊南	131，1941.6.1，19～21	
母性之光（八）	吳漫沙	131，1941.6.1，22～24	
漁村（八）	荊南	132，1941.6.15，18～20	

附錄三　《南方》白話小說總表

篇　　名	作　者	期號，日期，頁數	備　註
公休日	新竹 小紅	133，1941.7.1，16～17	
陌上之戀的追憶	竹南生	133，1941.7.1，17	
愛物的觀念	洋洋	133，1941.7.1，18～19	
徬徨	蔚然	133，1941.7.1，19～20	
南瓜	林超群	133，1941.7.1，20	
第三次會	蔡崇山	133，1941.7.1，20～21	
僑夢	蔡必揚	133，1941.7.1，25	
漁村（九）	林荊南	133，1941.7.1，57～59	
黎明了東亞（一）	吳漫沙	133，1941.7.1，60～64	
鬼與人間	黃淵清（譯）	134，1941.7.15，5～7	譯作
生之旅程（上）	蔚然	134，1941.7.15，7～9	
精神的創傷	蔡崇山	134，1941.7.15，15	
漁村（十）	林荊南	134，1941.7.15，27～29	
黎明了東亞（二）	吳漫沙	134，1941.7.15，30～33	
生之旅程（中）	蔚然	135，1941.8.1，5～7	
黎明了東亞（三）	吳漫沙	135，1941.8.1，22～25	
生之旅程（下）	蔚然	136，1941.8.15，6～8	
英兒的命運	夢痕	136，1941.8.15，8～10	
漁村（十一）	林荊南	136，1941.8.15，23～25	
黎明了東亞（四）	吳漫沙	136，1941.8.15，26～28	
青年的畫師	Bertha M.Clay（著）；楊鏡秋（譯）	137，1941.8.15，7～10	
海邊的趣劇	康素雲	137，1941.8.15，16	
漁村（十二）	林荊南	137，1941.8.15，23～25	
黎明了東亞（五）	吳漫沙	137，1941.8.15，26～29	
她們的聚會	洋洋	138，1941.9.15，9～10	
給出嫁的表妹	蔡必揚	138，1941.9.15，12	
漁村（十二）	林荊南	138，1941.9.15，21～23	
黎明了東亞（六）	吳漫沙	138，1941.9.15，24～27	
夜行人	詹聰義	139，1941.10.5，10～11	
火腿雞蛋糕	綠波	139，1941.10.5，23	
黎明了東亞（七）	吳漫沙	139，1941.10.5，24～27	

林太太（上）	美國賽珍珠	140，141，1941.11.1，10～11	譯作
黎明了東亞（八）	吳漫沙	140，141，11941.11.1，34～37	
杏村和貂嶺	蔚然	142，11941.11.15，7～9	
林太太（下）	美國賽珍珠	142，11941.11.15，10～12	譯作
黎明了東亞（九）	吳漫沙	142，11941.11.15，25～28	
病人（上）	新光山人	143，1941.12.1，7～8	
病人（下）	新光山人	144，1942.1.1，11	
父與子	霞儷	144，1942.1.1，14～16	
復歸（上）	賽珍珠	144，1942.1.1，17～19	譯作
黎明了東亞（十）	吳漫沙	144，1942.1.1，32～35	
復歸（下）	賽珍珠	145，1942.1.15，5～7	譯作
黎明了東亞（十一）	吳漫沙	145，1942.1.15，27～30	
秋山圖（上）	芥川龍之介（著）；湘蘋（譯）	146，1942.2.1，6～8	譯作
黎明了東亞（十二）	吳漫沙	146，1942.2.1，28～31	
秋山圖（下）	芥川龍之介（著）；湘蘋（譯）	147，1942.2.15，5～7	譯作
悲曲	詹聰義	148，1942.3.1，5	
童心	繪聲	148，1942.3.1，13～16	
病	懶糸	148，1942.3.1，16～18	
詩翁	蔡崇山	148，1942.3.1，18～19	
冬夜	新人	148，1942.3.1，19～20	
文小三過年（上）	楊鏡秋	148，1942.3.1，20～22	
黎明了東亞（十三）	吳漫沙	148，1942.3.1，25～30	
文小三過年（中）	楊鏡秋	149，1942.4.2，11～12	
漂流的紅葉	天棲	149，1942.4.2，13～15	
尸人	蔡崇山	149，1942.4.2，17	
黎明了東亞（十四）	吳漫沙	149，1942.4.2，24～28	
黎明了東亞（十五）	吳漫沙	150，1942.4.15，35～38	
黎明了東亞（十六）	吳漫沙	151，1942.5.1，24～29	
玲玲姑娘（一）	凌鴻	152，1942.5.15，19～20	
新孟母（二十七）	阿Q之弟	152，1942.5.15，21～23	
黎明了東亞（十七）	吳漫沙	152，1942.5.15，24～28	
第一次喫客飯	俞金剛	153，1942.6.1，22～24	
玲玲姑娘（二）	凌鴻	153，1942.6.1，27～28	
新孟母（二十八）	阿Q之弟	153，1942.6.1，31～33	
黎明了東亞（十八）	吳漫沙	153，1942.6.1，34～37	

三鳳爭巢（一）	湖邊客	154，1942.6.15，27～29	武俠小說
黎明了東亞（十九）	吳漫沙	154，1942.6.15，30～33	
心的創痕（一）	漫沙	155，1942.7.1，24～26	
玲玲姑娘（三）	凌鴻	155，1942.7.1，27～28	
新孟母（二十九）	阿 Q 之弟	155，1942.7.1，34～36	
三鳳爭巢（二）	湖邊客	155，1942.7.1，37～39	武俠小說
心的創痕（二）	漫沙	156，1942.7.15，17～19	
新孟母（三十）	阿 Q 之弟	156，1942.7.15，26～28	
三鳳爭巢（三）	湖邊客	156，1942.7.15，29～31	武俠小說
心的創痕（三）	漫沙	157，1942.8.1，24～25	
新孟母（三十一）	阿 Q 之弟	157，1942.8.1，26～28	
三鳳爭巢（四）	湖邊客	157，1942.8.1，31～33	武俠小說
心的創痕（四）	漫沙	158，1942.8.15，11～12	
三鳳爭巢（五）	湖邊客	158，1942.8.15，31～33	武俠小說
三鳳爭巢（六）	湖邊客	159，1942.9.1，29～31	武俠小說
愛的葩	蔡必揚	160，1942.9.15，17～19	
三鳳爭巢（七）	湖邊客	160，1942.9.15，28～30	武俠小說
榕樹下的問答	太癡	161，1942.10.1，11	
三鳳爭巢（八）	湖邊客	161，1942.10.1，25～27	武俠小說
新孟母（三十二）	阿 Q 之弟	163，1942.11.1，28～30	
三鳳爭巢（九）	湖邊客	163，1942.11.1，31～33	武俠小說
小園的月	鑑泉	164，1942.11.15，12～15	
新孟母（三十三）	阿 Q 之弟	164，1942.11.15，30～32	
三鳳爭巢（十）	湖邊客	164，1942.11.15，33～35	武俠小說
三鳳爭巢（十一）	湖邊客	165，1942.12.1，31～33	武俠小說
阿海的過年	非英	166，1943.1.1，18～19	
新孟母（三十四）	阿 Q 之弟	166，1943.1.1，34～36	
三鳳爭巢（十二）	湖邊客	166，1943.1.1，37～39	武俠小說
三鳳爭巢（十三）	湖邊客	167，1943.1.15，25～27	武俠小說
三鳳爭巢（十四）	湖邊客	168，1943.2.1，27～29	武俠小說
三鳳爭巢（十五）	湖邊客	169，1943.2.15，28～30	武俠小說
三鳳爭巢（十六）	湖邊客	170・171，1943.3.15，27～29	武俠小說
三鳳爭巢（十七）	湖邊客	172，1943.3.4.1，25～27	武俠小說
女僕的遭遇（上）	林芙美子（著）；岳蓬（譯）	173，1943.4.15，13～16	譯作
她回去了	劉萼	173，1943.4.15，17～20	
文武全材	陳文	173，1943.4.15，21～24	

往事	周慶福	173，1943.4.15，25	
三鳳爭巢（十八）	湖邊客	173，1943.4.15，32～34	武俠小說
女僕的遭遇（下）	林芙美子（著）；岳蓬（譯）	174，1943.5.1，15～19	譯作
三個不同心理的女人	阿秋	174，1943.5.1，19～20	
夢幻（上）	景陶	174，1943.5.1，23～24	
三鳳爭巢（十九）	湖邊客	174，1943.5.1，	武俠小說
夢幻（中）	景陶	175，1943.5.15，25～26	
三鳳爭巢（二十）	湖邊客	175，1943.5.15，28～30	武俠小說
夢幻（下）	景陶	176，1943.6.1，16～17	
三鳳爭巢（二十一）	湖邊客	176，1943.6.1，22～24	武俠小說
三鳳爭巢（二十二）	湖邊客	177，1943.6.15，23～25	武俠小說
三鳳爭巢（二十三）	湖邊客	178，1943.7.1，25～27	武俠小說
三鳳爭巢（二十四）	湖邊客	179，1943.7.15，26～28	武俠小說
柳鶯（一）	茵茵	180，181，1943.8.15，32～34	
三鳳爭巢（二十五）	湖邊客	180，181，1943.8.15，35～38	武俠小說
柳鶯（二）	茵茵	182，1943.9.1，24～26	
柳鶯（三）	茵茵	183，1943.9.15，26～28	
無家的孤兒（一）	愛克脫麥羅（著）；簡進發（譯）	184，1943.10.15，26～28	譯作
柳鶯（四）	茵茵	184，1943.10.15，29～31	
無家的孤兒（二）	愛克脫麥羅（著）；簡進發（譯）	185，1943.11.1，20～22	譯作
柳鶯（五）	茵茵	185，1943.11.1，31～33	
無家的孤兒（三）	愛克脫麥羅（著）；簡進發（譯）	186，1943.11.15，18	譯作
柳鶯（六）	茵茵	186，1943.11.15，29～31	
無家的孤兒（四）	愛克脫麥羅（著）；簡進發（譯）	187，1943.12.1，25～27	譯作
志願兵（一）	簡安都	187，1943.12.1，33～35	
柳鶯（七）	茵茵	187，1943.12.1，36～38	
無家的孤兒（五）	愛克脫麥羅（著）；簡進發（譯）	188，1944.1.1，21～23	譯作
志願兵（二）	簡安都	188，1944.1.1，24～26	
柳鶯（八）	茵茵	188，1944.1.1，32～34	

附錄四 《華文大阪每日》中《風月報》、《南方》 及台灣文學相關記事

序號	「專欄」/〈題名〉	作者	卷：期，日期，頁數	摘要／大綱	備註
1	「讀者之聲」	潘茂嘉晉	1：4，1938.12.5，47	……貴刊不但是有益中國，我們小小的臺灣也是享著牠（按：它）的餘蔭哩！自前年本島日刊新聞廢掉漢文來，好多我們的父老是像被控了眼睛一般，不消說是時事，就是什麼叫做是帝國的大方針，中國的新體制，也許是無從知道了！貴刊的出現，在他們必定也是喜出望外的呢！我自忖是個東亞特異的存在；因爲我是個日本帝國的臣民，同時是個漢民族的末裔，所以我不但要盡著日本陳民的本份致忠君國的，還是希望著中國的繁榮和進步！（後略）	作者於篇末自稱長崎醫大學生，由此投書內容來看，猜測應是台灣留日學生。
2	「讀者之聲」/〈送迎寅卯感言〉	臺灣高文淵	2：4＝8，1939.2.15，48	……回首一年中之成績，大有特記之價值。……然最堪印象者必爲中日之事變，日本爲東亞和平計，以膺懲抗日排日容共之國民政府，使凡蚩蠓下之國民，後此得以安樂過日。……所望中華同胞，急早回頭，脫離其抗日排日容共之累贅，而爲愛日親日同登於彼岸，……。	高文淵曾有數篇作品發表於《風月報》。
3	〈風雨之夜〉	漫沙	3：1，1939.7.1，31	年僅十二歲的主人公因家境清苦，出外兜售花生米貼補家用，某夜卻不幸遭惡漢搶劫。	短篇小說
4	「編後隨筆」		3：1，1939.7.1，52	本期短篇創作裡「風雨之夜」一篇，是一位臺灣作家底原作。這一點應該特別介紹。	
5	「東亞文藝消息」	A	3：4，1939.8.15，86	▽著日語書極多之張我軍擬創辦「近代文藝月刊」，做「宇宙風」風格，現正在籌備中。	
6	「東亞文藝消息」	安本	4：3＝31，1940.2.1，42	▽在臺灣組成之「臺灣文藝家協會」發行題名爲「文藝臺灣」之雜誌。在建設日本南方文化立場上，極博好評。	「東亞文藝消息」爲《華文大阪每日》常設專欄，輯錄日本、中國、滿洲三地文藝消息。
7	「東亞文藝消息」	安本	4：6＝34，1940.3.15，40	▽滿洲文學，朝鮮文學，台灣文學，最近極爲日本各雜誌所注意提倡認識，代表的有文藝雜誌「文藝」，新設滿洲文藝通訊與朝鮮文學通訊欄。	

8	〈臺灣文學界的現狀〉	中村地平（作）；紅筆（譯）	4：7＝35，1940.4.1，30	我們所知道的關於台灣的文藝，不過是一直到一九三六年由胡風介紹的幾篇短篇小說——楊逵的「送報伕」，呂赫若的「牛車」和楊華的「薄命」。（前兩篇是由日文譯來的）不料在本刊去年刊出徵募長篇小說啓事後，竟然有由台灣寄來的應徵稿件，而且其中之一已經選入佳作。即台北市吳漫沙的「和平之歌」。此外記得還有一人，筆名簡直發，彷彿也是寄自台北市的。這兩篇東西，雖未能發表，總都是十二萬字以上的漢文的著作。……。 又想起去年七月一日號本刊上曾刊發吳漫沙短篇創作一篇，題是「風沙之夜」（按：「風雨之夜」），在編後隨筆裡曾有過特意的介紹。	1.作者中村地平簡介臺灣的文學活動，提及楊逵、龍英琮（按：龍瑛宗）、呂赫若、楊華等作家，以及《臺灣文藝》、《臺灣》、《新玉》等雜誌。 2.《南方》曾刊登署名爲「簡進發」的作者所譯之小說《無家的孤兒》，故筆者猜測「簡進發」與「簡直發」似爲同一人之筆名。
9	「東亞文藝消息」	景	4：8＝36，1940.4.15，31	▽台灣漢文「風月報」已出版一〇七期，於一〇四期（三月上卷）中卷頭語有云：「我們也正想把這被讀者譽爲「春之花園」的刊物，充實起來，和全島的藝術同好者切實地提攜，把本島的藝術盡量搬上這裡，倘若不再受到什麼阻力的話」。 ▽三國志，水滸傳之日譯正連載於台灣兩報紙上。 ▽和漢兩文並載之「台灣藝術」四月發行第二號，執筆有張文環（小說），呂赫若（小說），黃得時（評論），龍瑛宗（評論），吳漫沙（小說）等人，外尚有作家紹介及台藝ニュース，本期百餘頁，仍爲謄寫版油印。 ▽以長篇小說「可愛的仇人」聞名的漢文作家徐坤泉（筆名阿 Q 之弟）由□返台，□刊雜誌。	此期《華文大阪每日》將左欄台灣相關記事歸類爲「日本文藝消息」。
10	「東亞文藝消息」	景	4：9＝37，1940.5.1，29	▽月刊「臺灣」創刊號四月五日發行（日文） ▽作家呂赫若十七日赴東京。 ▽吳漫沙主「星光新劇團」之劇務赴臺南中。 ▽「臺灣創作文庫」近將發行第一集。	日本部份
11	〈臺灣文學界補〉	余若林	4：12＝40，1940.6.15，29	過去發刊的『臺灣文藝』是以張深切爲中心組織臺灣文藝聯盟而發刊的。現在張君在北京主編『中國文藝』。 中村氏所說的『臺灣新文藝』大概是『臺灣新文學』之誤。『臺灣新文學』是以楊逵爲中心所組織的台灣新文學社發行的。是積極提倡殖民地文學的。這部小雜誌的經營，靠了楊逵與他妻葉	作者余若林即《風月報》編輯林荊南之筆名，此文是對第 35 號中村地平所作的〈臺灣文學界的現狀〉作出回應。

				陶女士的活動真是慘澹得很。然而『臺灣新文學』終於夭殤了。那之後不久，『臺灣新民報』的漢文文藝欄也廢止了。	
				過去臺灣文藝雜誌的不振，大都是因經濟不支而夭折。又中村氏在後面所說的『臺灣文藝』，想是『文藝臺灣』之誤。又所說的『詩』，不知是日本詩，是白話詩？還是漢詩？若是日本詩，臺灣產的可謂無多，白話詩也沒有多大進展，只有漢詩恐怕是勝於日本本土與中國方面的。祇就吟社而言到處皆有，這也許要說是文藝上畸形的發展吧。……現在唯一的漢文文藝雜誌半月刊，只有『風月報』而已。	
				日本語的新創作小說，有張文環的『山茶花』，是可讀的。漢文（白話文）長篇創作，有吳漫沙的『黎明之歌』，陳世慶的『水晶處女』等，前者曾被選為華每第一次徵募長篇小說的佳作。	
				近年出版的單行本，有長篇『可愛的仇人』『暗礁』『靈肉之道』都是徐坤泉（筆名阿Ｑ兄弟）【按：阿Ｑ之弟】的著作。吳漫沙也有『韮菜花』出版。小品文有陳炳煌（鷄籠生）的『海外見聞錄』及『百貨店。』	
				此外還有研究臺灣鄉土文學的李獻璋。自成一家的林清月，專門創作鄉土歌謠。近聞由林清月，吳漫沙，林荊南等組織『臺灣創作文庫』刊行會（漢文），其誕生頗受臺灣文藝界期待。	
				我祈禱臺灣文運的生長。	
12	「東亞文藝消息」	景	5：2＝42，1940.7.15，13	▽台灣「台陽美術展覽會」於去四月廿七日在台北市公會堂開催。「台灣藝術社」六月一日發行「台陽展號」。	
				▽台灣新劇聯盟會，前月在台北市「鐵道旅社」開成立會。	
				▽台灣映畫株式會社增設新劇部，目下籌備中。	
				▽台北「星光新劇團」近有組織「星光第二新劇團」之說。	
				▽本刊第四十號「文壇隨話」欄「臺灣文學界補」中所載之「張深切」，據北京中國文藝社張深切氏來函云，應是「張深功」之誤云。	

13	「東亞文藝消息」	景	5：3＝43，1940.8.1，49	▽台北漢文半月刊「風月報」七月十五日發行復刊三週年紀念號。 ▽月刊「台灣藝術」七月號漢文欄增加至十五頁。 ▽台北「星光」「鐘聲」兩新劇團均已歸北。「星光」七月十二日並開慰勞會於八里里濱海水浴場。 ▽台灣新劇聯盟會主催之新劇競演會，擬於九月中旬在台北市舉行。	
14	「東亞文藝消息」	景	5：7＝47，1940.10.1，40	▽月刊「台灣藝術」八月十五日號起改為半月刊。 ▽「台灣新劇聯盟」改組，招募演員云。	
15	「東亞文藝消息」	景	5：9＝59，1940.11.1，67	▽台南「國風劇團」九月十七日在台南國風劇場處女公演。▽台北「東明新劇團」因經濟關係，月前解散。 ▽「風月報」十月十五日號之第十一，十二及十七計三頁，因風紀關係被當局剪去。 ▽鷄籠生著連載於「風月報」之「咖啡館」，有印單行本說。	
16	〈我所認識的劉吶鷗先生〉	隨初	5：9＝49，1940.11.1，69	……他深深地走入中國的文化界，去發動中日文化一元化的工作，……。對於中日問題，他對我說，中國人的長處和短處，以及日本人的長處和短處我都知道得很清楚。我們要由中日文化界澈底合作，探求一種新的文化，一種能夠使中日兩國共同努力的新文化，纔足以領導民眾，消弭戰爭。……。 （按：劉吶鷗於本年七月繼穆時英任上海國民新聞社社長，九月亦被暗殺。）	
17	「東亞文藝消息」	景	5：11＝51，1940.12.1，18	▽第三回台灣美術展覽會，去十月廿六日起開於台北市教育會館。 ▽台灣新劇聯盟主催，台灣總督府文教局後援之新劇「藝能祭」，決定於十一月十五，十六兩日開於台北市永樂座劇場。總督及文教局長寄贈獎品。參加劇團有「星光」，「鐘聲」，「國風」，「高砂」，「廣愛」等團體。 ▽台北「風月報社」主催之「慶祝皇紀二千六百年全島詩人大會」擬於十二月中旬開於台北市孔子廟。	
18	「東亞文藝消息」	景	5：12＝52，1940.12.15，39	▽臺北星光新劇團第七回公演吳漫沙之長篇小說「桃花江」，該劇由吳本人腳色，該篇曾連載於「風月報」，近有出版單行本之計劃。	

				▽臺灣新劇「藝能祭」，「鐘聲」「國風」「國□」三團不參加，參加者為「星光」「東寶」「高砂」「廣愛」四團。 ▽臺北東寶新劇團，組織中，於十二月一日處女開演，該團為「臺灣演劇株式會社」直屬。 ▽臺灣藝術社主催慶祝皇紀二千六百年之「藝術祭」，定於十一月十七十八兩日於臺北永樂座戲院舉行。 ▽「風月報」十一月號上下兩卷合併發行。 ▽臺灣全島新進音樂家演奏會，定十一月十五日於臺北公會堂開催。	
19	〈中國的音樂思想與近代音樂〉	江文也	5：12＝52，1940.12.15，40		
20	〈編輯會議〉		5：12＝52，1940.12.15，51	關於藝術方面……。下期還有江文也先生「一年來北京音樂界」以及季風先生的「一年來北京的漫畫」。	
21	〈孔子的音樂底斷面與其時代的展望〉	江文也	6：1＝53，1941.1.1，4～7		
22	〈他的生命〉	漫沙	6：2＝54，1941.1.15，38	一個作家對於寫作、生活與生命的迷惘。	1.本作屬於短篇小說。 2.作者寫於 1940 年11 月 2 日午夜。
23	〈我們的文學的實體與方向——台灣之部〉	漫沙	6：3＝55，1941.2.1，5	以檢討的姿態簡述台灣文學的發展，對於《風月報》的介紹如下：「……這個東亞多事之秋，停刊多時的三日刊『風月報』竟變更為半月刊復刊了。（全部漢文）復刊當時的風月報，依舊是刊幾篇文言小說和古詩，小品文字也是風月場中的艷記，幾乎是妓女的機關報。復刊到第五期，纔由新文學作家參加編輯，內容多半革新；（筆者也是參加改組的一人）……中間筆者曾一度辭退編的職務，……。」	吳漫沙此文寫於1940 年 11 月 21 日。本文的作者介紹如下：「吳漫沙現年二十八歲，筆名有曉風，恨我。開始寫作係一九三五年，翌年即為台灣新民報特約寫稿。漢文未廢止的時代，作品常發表於各報各雜誌。一九三七年發行長篇小說單行本『韮菜花』，同年任半月刊風月報編輯，又兼任「新光」「□□」兩新劇團編劇之職。為台灣文藝界最努力之一人。」

24	「東亞文藝消息」	景	6：3＝55，1941.2.1，23	▽台灣全島之作家，詩人，歌人，排人及民俗研究家等，為建設國防完整之國家，實踐文化新體制運動，召開全島大會，組織「台灣文藝家協會」，定一月中旬，台灣本部及台北支部同時成立，舊時之台灣文藝家協會，歌人俱樂部，去年未開會解散，與新團體併合，共同踏上翼贊的第一步，努力台灣文化之建設。 ▽紀元二六百年奉祝美術展覽會，台中州作家展，去年十二月二十四日開於台中市公會堂。 ▽施鳩堂編著之『白香山之研究』已出版。	
25	「東亞文藝消息」	景	6：5＝57，1941.3.1，19	▽台灣風月報近出新詩，及小品文創作，女子作品等特輯號。 ▽台灣文藝家協會本部及台北支部成立。 ▽「台灣創作文庫」已由林荊南氏著手工作，近將發行第一集。 ▽台灣吳漫沙之「母性之光」長篇，於風月報半月刊上刊出。	
26	「讀眾與作品」，〈臺灣的作家要到那裡去？〉	余若林	6：5＝57，1941.3.1，36	……中日文化提攜，南方文化的開發，臺灣是站在很重要的地位！……握住了時代的指針，開發了南方固有的文化，在世界的文壇上露個頭角才好！	寫於昭和 16 年 1 月 12 日。
27	〈「保衛東亞」之歌當選發表〉		6：7＝59，1941.4.1，2～3	副選作作曲為「國立北京師範學院教授江文也氏」	
28	〈作曲後感談〉	江文也	6：7＝59，1941.4.1，9	當此擔任「東亞民族進行曲」的作曲時，我心中正欣喜著可藉此音樂來鞏固東亞共榮圈，……。始終以廣大無邊的壯大而寬闊的氣量，及充分發揚了興亞的神情，……。	
29	〈東亞民族進行曲〉	江文也作曲	6：7＝59，1941.4.1，11		
30	〈第一次本刊特輯預告〉		6：10＝62，1941.5.15，42	短篇小說之卷：卷下（六月十五日號） 匪徒：袁文（天津） 文化米：知羊（新京） 一個未成名的作家：蔚然 處事哲學：裴雲同（北京） 前科犯：未名（新京） 歸甯：蕭菱（北京） 齟齬：白彿（金州） 在牧場上：磊磊生（新京）	「蔚然」即陳蔚然，為《風月報》的投稿作家之一，曾於雜誌上發表數篇小說及散文。

31	〈一個未成名的作家〉	蔚然	6：12＝64，1941.6.12，34～35	人物：宋二、宋二妻、什誌報編輯唐先生	短篇小說
32	「東亞文藝消息」	景	6：12＝64，1941.6.12，47	▽臺灣半月刊『風月報』，定七月一日復刊五週年紀念日改題『南方』，發行『復刊五週年紀念改題特大號』，發行所『風月俱樂部』更爲『南方雜誌社』，仍吳漫沙主編。 ▽月刊『臺灣』於五月中旬舉行創刊週年紀念，於臺北教育會館開慶祝大會，全島文藝家多數出席。 ▽臺灣新劇團體聞將成立之『臺灣演劇協會』經營。 ▽黃得時翻譯之日文『水滸傳』將發行單行本云。	
33	「編輯會議」	袁天	6：12＝64，1941.6.12，51	▽接著古典文學鑑賞，從下期預訂連載日本文壇老將菊池寬氏的名著「日本文學指南」，譯者是北京大學教授張我軍氏，菊池氏對於日本文學深刻的批評，懇切的紹介，透徹的理論，更得名譯而流□紙上，若是與此著述併讀第一次所連載的日本現代文學潮流及日本古典文學鑑賞，相信讀者至少能夠獲得日本文學研究的關鍵吧。	
34	〈日本文學指南〉（一）	菊池寬著，以齋譯	7：1＝65，1941.7.1，33	張我軍〈小引〉： 　本書原題「日本文學案內」，……譯者於民二十七（日本昭和十三年）本書出版之時，就很想把它譯出來，供獻給有志於文學的青年們，但是爲了時間和其他種種關係，終於沒有下手。 　今年二月，因事到東京，見了菊池先生和久米正雄先生；當時譯者提起這部書，並且說，早有譯刊之意。……。 　從東京回國時，路過大阪，藉便和「華文大每」的幾個朋友見見，又和編輯主任原田先生見面。……（民國三十年五月八日記於北京）	1.譯者「以齋」爲張我軍之筆名。 2.此文爲連載作品，本表只列舉第一回。 3.張我軍於《華文大阪每日》上刊載許多翻譯作品，除張我軍另有撰寫引文外，其餘譯作本表不列舉。
35	「世界文化消息」	安本、景	7：1＝65，1941.7.1，50	◆最近日本南北同時創刊兩文藝雜誌，㊀北海道文藝家協會發刊：「北方文藝」。㊁台灣由該地作家多人發行同人雜誌「台灣文學」。由張文環主編。（安本） ◆臺灣臺北鐘聲新劇團，近已自由解散。 ◆黃得時等主辦之「民俗台灣」，於七月一日發行創刊號。（景）	

36	「世界文化消息」	景	7：5＝69，1941.9.1，24	◆台灣新劇藝能祭，豫定十月中旬於台北市舉行，參加者已有八新劇團，藝能祭之劇本，爲總督府臨時情報部分配與各團；目下各團熱烈排練中。按本年度的藝能祭，參加劇團已比去年增加半數，於苦悶中的台灣劇界，顯出了更生的活氣。 ◆台灣慶祝二千六百年之徵詩，已於八月一日之『南方』發表當選者之姓名，爲四百餘人；該詩決定編印單行本，分贈與各當選者。 ◆組織尚未一年的帝音歌劇團，已無形解散，原因爲主辦者之不得法；近聞該團之演員有再起之計劃。 ◆台灣東寶新劇團第二次公演『漁光曲』，該劇爲吳漫沙腳色演出。 ◆星光新劇團近再興南新聞社與台灣新聞社後援之下，於全島開演防諜劇『間諜之躍』，頗受各地觀眾歡迎。 ◆近成立之台灣民俗學研究會，該會會員爲稻田尹，林怒濤，張淑子，余若林，林對，等人。	
37	「世界文化消息」	景	7：10＝74，1941.11.15，50	◆臺灣『南方雜誌社』近有組織『南方新劇團』之說，欲作純正之新劇運動。 ◆臺北近將發行一本純華文之文藝雜誌名『南國文藝』，由林荊南主編。 ◆『臺灣藝術』之華文版，十月號已廢去，有另發行『華文臺灣藝術』之說。	
38	〈需求與逃避〉	劉萼	8：12＝88，1942.6.15，38～40		1.獨幕劇。 2.劉萼曾有小說作品刊載於《南方》。
39	「編輯室」		9：7＝95，1942.10.1，51	▽本刊稿件都自東亞共榮圈內各處寄來的。無論滿洲國，華北，華中，華南，甚至臺灣，朝鮮，南洋都有許多作者踴躍投稿。這是國內任何雜誌辦不到的地方。只這一點，是本刊可以自豪的。因爲本刊園地，絕對公開，絕無門戶的成見，只要值得刊載的，無論任何處地來稿，都極爲歡迎。務乞東亞共榮圈內諸賢達，源源惠賜鴻文，以光篇幅。	
40	〈幻〉	劉萼	9：9＝97，1942.11.1，22～23	以書信體裁書寫的小說，主題爲對於現代文明的嘲弄。	短篇小說。

41	「文化短訊」		9：10＝98，1942.11.15，19	◆日本文學報國會主催之大東亞文學者大會，網羅共榮圈內各地代表千餘名，於十一月三日明治節佳日在東京帝國劇場盛大開會，繼之四五兩日於大東亞會館舉行會議及夜間講演大會，十日夜在大阪中央公會堂舉開講演大會，此外並有座談會及各地見學等行事。該大會出席者中國，滿洲，蒙疆方面代表如下：（華北）錢稻蓀，沈啓无，尤炳圻，張我軍諸氏。（華中）周化人，許錫慶，丁西林，潘序祖，柳雨生，龔持平，周毓英，草野心平諸氏。（滿洲）拜克夫，爵青，古丁，吳瑛，小松，山田清三郎諸氏。（蒙疆）小池秋羊，和正華，恭佈扎步諸氏。	
42	〈點・線・面的關係〉	張深切	10：6＝106，1943.3.15，14～16	闡明點、線、面三者之間的關係。	當時張深切爲中國文化振興會委員。
43	「文化短訊」	不文	10：7＝107，1943.4.1，15	◆台灣文藝界近年來頗呈活潑，文學刊物主要者有「台灣文學」及「文藝台灣」等，但其中發表作品多爲日人之著作。 ◆台灣作家黃得時之長篇「水滸傳」連載於「台南新聞」。近該氏又著手新長篇「鄭成功」，已完成一部，即將發表云。	
44	「文化短訊」		10：11＝111，1943.6.1，18	◆月前日作家武者小路實篤與長谷川徹三兩氏去中國時，曾於上海新中國報社及天津庸報社兩次舉開談話會，講談中國古今文化各話題，中國方面出席者有周作人、錢稻蓀，張我軍，尤炳圻諸氏。	
45	〈理性與批判〉	張深切	10：12＝112，1943.6.15，14～16	……，我作本篇的目的，是在乎欲（按：呼籲）闡明「理性與批判」的意義，設能從這理論中，更涉及中國哲學與本題的關係，那就望外之至，雖然有甚謬誤，在所不計，願讀者得能賜以嚴重之批評。	
46	「編後」		10：12＝112，1943.6.15，40	▽張深切氏的文章，內多含哲學原理，前曾爲本刊撰「點，線，面的關係」，分析□詳，實爲近世不得多得的哲學理論家！此次所撰「理性與批判」較前次尤富哲學原理意味，對人類唯一的「理性」之發生，申述周詳，引經據典，頗費一番苦心，希讀者自己細細品評，不再贅言。	

47	「文化短訊」	不文	11：1＝113，1943.7.1，38	▲台灣文學界長老賴和氏，本年一月三十一日於彰化逝去，享年五十。氏生前業醫，兼事文學，爲五四以來台灣白話文學運動之先驅者，畢生努力於新文學建設工作，貢獻頗大，台地青年作家尊之爲導師，「台灣文學」夏季號，出追悼特輯，並預於該誌秋季號，發表其遺作及傳記等。 ▲台灣文化賞第一次受賞發表：□賞者團體一，個人九氏如下——㊀台灣文學賞：濱田隼雄，西川滿，張文環。㊁台灣詩歌賞：山本孕江，あらたま，厚生□。㊂台灣□□賞：一條愼一郎，川井龍太郎。㈣台灣演劇賞：青年文化常會，中山侑，佐佐成雄等。	
48	「文化短訊」		11：5＝117，1943.9.1，34	▲日本文學報國會主辦的第二屆大東亞文學者大會，業自八月廿五日起，在東京帝國劇場，舉行揭幕大典，日本方面出席作家代表，計有石川達三，淺野□，大木惇夫，富安風生，土屋文明，池田龜鑑，中野好夫等。台灣方面代表計有長崎浩，齋藤勇，楊雲萍，周金波等。朝鮮代表有牧洋，崔戴瑞，盧天命，柳致直等。 ▲中國華中方面代表有周越然，丘石木，陶亢德，關露等十三位，華北代表計有沈啓无，張我軍，陳綿，柳龍光，徐白林等。	
49	〈杏子結實的時候〉	劉萼	11：6＝118，1943.9.15，29～32	小說描述一段錯過的戀情。	短篇小說
50	「第二屆大東亞文學者大會」言華：各地代表隨感集——〈感想〉	楊雲萍	11：7＝119，1943.10.1，10	……我相信大東亞文學者大會一半的成功，是在於使個人與個人的交遊，能暢敘所懷，表現所感，得以互相親愛認識的。……	楊雲萍當時爲「第二屆大東亞文學者大會」的臺灣代表。
51	〈民族精神與民族性〉	張深切	11：11＝123，1943.12.1，4～6	……民族應當以血緣爲體，以信念爲精神，如果離開了血緣，就是以信念爲標準。要之民族是血緣或血緣近似性的人類集團，由其文化與智識的發展進步，而希求形成共同體或社會國家；在這個社會國家所形成的更通性或共通精神，就可以稱是那民族的民族性或民族精神。………	

＊本表所列引文中，字跡模糊難以辨識的文字以□示之。

附錄五 《南國文藝》創刊號目次

篇　名	作　者	頁　碼	語文	備註
血書	南		白話	
祝南國文藝發行	無涯	1～2	白話	
祝南國文藝創刊	王養源	2～3	白話	
祝南國文藝之誕生	吳醉蓮	3	文言	
祝南國文藝創刊	蔡夢天	3	文言	
臺灣的原住民族	宮本延人	4～5	白話	
東寧兵燹紀要	林荊南	4～6	白話	
愛蟲公主	懶糸（譯）	7～10	白話	譯作
近訊		10	白話	
愛與神	托爾斯泰（著）；黃淵清（譯）	11～15	白話	譯作
海洋悲愁曲	多田道子（著）；薇郎（譯）	16～17	白話	譯作
情書	繪聲	18	白話	
悶葫蘆	鐵骨生	18～19	白話	
我已經不敢再想到她	同人	19	白話	
蒼蠅	同人	19	白話	
海風	嵐映	19～20	白話	
徬惶的小鳥	同人	20	白話	
最近的心感	楊鏡秋	20～21	白話	
遺棄的私生兒	淚鵑	21～22	白話	
落葉集	莊文夫	22～23	白話	
貓（一）	汀零	24～25	白話	
南國文藝創刊感賦	林荊南、朱啓南等十一人	24～25	文言	漢詩
詩是什麼？	孤丁	18～21	白話	
一封信	周定山	22～23	白話	
灰色的人生	晉奇	26～28	白話	
啓事	南國文藝社	28	白話	
和她相識之後	東方散人	29～30	白話	

應酬	蔚然	30～31	白話	
別	劉浪鷗	31～32、36	白話	
最小的	楊鏡秋	33～35	白話	
永遠的創傷	稼農	35～36	白話	
我的生活斷片	余若林	37～38	白話	
呪咀的辨當	建信	39	白話	
梅	吳漫沙	40～43	白話	
雨（介紹中國著名創作）	巴金	44～51	白話	
祝南國文藝誕生初發行	詩瓢	50	文言	漢詩
祝南國文藝創刊	蔡夢天	50	文言	漢詩
同	蔣培中	50	文言	漢詩
同	梅村長光	50	文言	漢詩
同	陳火盛	50	文言	漢詩
同	林禮樂	50	文言	漢詩
網溪觀菊呈嘯霞先生	哲夫	51	文言	漢詩
秋日偕繪聲兄遊臺北橋		51	文言	漢詩
新莊途上口占		51	文言	漢詩
曉起		51	文言	漢詩
偶成		51	文言	漢詩
本刊徵稿啓事	南國文藝社編輯部	51	白話	
鯤島詩選（一）	竹堂哲夫（編）	52～54	文言	漢詩；選自《臺灣縣誌》
投稿簡章		55	白話	
編輯室日記	南	56	白話